数字蝶变

人力资源数字化标杆实践

高峰　赵兴峰 ◎ 著

电子工业出版社
Publishing House of Electronics Industry
北京·BEIJING

内 容 简 介

人力资源数字化转型是企业在进行数字化转型时不可回避的领域,也是更应该受到重视的领域。

本书主要内容包括人力资源数字化转型的必要性介绍,人力资源数字化转型中常见的误区与阻力,人力资源数字化转型中涉及的整体框架设计、组织转型、流程数字化再造、数据治理、技术应用、领导力培养,以及人力资源数字化转型的未来展望。

本书重点介绍了蒙牛的人力资源数字化转型的实践、方法和框架体系,可作为企业在人力资源数字化转型方面的参考手册,能够帮助更多企业在实践试错中少犯错误,提高转型成功率,加快转型的速度。

未经许可,不得以任何方式复制或抄袭本书之部分或全部内容。
版权所有,侵权必究。

图书在版编目(CIP)数据

数字蝶变:人力资源数字化标杆实践 / 高峰,赵兴峰著. -- 北京:电子工业出版社,2025.6. -- ISBN 978-7-121-50340-5

Ⅰ. F243-39

中国国家版本馆CIP数据核字第2025X2X475号

责任编辑:王　静
印　　刷:河北迅捷佳彩印刷有限公司
装　　订:河北迅捷佳彩印刷有限公司
出版发行:电子工业出版社
　　　　　北京市海淀区万寿路173信箱　　邮编:100036
开　　本:720×1000　1/16　印张:15.5　字数:292千字
版　　次:2025年6月第1版
印　　次:2025年6月第1次印刷
定　　价:99.00元

凡所购买电子工业出版社图书有缺损问题,请向购买书店调换。若书店售缺,请与本社发行部联系,联系及邮购电话:(010)88254888,88258888。
质量投诉请发邮件至zlts@phei.com.cn,盗版侵权举报请发邮件至dbqq@phei.com.cn。
本书咨询联系方式:faq@phei.com.cn。

专家推荐

理论研究与实践是两个重要的学习途径，本书详细介绍了蒙牛的人力资源在数字化转型过程中的经验与研究成果。人力资源数字化转型作为企业管理在线战略的一部分，为蒙牛整体的人效提升和员工体验提升提供了有效的途径。本书通过理论结合实际的方式，给出了许多数字化转型过程中比较中肯的建议，也集合了蒙牛人力资源在数字化转型过程中的经验沉淀。我们的团队在数字化转型的道路上不断精进和迭代，虽然尚未尽善尽美，但是仍然希望本书可以为广大读者提供新的思路。

——刘丽君，蒙牛集团副总裁、人力资源负责人

任何一家传统企业的流程都值得用数字化的方式重新做一遍，赵老师在这方面有着深刻的理解，能够助力和引导不同的企业在数字化思维、数字化转型上有所突破。

——栾波，山东京博控股集团总经理，
山东京博石油化工有限公司董事长

企业的数字化转型不仅是信息系统的优化和提升，更是业务模式的变革与优化，只有从业务侧开始进行颠覆式创新，才能最大化地发挥数字化手段的影响力。高老师作为业务侧的管理者，已经深刻地认识到这一点，并带领团队完成从业务到能力的数字化变革。本书从业务模式到具体实践，深入浅出地阐释了蒙牛人力资源数字化变革的全路径，从而实现业务与技术的高度耦合。本书在数据管理与分析、流程梳理与优化、组织模式及人员能力提升等方面也给我们提供了许多借鉴和参考。对HR而言，本书非常值得阅读。

——杨伟国，北京市社会科学院党组副书记、副院长，
中国社会科学院研究生院教授、博士生导师，
兼任中国人力资源开发研究会副会长，
曾任中国人民大学党委常委、劳动人事学院院长

数字化转型通常覆盖企业全要素、全流程。而本书则聚焦于人力资源这一关键环节，以蒙牛的实践为例，比较系统地展现了数字技术与人力资源的有效融合，对于大型企业很有参考价值。

——董晓英，北京大学光华管理学院教授、博士生导师，
中国信息经济协会副理事长，
工业和信息化部通信专家委员会委员，
数字产业创新研究中心主席

在数字化时代，企业数字化转型升级的核心力量来自人力资源，数字化驱动组织、赋能人力资源是企业在成长中面临的新课题。企业人力资源数字化取决于三个要素：其一，各级经营管理者对数字化管理的文化觉醒和认知，以及把数字化管理植入企业成长的基因组合之中；其二，人力资源工作者掌握数字化管理的新技能，以数字化的思维方式和方法构建企业的人力资源管理体系；其三，企业系统地导入数字技术和有效地实施数字技术。因此，行业非常需要人力资源数字化标杆企业的实践案例。而本书以蒙牛从传统管理向数字化管理转型下的实践为案例，把企业人力资源数字化相关经验系统化、结构化、技术化地分享给行业工作者，对探讨和推进中国企业人力资源数字化具有一定的价值。

——许玉林，中国人民大学劳动人事学院教授，
中国人力资源管理领域创始学者之一，
北京大学/清华大学/复旦大学EMBA客座教授

数字化转型是企业发展的必经之路，而人力资源数字化是其中的关键环节。目前对大多数企业而言，人力资源数字化转型还处在起步阶段，大家都处于摸索的过程中，因此，标杆企业的实践经验就显得尤其宝贵。本书作者以自己的实践为蓝本，总结提炼了人力资源数字化转型的"蒙牛模式"。读者学习、借鉴和参考蒙牛的实践，可以减少试错成本，提高数字化转型的成功率。让我们学习标杆企业的经验，引领数字化变革。

——周文霞，中国人民大学劳动人事学院吴玉章特聘教授

本书以蒙牛数字化转型的实践案例贯穿始终，虽然从人力资源角度切入，但总结的常见误区与阻力对多数企业数字化转型的全过程有借鉴意义。书中关于人力资源数字化转型的整体框架及组织转型、业务流程数字化再造、数据治理、技术应用、领导力培养等章节，对企业各板块的数字化建设都有较高的参考价值。

数字化转型对中国制造企业实现更长期、更卓越的发展的重要性早已成为共识，蒙牛经验的总结和传播很有意义！

——刘桂彤，魏桥创业管理学院副院长

本书通过将案例分析与理论结合，展示了数字化在企业管理中的核心作用。以蒙牛为代表的人力资源管理模式升级证明，数字化转型不仅是应用数字技术，更是从业务和组织视角重塑企业管理体系的战略举措。本书提供了一系列实操工具和模型，帮助管理者构建结构化的思维框架，并提供了可操作的方法，可提升企业在数字化转型中的效率，同时支持领导力培养、人才管理和组织协同。正如戴维·尤里奇所言，人力资源的价值在于将战略愿景具体化。本书为想在数字化时代提升组织效能的企业提供了宝贵的可借鉴经验和有启发作用的思路。

——宫艳卿，拜耳作物科学培训总监、工会主席

中国企业的数字化转型进程已经迈入新的阶段，其中一个重要标识就是以人力资源为代表的企业管理职能已经成为企业数字化转型新的主力战场。本书从人力资源数字化转型的趋势分析及转型误区入手，对人力资源数字化转型工作整体架构、组织支撑保障和流程的数字化再造等主题进行深入浅出的阐述，在此基础上，还探讨了对数据与技术的要求，并最终着眼于未来人力资源数字化转型的探索。这样的内容结构不仅覆盖了人力资源数字化转型的整个进程和各方面要素，更向读者揭示了一个重要观点：人力资源数字化转型并非只是技术的升级换代，更是对人力资源部门自身能力的一次重要重塑。本书的另一大亮点在于结合了蒙牛在人力资源数字化转型方面的丰富实践经验和众多行业的相关案例，为读者提供了务实、可落地的转型策略和行动指南。感谢作者为人力资源从业者在探索数字化转型方面带来的宝贵启示。

——张逊，埃森哲大中华区战略与咨询董事总经理

在数字技术兴起的年代，人一定是最重要的变革因素，那么用数字化赋能人力资源，创造性地"重做"一遍人才的"选、用、育、留"，其效果又将如何呢？本书为想了解"如何实现人力资源数字化，或者在数字化时代企业需要什么样的人力资源管理"的读者，提供了启发性的思路与明确的方向。"林深时见鹿，海蓝时见鲸"，希望读者跟我一样，找到有共鸣的问题，探寻解决的方案。

——钱冰，安永战略消费行业大中华区合伙人

本书汇聚了蒙牛在人力资源数字化转型方面的成功实践、丰富经验与深刻见解，为全球企业的人力资源数字化革新提供了实践指南和理论支撑。本书不仅是对蒙牛人力资源数字化转型实践案例的记录，更是对未来人力资源发展趋势的预见，对追求卓越运营和人力资源数字化升级的企业来说，具有极高的参考价值！

——唐秋勇，法国里昂商学院全球人力资源与组织创新中心主任

蒙牛在数字化转型的道路上已经进入深水区，其人力资源数字化转型在业内也是走得早、走得远的。蒙牛的实战经验能够为其他企业的人力资源数字化转型提供借鉴和参考。学标杆，转得快、转得好，可以少走弯路。

——黄蔚，桥中董事长，全球服务设计联盟（SDN）上海主席

序

随着数字化转型在国内的深入推进，许多企业的数字化转型已不仅限于生产制造领域（如智能制造），还扩展到了业务经营领域（包括采购、销售、营销及供应链等），并逐步推进到职能管理领域（如财务、人力资源、行政等）。这是由数字技术发展推动的一次深刻的社会变革，预示着人类社会正逐步迈入数字智能时代。

在本书作者之一赵兴峰所著的《数字蝶变——企业数字化转型之道》一书中曾经提出，数字技术是带动企业智慧升级的技术，是提升企业竞争力的技术，也是企业降本增效、提升客户服务能力、提升生产效率、提升管理水平的技术。其在职能管理领域所带来的转变将是"质的转变"，在商业模式上带来的是"颠覆性的转变"。

当前，很多企业的数字化转型已步入"深水区"，进入了成熟期，对于"在职能管理领域该如何推进？如何转型？转什么？怎么转？"的问题，却还处于探索期。

本书作者之一高峰在蒙牛经过多年实践，其领导的蒙牛人力资源共享服务中心在人力资源数字化转型方面已走在了许多企业的前列。蒙牛在人力资源数字化转型的过程中也走过不少弯路，犯过许多错误。通过对这些经验的总结与沉淀，本书的两位作者共同撰写了此书，希望通过经验分享、方法总结及实践案例的展示，帮助更多企业在人力资源领域的数字化转型中少犯错，少走弯路，并在方法上提供一些可供学习与借鉴的理论框架，由此，促使读者在"参考"这些实践经验的过程中进行深入思考，进而推动数字化转型相关理论的发展。

数字化转型虽然经过了近十年的发展，但是理论仍相对滞后于企业的实践。同时，大学中还没有专门的体系化课程，人才培养相对滞后于企业对人才的需求；在很多企业中，限于经验总结、知识沉淀能力，其所分享出来的案例、方法、理论往往呈现为"点状"的场景，也缺少体系化的积累，甚至大多数网络上分享的案例都还带有"软文宣传"的特点，可参考性较低。

本书试图总结相关方法，构建相对完善的体系，从业务、数据、技术和组织能力等视角，构建人力资源数字化转型的理论框架，从而更好地指导更多企业的数字化转型实践和探索。当然，鉴于认知局限、实践经验的限制等，本书必然存在诸多不足之处，还希望更多的读者、学者和实践者能够一起分享经验和见解，共同为企业的数字化转型升级添砖加瓦。

作　者

前言

中国经济在过去的 40 多年里快速发展，很多企业在广阔的市场机遇中实现了飞速成长，随着经济和社会的日益成熟，企业所面临的市场竞争也从过去的机会、资源竞争进入效率、能力竞争。同时，数字技术也得到了快速发展，无论是无处不在的网络、高速运算的云服务器，还是算法科学的快速发展和 AI 技术的普及应用，可以说，数字技术为中国企业的效率、能力竞争带来了前所未有的机会。谁能够抓住数字技术带来的红利，谁就能够在市场、行业，甚至产业上占据制高点，从而获得更好的发展，甚至实现突破性的进展。

企业要顺势而为，抓住数字化转型带来的机会

"顺势而为"是企业战略决策的首要原则。外部大环境是企业生存的根本，适应外部环境变化是企业的生存之道。对企业的生存来说，"趋势大于优势"，企业要做的唯有顺应趋势。企业的竞争优势在面对趋势性变化时，将会一文不值，在趋势基础上构筑的竞争优势才是企业真正的竞争优势。

如今，数字化转型就是时代发展的趋势，顺应这个趋势以调整企业战略、业务模式、生产方式、管理方式和商业模式，是每家企业都会面临的挑战和机会。趋势性机会对每家企业而言都是一样的，都是"机会"。但是，如果企业不能抓住这个机会，加快转型的步伐，机会就会成为"威胁"。因为那些不转型或者转型慢的企业，很快就会发现，自己已经跟不上时代的步伐，正在被时代淘汰出局。所以，在面对时代的趋势性机会时，每家企业都必须全力以赴抓住机会，这是一个转型能力和转型速度的"竞赛"。

人力资源是企业数字化转型不可回避的领域

在数字化转型能力和速度的"竞赛"中，转型较早的企业大多已经完成了生产制造领域、业务经营领域的数字化转型，或者其数字化成熟度越来越高，已经开始将数字化转型的赛道转移到职能管理领域。

技术是工具，工具也是给组织和人使用的，所以，所有的转型都离不开组织和人。而对组织和人的管理则是人力资源管理的范畴。组织和人的数字化转型将会为企业的生产制造领域和业务经营领域数字化转型构筑基础条件或环境。作者通过这几年的观察、研究及企业实践发现，人力资源数字化转型将为企业的数字化转型构筑内部数字化环境，也是生产智能制造、经营管理数字化、供应链数字化的基础环境，还是制定管理模式、打造运营管控方式的基础。

企业不应忽视人力资源数字化转型带来的价值

理论上，人力资源数字化转型应该是首先构建的，但是从过去的实践来看，很多企业都优先选择在生产制造、营销、供应链、财务等领域进行数字化转型，然后逐步实现人力资源领域的转型。

其原因有很多方面：一方面，从数据视角来看，业务经营、财务管理、生产制造等领域因为过去信息化建设较为完善，信息化程度高，数据采集全面且完整，所以数据基础较好。另一方面，从数据技术视角来看，这些领域存在更多的简单、重复、标准化、确定性的流程环节、业务活动和业务场景，这些场景更容易利用数据技术实现用机器替代人工、用算法替代人脑的转型升级，从而更容易实现数字化转型。而在人力资源领域，过去数据基础差、信息化程度低，管理活动主要靠人的感性来判断、靠经验来管理等，较难实现数字化。

除了以上数据和技术方面的原因，还有以下原因容易造成企业忽视人力资源数字化转型。

在价值兑现方面，虽然人力资源数字化转型能够带来很大的价值，但是考虑到时效性和可见性，人力资源数字化转型优先级被降到生产制造、供应链、业务经营和财务管理等领域之后。

在时效性方面，人力资源数字化转型的价值变现需要较长时间来实现，甚至很多领域都是通过改变人们的工作习惯来逐步实现人力资源数字化所带来的效率提升的。

在可见性方面，人力资源数字化转型除了在职能部门内因为转型减少了 FTE（Full Time Employee，全职员工）所带来的可见的"降本增效"价值，更大部分的价值是通过赋能业务来实现的。这部分价值体现在业务经营领域、生产制造领域、供应链领域等数字化转型所创造的价值上，而不能单独计入人力资源数字化转型所创造的价值中，但是人力资源数字化转型所带来的合作协同、人员优化、能力提升、决策优化等价值是不容忽视的。

这些隐形的价值导致人力资源数字化转型很容易因无法度量绩效评价而被忽略，也导致企业对人力资源数字化转型的重视程度低于其他领域，造成人力资源数字化转型被推迟，从而滞后于其他业务领域的数字化转型。

综上所述，人力资源数字化转型是企业数字化转型不可回避的领域，也是更应该受到重视的领域，在企业关键业务进行数字化转型的过程中，也要关注人力资源数字化转型。本书希望通过分享人力资源数字化转型的实践、方法和框架体系，为企业在进行人力资源数字化转型时提供参考，并帮助更多的企业在实践中少犯错误，少走弯路，提高转型的成功率，加快转型的速度。

作　者

目录

第1章　人力资源数字化转型是必然趋势　/　1

1.1　数字技术推动企业管理方式颠覆性升级　/　3

1.2　数字化转型的价值创造与目标设定　/　12
  1.2.1　降本增效　/　14
  1.2.2　提升体验　/　16
  1.2.3　模式创新　/　21
  1.2.4　升级智慧　/　22
  1.2.5　勇于领先　/　23

1.3　职能管理领域数字化转型的价值和意义　/　24

1.4　人力资源数字化转型驱动人力资源管理模式的升级　/　27

1.5　人力资源数字化转型的路径和方法　/　29

第2章　人力资源数字化转型中常见的误区与阻力　/　47

2.1　错把人力资源数字化转型当作信息化建设　/　47
  2.1.1　错误表现1：将上线人力资源管理信息系统当作数字化转型　/　48
  2.1.2　错误表现2：交由IT部门来设计或规划人力资源管理体系的数字化转型　/　49
  2.1.3　错误表现3：认为实施了信息化系统，开发了平台，就完成了数字化转型　/　52

2.2　错配人力资源数字化转型团队　/　54
  2.2.1　错误表现1：成立人力资源数字化转型委员会来推动人力资源的数字化转型　/　55
  2.2.2　错误表现2：让基层执行团队主导数字化转型　/　56

目录

　　2.2.3　错误表现 3：团队能力配置缺位 / 57
　　2.2.4　错误表现 4：让咨询公司和技术公司来负责数字化转型 / 58

2.3　错将人力资源数字化转型视为短期项目 / 59
　　2.3.1　错误表现 1：人力资源的数字化转型只有短期规划 / 60
　　2.3.2　错误表现 2：有设计，有开发，有实施，无运营 / 61
　　2.3.3　错误表现 3：用短期价值评价项目价值 / 62

2.4　人力资源数字化转型的阻力与关键成功要素 / 63
　　2.4.1　认知意识的阻力 / 63
　　2.4.2　专业能力的阻力 / 67
　　2.4.3　权力和利益的阻力 / 68
　　2.4.4　文化和习惯的阻力 / 69
　　2.4.5　人力资源数字化转型成功的关键要素：4C+4P 模型 / 69

第 3 章　人力资源数字化之整体框架 / 71

3.1　组织人才转型架构体系 / 72

3.2　业务流程转型架构体系 / 77
　　3.2.1　业务梳理 / 78
　　3.2.2　业务流程梳理 / 81
　　3.2.3　业务流程的数字化再造 / 83

3.3　数据算法转型架构体系 / 87

3.4　技术应用转型架构体系 / 91

第 4 章　人力资源数字化之组织转型 / 93

4.1　明确人力资源组织架构和职责 / 93

4.2　明确人力资源组织目标和价值创造 / 96

4.3　厘清人力资源组织业务范围和协作关系 / 98

4.4　厘清人力资源组织数字化转型的目标 / 101

第 5 章　人力资源数字化之流程数字化再造　/　109

5.1　人力资源业务流程梳理　/　110
- 5.1.1　传统企业在流程管理方面存在的误区　/　110
- 5.1.2　流程的定义　/　110
- 5.1.3　流程的数字化再造　/　111
- 5.1.4　流程再造与制度调整　/　112

5.2　人力资源业务流程数字化再造方法　/　120

5.3　人力资源业务流程数字化监控　/　135
- 5.3.1　流程数字化监控体系　/　136
- 5.3.2　流程数字化的产品化思维　/　138

第 6 章　人力资源数字化之数据治理　/　141

6.1　数据质量与数据规范管理　/　145
- 6.1.1　数据质量与数据治理问题　/　146
- 6.1.2　数据资产管理　/　152

6.2　数据全生命周期管理　/　157
- 6.2.1　数据全生命周期管理介绍　/　158
- 6.2.2　数据质量管理框架　/　163
- 6.2.3　数据治理体系　/　167

6.3　数据治理框架和数据管理能力评估　/　176
- 6.3.1　国际数据资产管理协会（DAMA）框架　/　176
- 6.3.2　信通院数据治理服务商成熟度模型（DGS 模型）　/　177
- 6.3.3　数据管理能力成熟度评估模型（DCMM）　/　179

第 7 章　人力资源数字化之技术应用　/　181

7.1　人力资源数字化转型的技术架构体系　/　181

7.2　人力资源数字化转型技术架构的搭建　/　186
- 7.2.1　业务需求的提出　/　186
- 7.2.2　业务需求的分析与统筹　/　187
- 7.2.3　整体技术架构蓝图的规划与设计　/　189

7.2.4　系统设计及开发　/　191
7.2.5　上线切换　/　192
7.2.6　PMO 管理和变革管理　/　193
7.2.7　系统运维（技术侧）和系统运营（业务侧）　/　194

7.3　智能客服项目示例　/　195
7.3.1　项目背景　/　195
7.3.2　项目痛点　/　196
7.3.3　流程再造　/　197
7.3.4　最终产出分析　/　198

7.4　人力资源数据指标和人才报表体系应用示例　/　199

第 8 章　人力资源数字化之领导力培养　/　206

8.1　人力资源数字化转型所需的人才模型　/　206
8.1.1　数字化引领者　/　208
8.1.2　数字化产品设计及推动者　/　209
8.1.3　数字化研发者　/　209
8.1.4　数字化运营者　/　210
8.1.5　业务团队的数字化应用者　/　210

8.2　数字化领导力提升　/　213
8.2.1　数字化领导力模型　/　213
8.2.2　数字化领导人才培养案例：蒙牛团队成员的成长历程分享　/　214
8.2.3　数字化领导人才的能力评估　/　216

8.3　业务团队数据能力晋级　/　217
8.3.1　人力资源数据分析师的培养　/　218
8.3.2　业务团队数据能力的培养　/　223

第 9 章　人力资源数字化转型未来展望　/　225

第1章

人力资源数字化转型是必然趋势

最近几年，移动互联网、物联网、云计算、智能硬件等相关数字技术得到快速发展，数字技术已经进入"平民化"阶段，无论是在消费者端，还是在企业端，均得到广泛的普及与应用。

- 在消费者端，几乎每一位成年人都拥有一部配备了先进数字技术的智能手机，并能随时随地加以使用。
- 在企业端，即使是刚刚创立的企业，也可以安装智能硬件供员工进行考勤打卡，以及使用免费的SaaS版办公自动化系统进行办公。

数字技术的普及与应用极大地丰富了数据量，实现了由量变到质变的飞跃，从而引发了数字技术应用量级的巨大变化。

无论是消费者端智能手机中记录的消费者生活活动数据，还是企业端信息化软件和在线的SaaS系统中记录的企业业务和管理活动数据，这些数据都被留存在云端服务器或企业信息化软件系统中，并且正在呈指数级增长。对这些数据进行加工处理，就会带来数据应用由量变到质变的转变，在消费者端催生出新的生活方式，并在企业端催生出新的管理方式。

数字技术正在改变消费者端和企业端。

在消费者端，数字技术已被广泛应用于提供实时的出行导航服务，以及运用动态精准算法推荐商品与服务，还涵盖了实时推送信息与短视频的算法，这些技术可以让消费者享受到由数据和算法带来的更加精准的需求满足，进而提升生活效率和改善生活体验。

在企业端,数字技术在企业的生产制造、经营、运营和管理等领域得到广泛的应用。

- 在企业生产制造领域,制造技术越来越先进和智能,"无人工厂"已经从概念变为现实应用。
- 在企业经营领域,线上平台越来越多,通过自动的智能匹配供需系统,企业可以高效促成各类交易。
- 在企业运营和管理领域,越来越多的智能流程被开发,RPA(Robotic Process Automation,机器人流程自动化)在企业运营和管理领域被应用,智能机器人员工也逐步在更多的企业中普及。

企业的生产方式、管理方式、经营模式和商业模式正在发生颠覆性的改变。

通过数字化转型,企业的生产能力、决策能力和管理能力正在实现指数级的跃升,让企业具有更高维度的竞争力:企业的竞争优势正在从传统的依赖资本、人才、技术、品牌、资产和资源等要素,逐步升级到由数据和算法所带来的更高维度的竞争优势。如今,企业新的竞争优势公式正在被颠覆为"竞争力=数据×算法×算力",如图 1.1 所示。

图 1.1　企业新的竞争优势公式

随着众多企业的不断实践,数字化转型已经不仅局限于生产制造领域,而且开始深入企业内部的运营和管理领域,以及外部的经营与协作领域。特别是企业职能管理领域,随着企业数字化转型步入深水区,这一领域的数字化转型已经成为众多先行企业所关注的重点。人力资源的数字化转型,首先为企业带来的是经营、运营和管理中的降本增效、提升体验,从而提升企业的竞争力。通过人力资源数字化转型,企业可以更好地利用数字技术分析人的能力,招募到更合适的人才,培养更符合企业需求的人才,将员工能力与岗位工作匹配,提升人员管理效率,从而最大化地发挥员工效能,有效提高人效(人力资源效能)。甚至,通过算法替代部分人工工作,不断降低人力成本;同时,在人力资源管理中应用数字技术,可以更好地提升员工的职场体验,进而提高员工的满意度、忠诚度和敬业度。

人力资源的数字化转型也是企业业务数字化转型的基础底座,其中主要体现在以下两个方面。

第一，企业所有的业务活动都由人的决策、人的参与、人的活动所构成，若不进行人力资源数字化转型，则企业业务数字化转型就会被拖后腿，从而影响企业业务数字化转型方案发挥最大的价值。人力资源数字化转型可以更加有效地将人的活动融入企业业务活动中，从而实现业务活动的高效化和智能化。

第二，企业业务数字化转型都是由人来领导、推动和实施的，而人力资源数字化转型可以提升员工对数字智能的认知和理解，培养员工的数字化意识和习惯，构筑数字化的职场和工作环境，从而更有效地推动数字化转型在业务中的普及与应用。

企业的数字化转型是企业的人、财、物、事的数字化转型，人是其中的关键载体之一，因此，人力资源数字化转型不仅是企业业务数字化转型的基础底座，也是其配套措施，如图 1.2 所示。所以，已经启动数字化转型的企业，在业务端尝试数字化转型之后，也要开始考虑在职能管理领域实施数字化转型，特别是人力资源和财务领域的数字化转型。

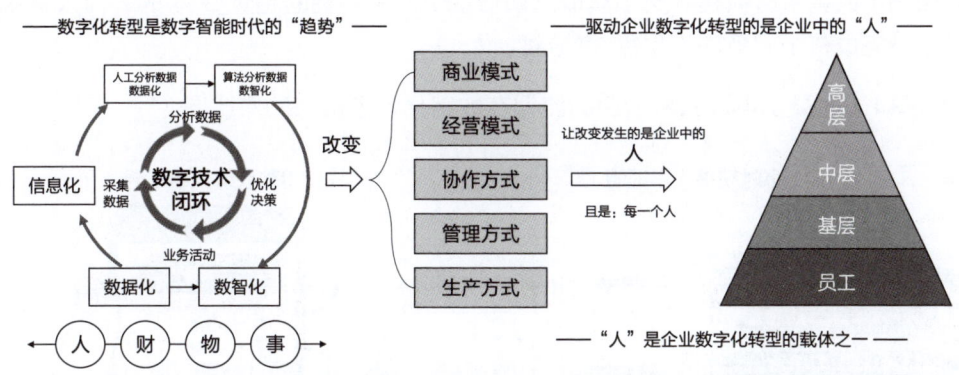

图 1.2　人力资源数字化转型是企业业务数字化转型的基础底座

1.1　数字技术推动企业管理方式颠覆性升级

1. 数字技术在企业经营管理中的应用正在推动企业管理方式的颠覆性升级

数字技术闭环的构建，改变了企业的管理方式。企业经过数字化转型后成为数字化企业，其管理效率、决策的科学性、敏捷性，与传统企业的管理方式相比，已不可同日而语。在完成同样的经营管理工作内容时，数字化企业几乎是零成本、即时响应的，而传统企业的经营管理则需要耗费大量的人力与时间。下面举一个例子来对比说明。

蒙牛构建了一个人事共享服务平台，该平台为员工提供"在职证明"及"收入证明"等人事相关证明的在线申请服务，以便员工向银行信贷员提供购房贷款的征信资料。

以往，员工若需开具"在职证明"与"收入证明"，则必须先获得上级经理的批准，随后前往其所属区域的人事服务窗口进行办理。在人事服务窗口，人事服务专员会核实员工的证件，并通过 eHR 系统核验员工的在职状态，同时通过查询薪酬系统获取员工过去一年的工资及奖金信息。接着，人事服务专员将依照既定模板打印出所需的证明文件，录入员工信息及收入核算数据，并申请使用人事公章，记录用章详情。完成这些步骤后，人事服务专员会在证明文件上加盖人事公章，最后将证明文件交予申请员工。在此过程中，员工需多次往返于相关部门，对于异地员工，还需要亲自前往人事服务中心办理，人事服务专员也需要完成一系列线下人工服务流程。员工获取这两份证明的平均耗时超过 3 小时，而人事服务专员完成整个服务流程也需 30 分钟。

图 1.3 为员工申请人事证明的流程在数字化转型前后的对比图。

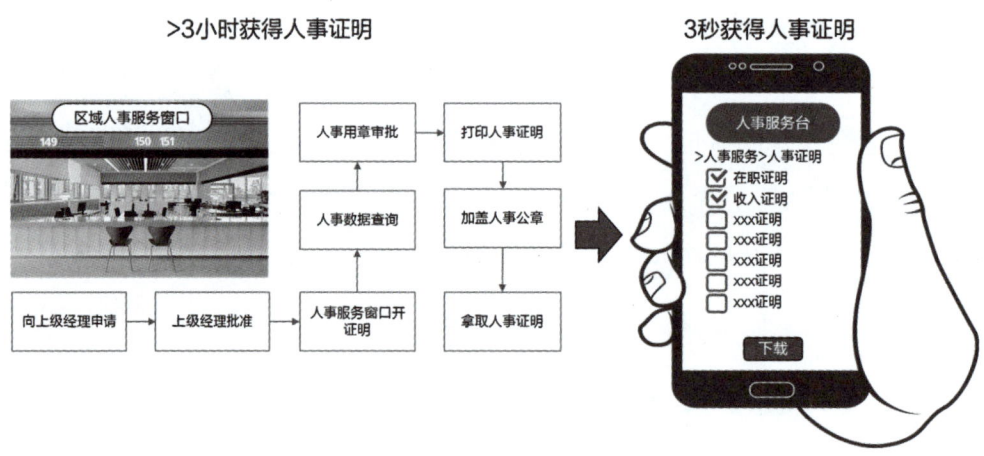

图 1.3　员工申请人事证明的流程在数字化转型前后的对比图

借助数字化的人事共享服务平台，员工在申请"在职证明"和"收入证明"时，仅需通过手机端的公司人事服务 App 进行在线操作：选定需要申请的证明文件并下载后，即可在 3 秒内获得相应的 PDF 格式的人事证明文件。银行信贷员在核查时，仅需通过证明文件中的编码或扫描 PDF 文档内的二维码，即可实现便捷的在线验证。

在传统的业务流程模式中，从完成业务流程所需时间的角度分析，员工平均耗时需超过 3 小时，而人事部门的员工处理该流程大约需 30 分钟；从人力成本的角度考量，员工所投入的时间亦构成人力成本。尽管对企业而言，此时间成本无须直接支付，但对申请证明的员工而言，其必须投入相应的时间与精力。若以每小时 50 元的人力成本计算，则员工个人每次投入的成本为 150 元。对企业而言，开具证明涉及多个岗位，如窗口服务员、公章管理员等，其人力成本估算为每次 50 元，总计人力成本为每次 200 元。相较之下，在数字化的业务流程模式下，一旦平台开发完成并投入使用，其后续的运营成本几乎为零，如图 1.4 所示。

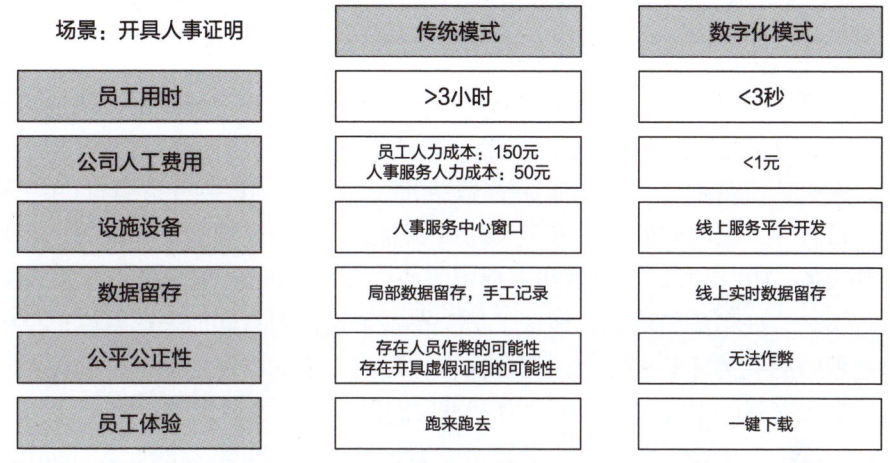

图 1.4 传统的业务流程模式与数字化的业务流程模式对比

在传统的业务流程模式下，存在通过给予贿赂以获取虚假证明的风险。例如，员工可能为了获得更高额度的贷款，而向人事服务专员行贿，以获取显示更高收入的证明文件。相比之下，在线自动下载"收入证明"的方式则有效地杜绝了作弊的可能。这一流程的自动化不仅使员工无须四处寻求帮助，也让他们无须再亲自前往窗口办理，而是能够随时随地获取所需的证明文件，从而不必因办理私人事务而需要在工作日请假，让员工的用户体验得到显著提升。

在企业运营中，诸如开具人事证明等事务通常通过线上平台进行处理，所有员工在特定时间点开具的各类证明均会被系统记录并保存于服务器中，从而形成详尽的员工活动及需求数据。对于那些因贷款需求而申请开具"收入证明"的员工，其面临的经济压力可能会增加，这不仅会影响他们在职场上的发展动力和积极性，还可能对员工的稳定性产生不利影响。企业借助这些翔实的员工行为数据，能够深入分析员工的实际需求，并据此制定更为精准和有效的员工管理策略。

在数字化的业务流程模式中，所有人工参与的验证、验伪及数据统计工作均由后台服务器执行，并以企业内部信息系统服务器中的数据为支撑。若这些验伪、验证及数据统计工作依赖人工完成，则不仅易出现错误，还存在作弊的风险。然而，企业通过算法自动完成业务流程，不仅提高了效率、降低了成本、缩短了时间、实现了快速响应和实时在线，还确保了真实性和有效性。这两种业务流程模式在成本和时间投入方面存在巨大的差异，这正是我们所指的"颠覆性"变革。

2. 数字技术的应用改变了传统人力资源管理模式

数字技术的应用亦改变了企业传统的人力资源管理模式，助力企业降本增效，同时提升员工的工作体验。下面将通过案例进行阐释。

"电子签"技术的应用，突破了传统业务办理的时间和空间限制。蒙牛的人力业务引入"电子签"技术，将人事流程中需要员工签署的重要节点植入"电子签"模块，用电子签名替代"面对面"服务。同时，蒙牛将HR业务系统与"电子签"系统接口打通，采用有效的技术手段为员工提供劳动合同的签订、调取、存储、应用等服务：HR可以远程提供线上指引服务；员工在收到"电子签"触发的短信后进行实名认证和身份检测，保证了员工在签署过程中真实地表达意愿；系统对整个过程中的关键环节进行全证据链保存，形成完整的存证证据链，确保数据安全；员工在签署电子签名后，电子合同被实时同步至影像系统中存档。

蒙牛将人事业务与"电子签"技术结合后，直接产生的显性效果就是减少5个FTE（Full Time Employee，全职员工），即原来负责管理人事公章的5个人员编制得以精简。每年可节约管理成本约100万元（人工费用、物流费用、打印费用、差旅费用等）。除了这些显性的成本节约，人事业务流程的效率提升了61.5%。在梳理劳动合同字段后，数据填报的效率提升了47.6%，合同签署时间缩短了10~15分钟/份，并且实现了5个"零"突破。

（1）"零"填写错误风险。劳动合同中的34个字段自动识别并填写、自动验证、自动采集记录，并支持自动查询。

（2）"零"签字遗失风险。"电子签"系统在人事服务方面实现了21处签名的"一键签署"功能，避免了漏签、错签等情况的发生，所有需要签署的条款均由算法自动校验、自动填报，并由员工线上确认/同意。

（3）"零"情景错判风险。不同的业务场景签署的内容不同，系统会自动进行匹配，确保表单、合同、证件等能够一体化验证，不会因人为判断失误而出现错签的情况。

（4）"零"篡改风险。电子合同中的内容不会被篡改，任何修订、修改行为都会被系统日志永久保存在服务器上，并通过系统安全机制确保任何人无法进行篡改。

（5）"零"遗失风险。将劳动合同的签订、调取、存储、应用等关键环节进行全证据链完整存储，形成完整的存证证据链，所有签署资料由影像系统永久保存，在使用具有数据安全保障的本地部署云服务器后，这些电子文档的遗失风险几乎为"零"。

影像系统的应用，对业务管理模式产生了根本性变革。在企业运营中，人事档案的纸质文件管理是人力资源基础管理的一大难题。尤其是员工规模庞大、人员流动性高的企业，档案的存储、保管和检索工作极为繁重，耗费大量人力。传统的纸质档案管理方式已无法满足新时代档案管理的需求，因此，企业的档案管理亟须进行革新。蒙牛针对档案管理进行了改善和升级，引入了影像系统，实现了人事业务系统、SSC（共享服务中心）工单系统、电子签平台的全链条线上整合，打通了人事服务的全流程，包括入职、调动、离职等环节，实现了相关电子档案资料的自动归档。这一举措不仅能够实时收集全面的人事服务活动数据，还显著提升了工作效率、减少了人工操作、降低了成本，并大幅改善了员工体验。

以入职流程为例，在传统入职流程中，候选人在入职时需提交身份证、学历证书等纸质文件，这些材料不仅容易丢失，线下归档不便，而且影响入职体验和效率。现在，蒙牛通过将人事业务系统、SSC 工单系统、影像系统集成一体化平台，即可实现对候选人的信息进行线上提交审核、线上采集，同时支持身份证 OCR 智能识别，减轻了 HR 的工作量。从录用审批到入职手续办理，均在同一平台上完成。员工在签署电子合同后，系统以标准化的流程管控方式，自动关联各种数据，将影像资料附件，如电子合同、人事表单等自动命名、自动归档至影像系统中。在全流程结束时，相关归档文件被自动存入影像系统数据库中，减轻了 HR 的工作负担，提升了企业整体的人事业务运转效率。

另外，在人事资料的调取方面，影像系统也极大地提升了 HR 人员的工作效率，HRSSC（Human Resources Shared Services Center，人力资源共享服务中心，也叫作共享人力）通过登录影像系统，可在线快速预览、下载、查询影像资料，根据业务需要，还可实时在线查看及批量导出所需文件。影像系统实现了电子化档案管理，同时支持调阅直接由影像系统导出的 PDF 或 JPG 等格式的文件，支持批量检索，以及按部门、岗位、员工号、档案类型等检索员工档案，实现了流程与业务的贯通、系统与流程的对接、人员信息接口的集成，准确、高效地管理员工电子文档，满足不同场景的需求。这为提升人事业务远程服务的效率奠定了良好的基础。

3. 人力资源的数字化转型与传统信息化是有本质区别的

尽管传统信息化与当前所提及的数字化转型彼此相关，但本质上存在差异。在传统信息化时代，企业通过业务信息系统，借助互联网技术，进行数据的填报与存储，从而为业务流程提供数据支持，进而提高业务流程的效率。这一过程避免了烦琐的纸质文件归档工作，显著降低了人工成本和时间成本。传统信息化主要便于查询和校验数据。

企业在数字化转型过程中所运用的数字技术，是建立在企业信息化过程中积累的数据基础之上的。这些数字技术通过数据分析、数据处理及加工等算法，实现了过去依赖人工完成的任务，从而提高了业务流程的效率、精确度和成本效益，同时改善了员工的工作体验。数字技术对企业的生产制造、经营、运营和管理等方面产生了根本性变革，显著增强了企业的竞争力。随着数字技术的演进，企业的管理方式正逐步迈向更高级的阶段。企业数字化转型涉及整个业务模式的根本性变革，这要求企业在明确业务模式转变的基础上，再进行技术的应用。这一过程绝非简单地将传统的线下业务简单地复制到线上，而是需要进行全面而深入的业务和技术整合。

4. 数字技术驱动的是管理模式的升级，更是企业拥有持续竞争力的源泉

传统企业的经营与管理模式主要依赖个人，即借助个人的经验、知识、阅历及智慧来提高管理水平与决策质量。谁更具智慧、经验更丰富、职业背景更丰富，谁就能做出更为重要的决策，其能力水平越高，对企业管理所贡献的价值也就越大，也越能在市场竞争中取得成功。

以前曾流行这样一句话："21世纪什么最宝贵？人才！"企业通过依赖个体的智慧来进行管理，并通过团队的智慧积累来增强企业的整体智慧水平，可以使企业在经营与管理上更加精明，从而在市场竞争中占据更加有利的地位。

传统企业存在依赖"牛人"的弊端，因为"牛人"往往意味着高成本，所以识别"牛人"具有更高的风险和成本。同时，依赖"牛人"也存在被"牛人"绑架或面临"牛人"流失的风险。这类企业的管理被称为才智驱动的管理。

企业在进行信息化建设之后，可以利用信息系统、互联网来实现流程流转，使信息传递更高效、准确，从而提升企业的竞争力。这时企业管理的驱动力是"流程"，这类企业的管理被称为流程驱动的管理。

信息系统采集并留存数据后，企业利用这些数据进行分析，以做出更准确、更科学的判断和决策，从而让企业在经营和管理中利用数据来赋能，减少失误或错误，实现精准管理和管控，降本增效。这时企业管理的驱动力是"数据"，这类企业的管理被称为数据驱动的管理。

当企业在经营和管理领域应用算法时，其思考、判断和做出决策利用的是经过科学设计的算法模型，包括分析模型和决策模型，以确保每一项流程、每一个业务活动都是最佳操作，并能够高效率、低成本、动态敏捷、全天候地运行，从而进一步提升企业经营管理的效率和科学性。这时企业管理的驱动力是"算法"，这类企业的管理被称为算法驱动的管理。

算法驱动的管理相较于人工模式下的数据驱动的管理，具有更高的效率、更低的成本，以及更快的响应速度，这不仅可以给企业带来成本与效率上的竞争优势，还会让企业突破规模瓶颈。

在传统的"人管人"管理模式下，有一个非常重要的管理学概念，叫作"管理幅度"，它指的是一个管理者所能直接且有效管理的人员数量。鉴于人类管理能力的自然局限性，每位管理者所能直接领导的人员数量往往存在上限，这进而构成了组织规模扩张时的潜在瓶颈。然而，在依托于数据和算法的新型管理模式下，这一局限性得到了显著突破。数据和算法在理论上能够处理的人员数量几乎没有上限，从而极大地拓宽了组织的管理边界。

由此可见，数字技术推动企业管理模式升级，如图1.5所示。

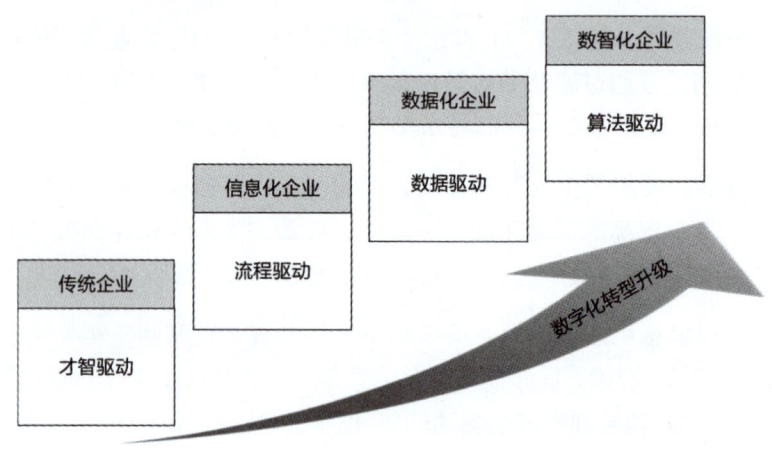

图1.5　数字技术推动企业管理模式升级

下面以一个广为人知的生活场景——乘坐出租车为例，进行阐释。以往，乘客需在路边拦车，而出租车司机为了寻找乘客，不得不在道路上来回行驶。这种做法效率极低，有时司机即便行驶了半小时，也未必能接到乘客，导致大量的人力、车辆资源及道路资源的浪费。如今，乘客可以通过网络约车平台叫车，无须再站在路边等待，只需在家中静候车辆到来；司机亦无须在道路上空驶，只需在合适的位置等待即可。网络约车平台利用实时采集的乘客与司机的地理位置数据，通过算法进行订单匹配，显著减少了前述的成本和时间浪费，提高了交易效率，同时优化了乘客与司机的体验。

昔日，出租车行业也存在"叫车服务"机制：通常，出租车公司会设立呼叫中心，并配备专门的接线员。乘客通过电话请求派车服务，呼叫中心的接线员随后与司机取得联系，并安排合适的司机前往接载乘客，这一过程依赖人工进行订单匹配。相比之下，网络约车平台则利用数据和算法进行派单，能够实现更为精准的司机匹配：可能是距离乘客最近的司机（最近的空闲司机）、收益最高的司机（出价最高的司机）、最佳人员调度的司机（空闲时间最长的司机），或是服务体验最佳的司机（服务积分最高的司机）等。

通过算法派单与通过呼叫中心的接线员派单，在效率、精确度、实时性和科学性方面存在显著差异。借助数据和算法，网络约车平台可以同时调度数百万名司机，不存在规模限制；相比之下，一个接线员在一次操作中仅能处理一个订单，且每日能够处理的订单数量仅为10~20个。在成本优势与规模效应的双重作用下，网络约车运营模式取代传统出租车运营模式的原因便不言自明。

在传统的"人管人"管理模式下，管理幅度成为制约企业规模扩大的因素。

如果是重复性高、复杂度低、标准化程度高的岗位，则一个人可以管理 20 个人，但超过这个数量，管理者便难以顾及每个人的作业状况、满足每个人的个性化需求；如果是重复性低、复杂度高、个性化程度高的岗位，则一个管理者最多能够管理 6~8 个人。在传统的"人管人"管理模式下，若按照人均管理幅度为 8 人来计算，要管理一家拥有 1 万名员工的企业，则至少需要设置 6~7 级的管理层，其中所做出的业务决策需要层层审批、层层汇报，所经历的时间、耗费的人力，与算法驱动的管理模式差异显著。

而在数字化企业中，特别是数智化企业中，一套算法可以同时管理的员工数量达到上百万人，包括利用算法来实时管理、管控和评价员工的工作，比如网络约车平台利用数据和算法来对司机开车的舒适度、安全性和服务质量进行实时评分，通过评分来提高司机的服务态度和服务水平，确保服务标准得到执行。数字技术的使用让企业的规模瓶颈得到突破。

拥有数据和算法的企业在产业协作中将具备更高维度的竞争力。具有丰富数据和算法的企业可以整合行业，因为数据和算法构筑的新兴竞争力具有更高的维度。下面举一个例子来具体说明。

2020 年 4 月 22 日，董明珠在抖音平台第一次直播卖空调，流量达到 30 多万人，但销售额只有 23 万元；2020 年 5 月 11 日，董明珠又在快手平台做了第二次直播，3 小时的直播带来的销售额突破了 3 亿元。这两次的直播时间间隔只有半个多月，但是销售额相差 1300 多倍，这是为什么呢？

首先，这显然不是传统企业的竞争优势所致。因为传统企业的竞争优势，无论是产品、品牌、设备、技术、渠道、供应链等，都不可能在短短半个月内让销售额提升上千倍。真正让销售额在短短半个月内发生巨大变化的是数据和算法。在董明珠的第二次直播中，直播平台的后台工程师通过消费者画像或标签，将那些有潜在空调购买需求的客户定向推送至董明珠的直播间，从而使其直播间的流量变为有精准需求的流量，带动了销量。两次直播的本质区别不在于董明珠和其团队有了经验，而在于直播平台是否利用算法实现了精准推流。换一句话说，是直播平台的数据和推流算法让销售额发生了巨大的变化。

可以设想一下，随着消费者消费习惯、购物习惯的变化，在家电产业的整个经营链路上（包括研发、采购、生产、供应、销售和营销等方面），数据和算法将会发挥越来越重要的作用，从而成为可以产生更高利润空间的环节。"微笑曲线"理论（在产业链中，价值的分布往往呈现出一种类似"微笑曲线"的形态，产业的附加值主要集中在两个端点）告诉我们，一个产业的利润会向有影响力和话语权的环节转移，那么，当家电产品的销售越来越离不开流量平台的直播带货时，该产业的利润必然会向拥有数据和算法的流量平台转移，而这些拥有数据和算法的流量平台将会成为各个产业和行业的整合者，从而实现跨界的"打劫"。换句话说，就是拥有数据和算法的企业，将在产业协作中具备更高维度的竞争力。

数字化转型带动了企业生产方式、管理模式、经营模式和商业模式的颠覆性创新，这不仅是传统企业的新机会，更是不得不面对的竞争威胁。不管是业务端的数字化转型，还是内部职能领域的数字化转型，都是企业必须应对的课题。做得早、做得好、做得快，就会抓住机遇；反之，跟不上、做不好，就会面临威胁。所以，企业必须将数字化转型上升到战略高度去推进。这是时代发展的趋势，是不以人的个人意志为转移的时代变迁，更是企业生存和发展之必需。

1.2 数字化转型的价值创造与目标设定

数字化转型对传统企业而言，是机遇，也是威胁。之所以说是机遇，是因为企业能够借助技术红利获取竞争优势，实现突破性发展；之所以说是威胁，是因为在数字化转型的竞赛中，落后的企业将会因为竞争对手的提效而被打压。你用 3 小时做好一件事情，而竞争对手只需要 3 秒；你用 200 元的成本做好一件事情，而竞争对手几乎不花费任何成本，谁优谁劣，显而易见。

所以，企业数字化转型的速度将重新塑造行业格局，领先的企业会在这场竞赛中取得胜利，而落后的企业则可能会被时代淘汰。

数字技术推动的数字化转型与传统工业时代的技术变革相比具有不同的特征。深入理解这些特征，对于明确企业数字化转型的价值创造和设定数字化转型的目标非常有帮助。

1. 第一个特征：标杆学习不再有效

对于传统工业时代的技术变革，一般企业通过学习优秀企业的做法，能够与优秀企业做得一样好，甚至更好。因为它们可以在优秀企业实践的基础上进行升级和优化，从而比探索者做得更好。路子都被别人蹚出来了，后来者就不需要披荆斩棘，从而可以走得更快。然而，在数字化转型的过程中，不同企业的管理模式和所处的业务环境不同,这就意味着它们不能直接复制其他企业的决策模型。

数字化转型涉及决策机制和决策模型的变化,需要结合企业自身积累的数据和管理模型来创新。抄袭别人的算法是行不通的,因为其中涉及算法适用性问题,要结合企业自身的特点进行个性化改造。

另外,即使企业学会了别人的算法,也可能因为算法会不断迭代升级而无法保持竞争优势。在"变聪明"的过程中,靠模仿是不能让企业的聪明度实现超越的。尽管高效的学习方式是向标杆学习,但是,不是所有的数字化转型都能依靠模仿来完成。这就好比学校里的优等生并不是通过抄作业而成为佼佼者的,真正的优等生都是通过自主学习与创新来实现自我提升的。

2. 第二个特征:领先者持续领先

拥有数据和算法的数字化转型领先者可以在数据积累和算法优化方面持续走在前列,从而持续享受数字技术带来的红利。这是数字智能时代的典型特征。这些企业因为数据和算法的叠加优势,能够提供更好的客户体验,拥有更多的客户和订单,从而可以在更多的客户和更多的经营活动中拥有更多的数据。而更多的数据能够让企业"喂养"出更好的算法,得到更精准的洞察,进行更科学的决策,从而进一步巩固自己的竞争优势。而缺乏数据和算法的企业则面临效率低下、成本高昂、竞争优势缺失、客户体验差等问题,导致客户和订单越来越少,产生的数据也少。而数据少,算法就不太精准,导致客户体验更差。这样对比,我们可以总结出一个规律,数字技术让领先者持续领先,形成一个闭环,如图1.6所示。

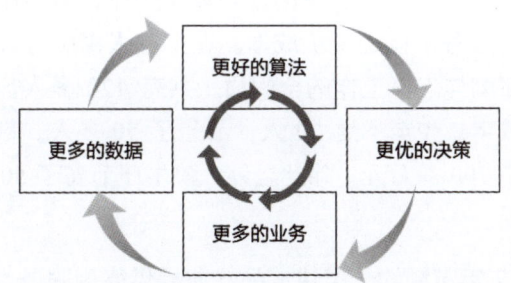

图1.6 数字技术持续领先闭环

所以,在数字智能时代,企业不能一直做跟风者、追随者,而要做领先者,否则很难有机会追上领先者,无法实现超越,甚至在以上逻辑的演变中变得越来越差。所以,在数字化转型的过程中,企业要勇于做第一个"吃螃蟹的人",而不是做跟风学习者,特别是在与同行的数字化转型竞争中。

基于以上两大特征，企业该如何明确数字化转型的价值，并确立数字化转型的目标呢？首先从数字化转型的价值来看，企业要从以下价值维度来确立数字化转型的目标（不论是业务领域的数字化转型，还是职能管理领域的数字化转型，都是类似的）。

1.2.1　降本增效

无论是在生产领域、营销销售领域、供应链领域，还是在职能管理领域，数字技术所带来的第一个价值就是降本增效。降本增效是企业设定数字化转型目标的第一个价值维度。

降本增效是数字技术应用给企业带来的前期价值或者基础价值。通过前面介绍的蒙牛人事共享服务平台的案例，我们可以看到，在成本方面，数字化的业务流程模式相比传统的业务流程模式实现了大幅度的降本增效。其中，降本，包括降低各种成本，比如人力成本、生产成本、管理成本、物料成本，也包括时间成本；增效，包括提高人效、物效、费效和时效（人力效率、物资效率、费用效率和时间效率），特别是在时效方面，还可以减少企业的机会成本损失。因为如果响应不够快，企业会失去很多机会，包括业务机会、商业机会、发展机会。

比如，企业将业务活动线上化，并用算法替代相关的人工流程和活动，能有效降低人力成本。如今，人力成本越来越高，导致很多企业不得不采取"以机器替代人工"的模式来从事生产经营和管理活动。通过数字化的业务流程，企业可以节省人工成本，提高人的效率和产出。如前文所述，蒙牛建立的人事共享服务平台大幅削减了人事服务工作的人工成本。在实施人事服务共享平台之前，蒙牛在全国范围内负责薪酬与人事工作的全职员工共有 120 多人。而在引入人事共享服务平台后，这一数字减少至不足 70 人，节省了 50 多人。每年仅在人力成本和相关费用上就节约了 700 多万元。除此之外，蒙牛还节省了 50 多人的办公设备开支及相应的管理费用。

明悦数据在 2017 年曾经为一家快消品企业提供咨询服务，将其销售巡查团队的作业模式从线下手工模式转型为线上数字化模式，大幅度提升了人效，加快了巡查数据展示的时效性，并通过数字技术提高了巡查数据的准确性，减少了人为干预，让营销和销售管理团队能够"实时"且"真实"地掌握整个市场的铺货情况。

在传统销售巡查作业模式下，巡查员需要一大早就开始走访门店，对每家门店花费大约 40 分钟进行检查，包括检查产品陈列情况、铺货情况、过期产品情况、促销活动执行情况、促销员在岗情况等，并采集部分竞品数据，填写纸质表单。巡查员每天检查 8～10 家门店后，需要将采集的数据录入 Excel 表格中，通过电子邮件发送给总部的巡查数据统计员。巡查数据统计员则需要依据这些数据制作周报、月报、季报、年报，汇报给业务管理团队。平均每家门店的日巡查成本超过 250 元，其中的数据也存在作假或者不准确、不细致等情况——巡查员走马观花、乱填数据的情况非常普遍。当时（2017 年以前），在传统销售巡查模式下，该企业在全国配备了近 250 名巡查员，每天往返在各大零售门店之间，员工工资、差旅费用、管理费用合计超过 1 亿元/年。图 1.7 为某快消品企业传统销售巡查模式的示意图。

图 1.7　某快消品企业传统销售巡查模式的示意图

明悦数据为该企业设计了数字化销售巡查模式，即开发一款销售巡查 App。该 App 要求巡查员在进店前进行定位打卡，确保门店和实际位置一致，而 App 后台会对门店信息和数据进行校验，并开始计时，以确保巡查员花费足够多的时间对门店进行认真的巡查。一般巡查一家大型门店的平均时长为 40 分钟，若某巡查员只花费 5 分钟就完成了该门店的巡查，那么，此次巡查将被视为无效巡查，其巡查数据就不值得被采用，且此次巡查也不会被计入该巡查员的绩效考核中。巡查员可以直接在手机上勾选并填报巡查项目，必要时还可以拍照进行佐证。离店时巡查员仍然需要进行定位打卡并计时，确保门店规模与巡查时长、记录数据相一致。另外，所有巡查数据均被实时上传到服务器中，服务器对数据进行实时统计汇总，将数据加工成各种巡查报表和分析图表，并以每小时更新一次的频率推送到业务管理团队的 PC 端和手机端。如果某些重点门店、渠道或者区域出现铺货异常情况,就实时进行预警或报警。图 1.8 为该企业数字化销售巡查模式的示意图。

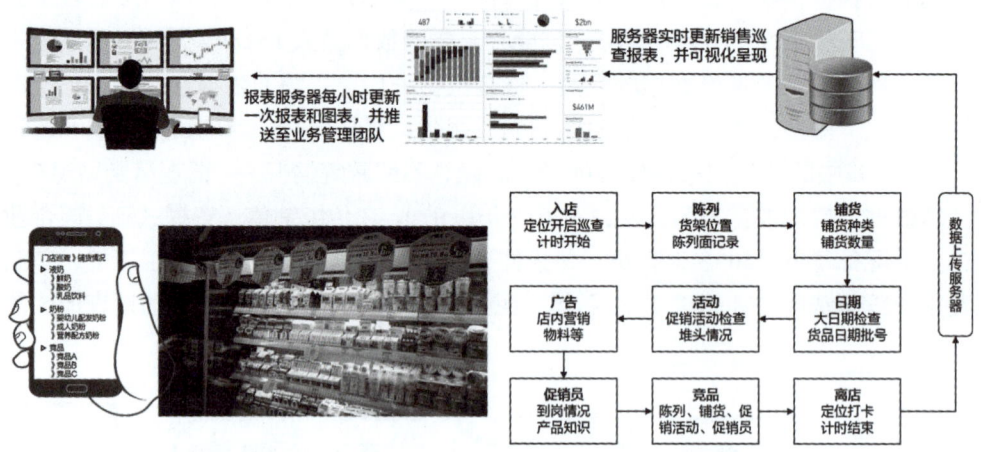

图 1.8 某快消品企业数字化销售巡查模式的示意图

通过使用数字技术对销售巡查模式进行改进,这家企业取得了以下成效。

- 每家门店的巡查时间由原先的 40 分钟缩短至 15 分钟。
- 采集的数据不再需要手工录入,而是由系统实时自动上传。
- 巡查一家门店的人工费用从 250 元/日下降到 80 元/日。
- 数据不仅更加准确了,还可以实时推送给业务管理团队。
- 该企业在全国范围内的销售巡查团队从 250 人缩减至 100 人,一线巡查员的工作时长也从原先的每天 12 小时减少至 8 小时。同时,总部原本负责数据统计的 6 人团队被取消,仅保留 1 名数据分析师,专职负责跟踪并持续优化巡查看板及指标数据。
- 销售数据的更新频率从每周一次提升至每小时一次,业务管理团队可以更加敏捷地掌握一线销售情况。
- 每年销售巡查总费用预算从 1 亿元缩减至 3000 万元以下,而数据更实时、更真实、更精准,让业务管理团队对一线销售情况的掌握更及时,能够做到快速响应各种异常情况。

1.2.2 提升体验

设定数字化转型目标的第二个非常重要的价值维度就是提升体验:在业务领域可以提升客户的体验,在职能管理领域可以提升员工的体验。

- 从客户视角看，数字化的业务流程能够为客户提供更好的体验，客户会认为企业有更先进的业务流程，有更好的管理体系，从而更加信任企业。
- 从协作供应商的视角看，数字技术可以让供应商更加相信企业的数据采集和证据采证的真实性。
- 从员工的视角看，数字化的业务流程能够使员工认为企业拥有更先进的管理体系，从而提高他们的忠诚度和满意度；同时，优化后的流程也会使员工认为企业可以更好地满足他们的需要。

1. 蒙牛"牛油果"HR 产品

前面介绍过，蒙牛通过人事共享服务平台，实现了线上开具员工人事证明、一键下载所需证明文件、自助完成所需服务的功能，无须人工干预，让员工不必求助他人或线下奔波，提升了员工的体验。在以前人工服务的模式下，蒙牛人事共享服务的员工满意度为 86 分；而在实施线上化服务、数字化办理流程后，员工满意度已经提升至 95 分以上。

下面再举一个蒙牛在数字化转型中给员工提供更高质量体验的案例。

蒙牛人力资源管理部门研发了一款产品：牛油果。此产品为在职场中处于孕产期的员工进行服务。蒙牛人力资源管理部门通过收集和分析员工数据，了解她们的需求和关注点，发现孕妈妈在工作中需要更多的关怀和支持，需要及时了解相关政策并办理手续等。为了满足这些需求，人力资源管理部门借助数字化手段，实现了更高效、更个性化、更主动的服务。

例如，人力资源管理部门通过调研发现孕妈妈对产检假、产假的申请流程较为关注，因此优化了产检假申请流程，使申请过程更加简便、快捷。当孕妈妈发起产检假申请之后，人力资源管理部门会通过数字化的手段为孕妈妈在整个孕产期提供一站式服务。当系统检索到有员工发起产检假信息查询时，会主动为员工推送恭喜电子贺卡，送上来自公司的暖心祝福。同时，人力资源管理部门会在电子贺卡中链接孕妈妈在孕产期期望关注的内容，例如"孕妈妈请假秘籍"，一键查找孕产期相关的所有假期的请假流程、请假天数等信息。由于孕妈妈对于外部需要办理的事项缺乏经验，又不知向谁咨询，人力资源管理部门会把政策收集好推送给孕妈妈。比如，新生儿保险的报销有几个月的等待期，需要提前办理，人力资源管理部门会通过数字化的工具将获得到的信息自动推送给孕妈妈。在孕妈妈请产检假超过 6 次后，系统会自动推送公司给予"牛宝宝"的福利信息，让孕妈妈知道如何办理及领取。在孕妈妈请产检假超过 10 次后，系统判定孕妈妈进入孕晚期，会再次自动为孕妈妈推送生育报销指南，以及育儿小科普、孕妈妈心理调整的课程等，助力孕妈妈顺利完成角色转换。

"牛油果"产品上线后，人力资源管理部门也在不断优化，通过收集孕妈妈的反馈及进行数据分析，及时发现问题并进行改进。例如，根据孕妈妈的浏览习惯和反馈，调整贺卡链接中的内容和排版，提高内容的相关性和实用性等。

通过"牛油果"产品，人力资源管理部门在企业内部为孕妈妈主动链接了办事渠道，进行内外政策的指引，多维度满足员工需求，不仅提升了孕妈妈的职场体验，还增强了企业的凝聚力和吸引力。图1.9为蒙牛"牛油果"员工体验案例示意图。

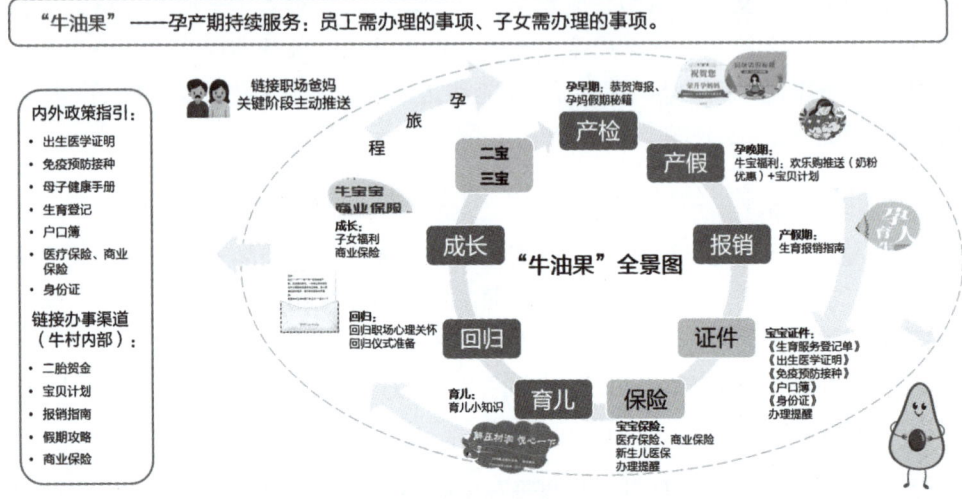

图1.9 蒙牛"牛油果"员工体验案例示意图

2. 财务审批流程再造

下面再举一个财务职能管理领域数字化转型的案例，源自笔者为一家制造业客户提供的财务数字化转型服务中的流程再造实践。

该企业拥有上千名业务人员，这些人员每日奔波于全国各地，致力于推广企业产品。除了人员薪资，最大的费用开支便是差旅费与业务招待费。此前，该企业的报销流程极为烦琐，包含多种审批环节及各类票据的核验程序，令业务人员感到十分不便。此外，企业财务部门中负责处理这些票据、整理及校验发票的人数超过120人。针对这一问题，笔者通过对业务流程的系统性梳理，用数字化的方式对该企业的差旅费报销和审批流程进行了再造，最终实现了"只审批一次"的高效流程，如图 1.10 所示。

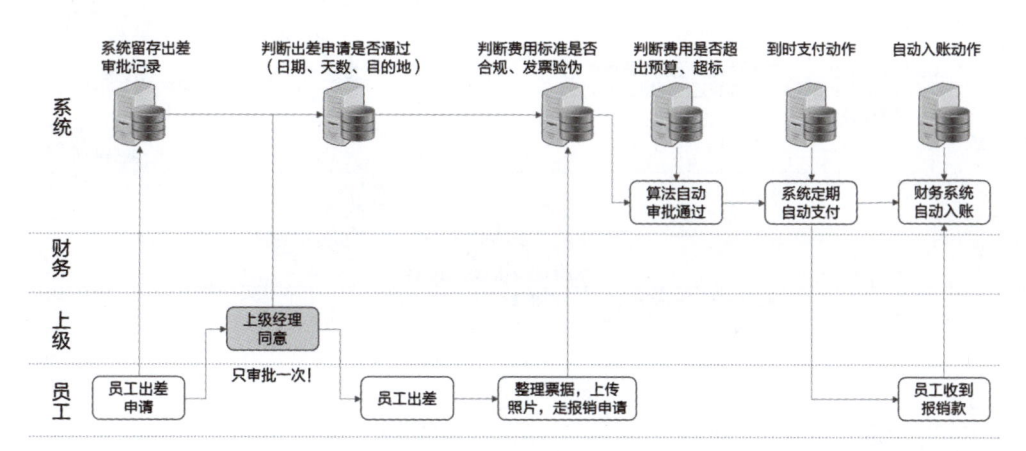

图 1.10　业务人员差旅费报销的数字化流程

在员工从出差到差旅费报销的整个流程中，只需经过一次审批：即由上级经理判断此次出差是否有必要，并进行"出差申请"的审批。新流程是这样的：一旦员工提交出差申请，上级经理确认业务需要并批准后，后续的所有流程与手续均由算法自动完成，无须人工进一步审批。即便员工差旅费超标或者部门预算超标，也由算法来校验和审验。在整个流程中，员工可以自由安排出差，享受自动审批，全程无须人工干预，任何问题均由算法提示并解决，这使员工的体验大幅提升。该数字化流程实施后，这些业务人员反馈最多的就是，他们每天不再为办理出差手续与报销问题而担忧，可以专注于开发与维护客户关系，整体体验得到了改善。数字化的流程增强了企业与员工之间的信任感：一次承诺，一致执行，有效避免了流程中因反悔或遗忘、疏忽而导致的不信任问题，"只审批一次"成为相互信任的基础。

对业务流程或者业务场景进行数字化转型，为企业带来的不仅仅是降本增效，还提升了供应商的体验、客户的体验，以及员工的体验。这种体验的提升可以确保整个协作流程的持续性，不仅促使客户重复购买，还能增强员工的忠诚度与敬业精神。

3. 蒙牛员工休假流程再造

蒙牛人力资源管理部门也进行了数字化流程再造，下面以其中最简单、最常见的员工休假流程为例，来说明其如何利用专业性与技术性的深度融合对流程再造产生影响，如图 1.11 所示。

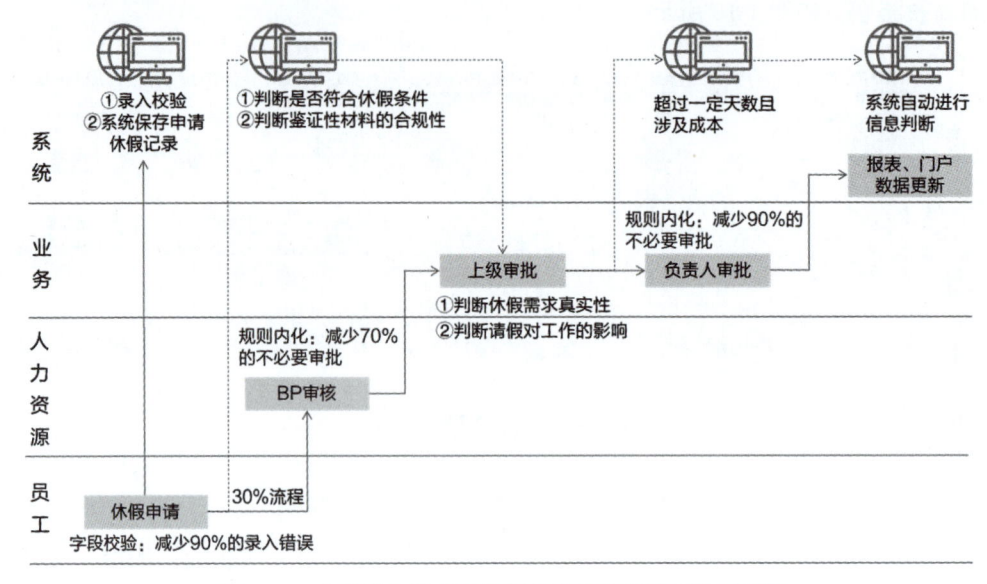

图 1.11　专业性与技术性的深度融合的流程再造示意图

以前，蒙牛的员工要申请休假，首先需要由 HRBP（Human Resource Business Partner，人力资源业务合作伙伴）进行合规性审核，然后由其直属上级审核，以及部门负责人审核。当时的审批链条很长，而蒙牛的假期种类繁多，且针对不同群体设立了不同的假种，这无疑加大了审批人员的工作负担。

经过对员工休假流程再造，现在员工提交休假申请后，仅有 30%的流程需要 HR 进行合规性审核，10%的流程需要部门负责人审核，其他环节都通过系统校验、判断实现了自动化。人力资源管理部门只需要在系统中设置好各类休假的申请标准，由部门负责人根据业务安排进行审批即可。

以员工的法定带薪休假申请为例，员工的直属上级以不影响业务运营作为判断依据，进行一次"审批"，其他的所有校验、合规等审批都由系统自动完成。

在进行这种需要合规校验的审批流程再造时，蒙牛的业务团队、技术团队、数据团队和算法团队曾展开热烈讨论，争论的焦点在于各类假种审批背后的逻辑。虽然很多经理都负责审批工作，但他们往往不清楚每个审批环节的具体作用，哪些是无意义的，哪些是重复的，哪些是可以通过算法来实现的。这个时候，团队的专业能力就显得非常重要了。首先，流程重构需建立在对业务规则重构的基础上，同时在业务端和技术端进行优化提升；其次，业务团队和技术团队对业务逻辑的理解至关重要，这是将业务规则转化为数据、算法及线上流程的重要保障。在这个过程中，若没有专业人员的协同合作，便难以实现流程的线上化与自动化。

1.2.3 模式创新

数字化转型不仅能够实现降本增效、提升体验，还能推动"新方式、新做法、新模式"的形成。也就是说，企业能否换一种做法，换一种方式来运作？这就是一种"模式创新"。对于这种模式创新，我们可以从"关系"的视角来思考，比如企业与用户之间的关系是否可以换一换，企业与供应商之间的关系是否可以换一换，企业与竞争对手之间的关系是否可以换一换，企业与员工之间的关系是否可以换一换，员工与员工、部门与部门、组织单元与组织单元之间的关系是否可以换一换。这些转变使企业与各种经营管理要素之间的关系都在发生变化，如图 1.12 所示。

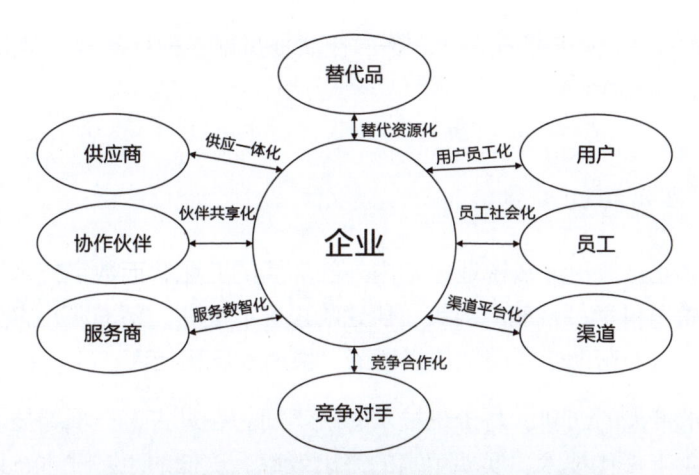

图 1.12 企业与各种经营管理要素之间的关系转变

比如，企业与用户之间的关系可以"换一换"。在抖音平台上，发布视频者为抖音的用户，但抖音通过数据与算法帮助用户推广其视频，放大其所创作视频的影响力，创造内容传播的价值，并与用户共享这一价值创造的过程。这样一来，原本只是抖音平台的用户，实际上成了平台的"内容制作者"，为抖音生产内容。作为内容服务平台，抖音与传统的新闻媒体截然不同：传统新闻媒体自行制作内容，而抖音则让用户自行制作内容，从而实现了"用户员工化"——用户的角色转变为企业产品（即内容）的生产者，这彻底改变了企业与用户之间的传统关系。

再比如，企业与员工之间的关系可以"换一换"。传统的员工与企业之间的关系是雇佣关系：员工与企业之间签署协议，员工只为本企业工作，不能为其他企业工作；企业负责员工的很多事情，包括交社保、公积金等事务，以及代扣个人所得税等事务；员工要遵守公司的各项规范；员工是企业的"资产"。但是，随着数智化管理方式的应用，类似滴滴平台、58同城平台等线上员工管理平台的出现，滴滴司机不再是滴滴公司的"员工"，58同城的"家政服务员"也不再是58同城公司的员工，而是在这个平台上打工的"个体户"，但是这些平台可以利用各种数据对这些"个体户""员工"进行精细化的管理。这个时候，企业与员工的关系从"雇用"变成了"使用"，关系"换一换"了。

通过应用数字技术，可以改变企业与各种经营管理要素之间的关系，从而改变企业经营和管理的模式。这种模式的创新可以带给企业新的价值、新的运营效率或者新的业务营收。具体给企业带来什么样的创新，要看具体的模式或者要素之间的关系。从目标设定的视角，要看企业能否整合这些资源，并能够做到多大规模和范围，未来的可持续性和发展性有多强。

另外，在数字化转型的过程中，所有团队成员都必须具备这种"换一种方式""换一种关系"的思维。

1.2.4 升级智慧

数据能够让企业更加敏锐地感知内外部环境的变化，而数字技术则能助力企业更敏捷地做出科学、合理的决策，快速响应环境变化，精准满足客户需求，提升客户体验，从而帮助企业突破规模瓶颈，快速发展和壮大。

数字技术带来的红利，与传统技术有所不同。在过去，一项新技术诞生后，往往能够超越上一代技术，实现更高的产出效率、更低的生产成本，以及更佳的功能表现，从而达到"弯道超车"的效果。然而，数字技术的发展是迭代式的，难以让企业在短时间内就拥有高度智能的算法。如果缺乏长期的数据积累与算法的持续迭代，算法的精准度便无法得到保证，因此其效率也难以轻易超越传统技术。

比如，地图导航算法可以通过拥有更多的用户产生更多的数据，实现更精准的导航。如果地图导航应用能积累大量用户的驾驶习惯数据，便可以实现个性化的导航算法：针对具有不同驾驶习惯和速度的车主，不仅预测用时更精准，还可以为其选择更合适的路线。数据是训练算法不可或缺的一部分，没有足够多的训练数据、足够长的训练时间，以及算法模型的积累和迭代优化，算法就无法迅速变得精准。

提升算法的"聪明度",是一个需要长期积累与迭代的过程,新兴企业难以在短时间内获得更为精准且高度定制化的算法模型。这个积累过程意味着,利用新一代技术的企业也要从第一步(积累数据和迭代算法)做起,也要从第一代算法开始。比如,某企业开发了一个短视频平台,虽然拥有海量的视频内容资源,但如果没有用户浏览短视频的行为数据,就无法精准推荐用户喜欢的内容,难以提升用户体验。所以,企业必须从基础数据积累和算法迭代优化开始,从第一步做起。

企业要积累各种数据,包括各种内外部环境条件数据、企业经营管理决策数据,以及基于内外部环境下所做的决策和采取行动所带来的结果数据,从而构建一个基于内外部环境、经营管理决策行为及最终结果的数据集,这些是企业打造AI大模型的数据基础。基于这些数据,企业可开始构建AI大模型,为企业管理决策智能化提供算法模型,这是中大型企业面对未来竞争的数据基座。

1.2.5 勇于领先

如前文所述,应用数字技术的领先者可以保持持续的领先地位。数字技术的迭代效应使早期的竞争对手能够持续领先。由于领先者积累了更多的数据并拥有更优秀的算法,因此能够为用户提供更佳的体验,从而增强用户黏性,吸引更多用户使用,进而产生更多数据以进一步优化其算法,形成良性循环。这一循环使得后来者难以跟上领先者的步伐。

所以,在数字化转型的过程中,企业的创新被设定为数字化转型的目标之一。

腾讯在短视频领域属于后来者,字节跳动则是领先者,其旗下抖音平台因为先行而拥有更多的用户数据,具备更加精准的内容推荐算法,从而保持领先地位;腾讯入行较晚,虽然通过旗下各大流量平台进行推广引流,但一直无法在短视频领域超越抖音平台。这就是领先者可以持续领先的原因,也是数字技术的第二个特征。

在进行数字化转型时,传统企业在本行业内要争取成为领先者,不能等待、观望,不能等待学习竞争对手的成功案例,而应以领先者的视角创新管理模式,并在过程中持续迭代升级,保持领先优势。如果等到竞争对手都尝试成功后再"抄作业",就已经落后了,而且竞争对手会持续保持这种竞争优势。

所以,企业在进行数字化转型时要以领先性为目标。在数字化转型的过程中,企业不能闭门造车,更不能重复发明"轮子",要保持对前沿技术的关注,保证企业所实施的技术是目前最好的。企业还必须走出去参观学习,了解最新技术应用:

不仅包括最新技术在本行业本类场景中的应用，还包括在其他方面的应用。通过学习，企业可以了解先进技术的最新应用方法，从而保持企业在数字化转型过程中的技术领先性。

同时，要实现领先性目标，整个数字化转型的团队成员就需要具备"领先性"思维，而非"抄作业"的心态。"抄作业"抄不出创新，也抄不出领先。在笔者给一些企业做咨询和培训服务的过程中，每当讨论创新方式、创新关系时，经常会有人询问：有没有先例？有没有可以参考的案例？这样做有什么风险？这就是有"抄作业"的思维，领先性思维要求我们避免产生这种直接"抄作业"的心态。

1.3 职能管理领域数字化转型的价值和意义

企业在各职能管理领域进行数字化转型不仅是必然的，更是必需的，因为职能管理领域的数字化转型是企业业务数字化转型的"基础底座"，它实现了人、财、物、事管理的全域贯通、全流程覆盖和全生命周期管理，为业务数字化转型提供了基础的数据平台和技术平台，给企业带来了可持续的经济效益、长期的技术红利。

比如，蒙牛在人力资源管理方面的数字化转型，为人力资源管理带来了长期红利，并为业务数字化转型提供了基础数据服务。表 1.1 所示是业界人力共享服务数字化转型阶段的效益对比。

表 1.1 业界人力共享服务数字化转型阶段的效益对比

人力管理业务	数字化起步期效益对比	数字化发展期效益对比	数字化成熟期效益对比
热线咨询服务	1:800	1:1600	1:3000
人事事务处理	1:400	1:900	1:1800
薪酬事务处理	1:1200	1:1600	1:2400
HRSSC 成熟度与稳定度（流程标准化，自动化支持）	大部分流程需要重新设计和逐步上线运行，技术支持相对有限	涉及共享服务中心需人工操作的流程相对标准化	大部分流程稳定，高度自动化
自助服务使用率	自助服务使用率低	自助服务、员工咨询台、呼叫中心和服务部梳理问询和流程事务	多数问询和流程事务由员工自助服务完成
解决方案周转效率	处理呼叫和流程事务花费的时间较长，经常有需要升级到高一层的问题	处理呼叫和流程事务花费的时间相对平均，升级到高一层的问题频繁发生	处理呼叫和流程事务的时间相对缩短，大量问题能够在第一层解决

续表

人力管理业务	数字化起步期效益对比	数字化发展期效益对比	数字化成熟期效益对比
人事服务员工能力	员工能力尚不足,服务引导低,技术员少,技术利用率低	服务引导适中,员工了解基本的过程并能利用相应的技术	员工能力水平较高,可实现服务标准和高技术利用率

蒙牛在实施人力资源数字化转型之初,人力共享服务中心的人员编制与全部员工人数之比(人效比)为 1∶228(2018 年数据)。到 2023 年年底,这一人效比已提升至 1∶564,业务处理效率提升超过了 50%。这是一种可持续的优化效应。蒙牛在人力资源的数字化转型中,不仅提高了员工服务效率与管理效率,也显著改善了员工体验,企业员工满意度从 85 分提升到了 95 分。

在人力资源领域,许多业务流程都可以通过标准化或在线化流程加上算法的应用来进行再造,从而帮助企业节省人力、提高效率与改善体验。例如,对于过去传统人事服务流程中大量的纸质文档及需人工签字审批的表单或流程,可以进行无纸化与无人化的流程再造,以提高工作效率。在此人事服务业务流程数字化再造的过程中,还可实时采集数据,为业务决策及 HRBP 决策提供数据支撑。

人力资源的数字化转型,也在提高员工行为数据的采集覆盖面和完善度。

过去,大多数的人力资源管理活动都离不开纸质表格。比如,员工入职时填报个人信息,使用一页"员工信息采集表"来采集,员工填写表格之后,还需要由专门的人员将数据录入 Excel 表格中,这个转录的过程不仅不及时,还容易出错。在员工信息有变更时,不能及时将数据同步到各个业务管理口径。员工培训时,通过纸质文档签字记录考勤。在员工的成长过程中,具体参加过哪些培训,没有统一数据汇总。对于员工如何成长为优秀员工,也没有全面的数据记录。这就导致企业在整个人力资源管理中缺乏对员工全职业生涯的数据采集。现在,蒙牛通过人力资源的数字化转型,基于人力共享服务中心,记录每个员工每天的活动、每个业务行为、每个绩效表现,形成员工全职业生涯的数据记录集,为员工全职业生涯管理、优秀员工成长过程模型开发、优秀员工画像等方面的课题研究提供了基础数据集。

人力资源的数字化转型,也为业务的数字化转型提供基础数据支撑。

人力资源的数字化转型,将员工在业务上的行为、行动、决策和表现都进行全面和全生命周期的记录,形成员工基本活动数据集,这些是对员工进行体系化管理和优化的数据基础。在这个基础上,企业可以在业务决策中构建多种基于"人"的决策模型,为业务决策和快速响应提供基础数据服务。比如,企业可以通过员工的基本静态信息（员工全方位基本信息表）和员工历史行为、经历记录的动态信息，对员工进行标签化管理，为员工进行多种画像。每个员工只要在公司工作满一年以上，就会拥有超过 200 个的标签，这些标签为优秀员工遴选、员工岗位快速适配提供数据支撑，为 HRBP 的各种决策提供支撑。

比如，HRBP 要组织一个业务数字化转型相关的培训，需要选择合适的课程，为具有不同水平和能力的员工选配不同的课程，以支持业务数字化转型战略的落地。这时，员工的标签就起到了作用，HRBP 可以根据员工的历史数字化培训经历等标签为其匹配合适的课程，避免耗费时间去做课程需求调研。

人才标签可直接应用于数据分析中，企业通过分析某类人才大多来自哪些企业，可以指导后续的人才招聘工作，或通过分析离职人员的标签判断该部门员工的离职风险等。

人才标签能够为部门管理者的用人、留人决策提供指导和洞察。以离职分析为例，如果只是简单地分析企业的整体离职率，而不能识别到底哪些类型的员工离职，那么这种离职分析对于管理者的决策意义不大。如果可以通过标签，具体分析哪一类型的员工离职人数最多，也就是离职比例较高，那么这种分析对于管理者进行具体的人才留任决策才更具参考意义。比如"新入职员工的闪离率较高""企业重点关注的战略性人才离职率较高""企业重金培养的管培生离职率较高""对企业业绩影响较大的高绩效人才离职率较高"，这样的分析结论，能为企业制定人才保留策略给出方向性指引。

对关键人才、重点人才的分析都基于标签化管理，当然，这需要以企业内部对战略性人才、高潜人才、高绩效人才、关键技能人才等概念有明确的界定为前提。企业只有提前完成人才的标签化沉淀工作，才能进行具体的分析。比如在进行离职分析时，一旦结果聚焦于某一特定人群，就可以进一步开展有针对性的分析，并采取有针对性的措施来改善。

再比如，企业的领导将要赴非洲考察市场，需要遴选一名擅长商务接待和洽谈的人员随行，此时员工的画像标签就有助于企业快速遴选员工，可以将拥有"具有海外商务经验""具有法语商务谈判能力""了解非洲文化""具有非洲生活经历""了解海外市场拓展策略""理解非洲商业运作机制"等类似标签的员工视为关键考量对象，这样就可以在短短几分钟内从数百个可能合适的人选中迅速筛选出最合适的人。

1.4 人力资源数字化转型驱动人力资源管理模式的升级

如今,数字技术在企业经营和运营管理中日渐普及应用,人们逐渐习惯数字化的办公及协作模式,这就为人力资源数字化转型奠定了数据记录的基础。

人力资源数字化转型也在带动企业人力资源管理模式的升级。全球人力资源管理模式经过了 4 代升级:由早期的控制型人力资源管理,逐步升级为服务型、支持型人力资源管理,再经由数字化转型,迈入第 4 代管理模式——赋能型人力资源管理,如图 1.13 所示。

1.0控制型人力资源管理	2.0服务型人力资源管理	3.0支持型人力资源管理	4.0赋能型人力资源管理
明确职责、制度和流程,对人事相关事务进行控制,防控各种用人风险,强调标准化的流程和制度建设	在控制型人力资源管理模式的基础上,为业务提供服务,满足业务的用人需求,强调对业务需求的快速响应和满足,很多企业通过HR进行专业分工,提高服务的专业能力	在服务型人力资源管理模式的基础上,为业务需求提供更多支持,特别是在业务决策和用人决策上给业务提供更多参谋,为了更好地理解业务需求,很多企业建立HRBP来为业务提供更紧密和精准的支持	在支持型人力资源管理模式的基础上,通过紧密服务业务战略,把握人力资源战略,利用数字化和数据智能,动态、敏捷地为业务发展提供赋能,从被动满足需要到主动战略引领

图 1.13 全球人力资源管理模式的 4 代升级

人力资源管理模式 4 代升级与企业管理模式 4 级进阶(从管理 1.0 到管理 4.0)是相对应的,可以把上述 4 种人力资源管理模式升级称作从管理 1.0 到管理 4.0 的升级,如图 1.14 所示。在支持型和赋能型人力资源管理模式下,数据和算法成为人力资源管理为业务提供支持和赋能的关键性基础:人力资源管理是否拥有充足的数据来为业务提供决策支持,是否积累了充足的数据以训练算法模型,并开发出能够替代人工决策的算法模型,这些都是实现更智能的业务决策所需的基础条件。

蒙牛在人力资源管理领域同样经历了几个历史阶段:从过去的标准化阶段,到信息化阶段,再到数字化阶段,目前正处在向智能化阶段迈进。图 1.15 所示为蒙牛人力资源管理模式升级示意图。

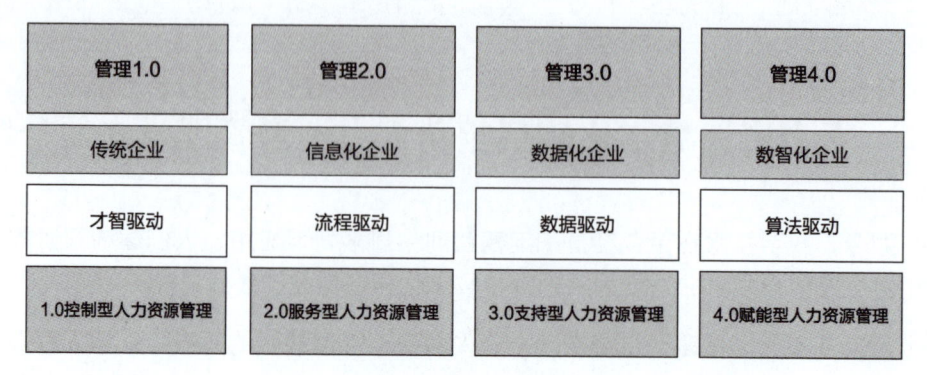

管理1.0	管理2.0	管理3.0	管理4.0
传统企业	信息化企业	数据化企业	数智化企业
才智驱动	流程驱动	数据驱动	算法驱动
1.0控制型人力资源管理	2.0服务型人力资源管理	3.0支持型人力资源管理	4.0赋能型人力资源管理

图 1.14　4 代人力资源管理模式与企业管理模式升级的对应关系

1.0-标准化
业务流程标准化
- 业务标准化
- 支撑日常事务，包括核心人事、薪酬等

2018—2019年共享建立及业务承接

2.0-信息化
集中处理阶段
- 员工层、管理层、专业层等方面的信息化平台被广泛地建设和应用
- 实现业务流程和数据的端到端打通，人力资源管理与业务的有效协同

2020年共享业务信息升级

3.0-数字化
互联互通
- 伴随系统建设的成熟，实现更多的自动化，包括自助商业智能，未来用工探讨、组织能力研究、人才保留等

2021年共享数字化转型

4.0-智能化
体验集成+交付洞见
- 大量智能化平台在HR领域的应用，不仅可以提供更智能化的体验，还可以预测未来，提供更加前瞻的服务，支撑更加科学、客观的决策，比如人脸识别、智能语音、智能筛选等

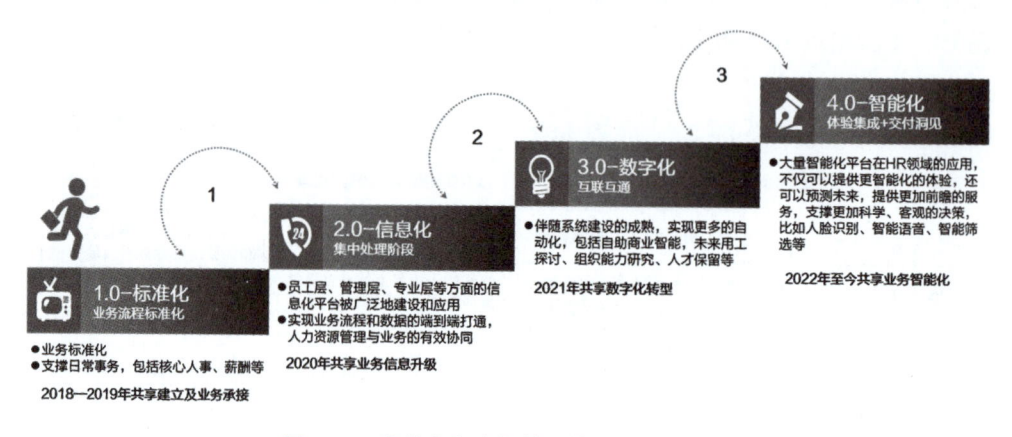

2022年至今共享业务智能化

图 1.15　蒙牛人力资源管理模式升级示意图

蒙牛人力资源管理模式的第一次升级是在传统的人力资源管理模式下，通过构建标准化的业务流程，开始实施信息化建设：通过对业务信息系统和人力资源管理信息系统进行升级改造，蒙牛实现了员工层、管理层、专业层等方面的信息化平台建设，并广泛应用于各个业务模块，从而实现业务流程和数据的端到端打通，促进了人力资源管理与业务的有效协同。

蒙牛人力资源管理模式的第二次升级是其人力资源数字化转型的开启，从共享业务信息系统升级开始，通过打通人力资源管理相关数据，开始实施基于数据的自动化业务处理系统，包括员工自助服务系统，在采集了丰富的员工行为和工作数据的基础上，开启员工能力建设、组织能力建设、人才发展与保留等模型和应用的探索。

目前，蒙牛正在推进人力资源管理模式的第三次升级，通过大量的智能化业务应用的开发和推广，让人力资源管理体系和人事服务体系不仅可以提供更智能化的员工体验，还可以预测未来，为业务提供更加前瞻的服务，支撑更加科学和客观的决策。人力资源管理全体系的数字化升级，是企业数字化转型的基础建设举措之一，其将人的相关活动与业务的相关活动利用数据进行端到端的融合，能够通过数据发现问题、发现最佳实践、发现最优决策模型，从而更好地完善业务的数字化转型，特别是在构建业务智能化决策模型体系时，与人相关的数据与模型是业务决策模型不可或缺的一部分。

若没有基于人的判断和决策，业务的智能化决策便无从谈起。一个新概念也应运而生："业才一体化"，即实现业务管理和人才管理的一体化，人才管理旨在赋能业务管理，从而构建赋能型人力资源管理模式。

1.5 人力资源数字化转型的路径和方法

企业管理体系的数字化转型一般要经历 4 个阶段：传统管理模式阶段、信息化管理模式阶段、数据化管理模式阶段和数智化管理模式阶段，要经历这 4 个阶段，需要完成 3 次转型升级，如图 1.16 所示。

信息化
企业通过信息系统建设和升级实现业务在线、员工在线、活动在线和协作在线，积累沉淀足够丰富的数据集，利用线上化的业务流程来提高流程效率。

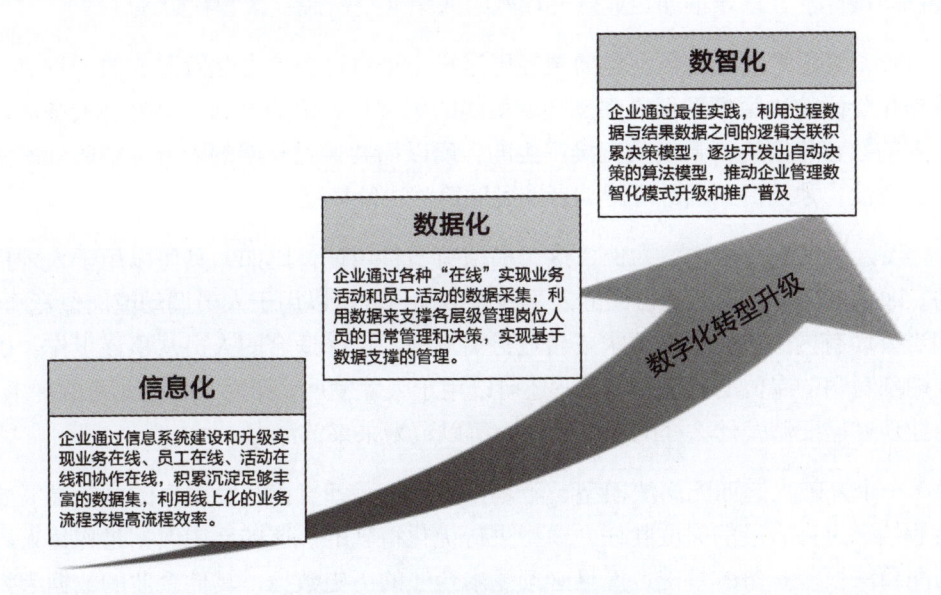

数据化
企业通过各种"在线"实现业务活动和员工活动的数据采集，利用数据来支撑各层级管理岗位人员的日常管理和决策，实现基于数据支撑的管理。

数智化
企业通过最佳实践，利用过程数据与结果数据之间的逻辑关联积累决策模型，逐步开发出自动决策的算法模型，推动企业管理数智化模式升级和推广普及

图 1.16 企业管理模式的 3 次转型升级

首先，企业基于过去传统的管理模式，通过流程标准化、管理规范化建设，

开始实施信息系统，用信息系统来固化相关业务流程，将部分线下的流程迁移到线上，实现无纸化和无质化（无介质），从而实现业务在线、员工在线、活动在线和协作在线。在这个过程中企业会积累业务活动和人员活动的数据集。通过逐步推进线上化，企业的流程效率将大幅度提升，数据和信息的传递使流程流转更加顺畅、高效，有效规避各种风险，企业管理也从过去单一的结果管理，逐渐转向对过程的关注与管理。

其次，基于信息化所产生的业务活动数据和员工活动数据，可以实现端到端的数据对接和打通，从而让企业能够实时获取准确、及时的数据，为业务决策和人力资源相关决策提供数据支撑。通过数据分析，企业可以发现问题，及时改善；可以发现最佳实践，及时学习和推广；可以发现规律，积累知识，形成企业的管理诀窍；随着数据不断丰富，用数据做出管理决策逐步成为各级管理者的共识和习惯，企业管理模式逐步升级为数据化管理模式。

最后，基于数据的管理决策经验得以推广与普及，逐步形成基于数据的决策模型：即在特定环境下，应采取何种决策以获得最佳结果。这种逻辑关系的构建经过不断验证与迭代升级，为开发数智化决策模型奠定了基础。企业开始利用数字智能硬件与软件，通过数据与算法开发智能决策模型，改造原有业务流程中的关键决策环节，逐步推动企业管理模式迈入第4个阶段：数智化阶段。

人力资源的数字化转型也需要经历这样一个过程，信息化阶段的数据积累、数据化阶段的决策模型积累都是实现最终的数智化阶段的基础。因为绝大多数基于人的数智化算法都是很难直接产生的，所以需要通过长期的积累才能验证算法的有效性，才能得到相对可用或者准确的算法决策模型。

以人岗匹配算法模型为例，这个模型有多种用途。比如，其可以用于人才招聘，即基于岗位需求招聘合适的人员匹配该岗位；可以用于人员调动或岗位竞聘，即当公司有内部岗位人员需求或者业务需求时，选择适合的人员从事该工作，确定内部竞聘的岗位的资格人选等；还可以用于人才发展，即为了未来业务的需求，企业现在需要储备什么样的人，哪些人可以成为未来的潜力人才？

一个好的人岗匹配算法模型，不是由算法工程师直接开发出来的，而是需要企业结合过去大量的岗位胜任力模型进行优化得到的。这些历史数据是构建人岗匹配算法模型必备的基础，而且必须是本企业的历史数据，其他企业的数据因为涉及业务、企业文化、企业做事方式、沟通习惯、管理模式等差异，无法直接用于本企业。

另外，这个基于历史数据构建的人岗匹配算法模型，还需要企业在实践应用的过程中不断积累数据来优化。具体而言，需关注利用模型进行人岗匹配后所产生的不同结果：哪些人通过匹配做出了好成绩，构成了成功的最佳实践案例；哪些人没有达成业绩目标，没有做出好业绩，甚至因为"人岗不适"而主动或者被动换岗。这些人岗匹配案例成功的原因是什么？失败的原因是什么？成功率有多少？这些都是需要持续跟进的，并且不断对人岗匹配算法模型进行调优、迭代升级，开发出更优秀的人岗匹配算法模型，进而开发出适配更多业务环节和业务场景的算法模型等。

如果说算法模型的 1.0 版本，可以基于历史数据和最佳实践，由懂业务和懂算法的人员"开会研讨"得出；那么算法模型的 2.0 版本就是在实践中验证成功后，通过修正某些参数、修改某些匹配算法、优化某些用户画像标签等方式而来；算法模型的 3.0 版本则是在更多次的成功与失败的应用案例中不断完善和迭代而成。一个算法模型只有经过 3 次大幅度迭代，才能算是相对成熟的算法模型。

从以上的人岗匹配算法模型的演变历程中，我们可以总结出，信息化的数据采集是企业数字化转型的基础，优秀管理人员的最佳决策构成开发算法模型的初始框架，而不断在实践中迭代升级则是算法驱动得以实现的根本，没有一个算法模型在被开发出来后就可以供我们放心地、永远地使用。企业需要跟踪该算法模型的表现，并不断优化，或者基于内外部环境、相关因素条件的变化而做出调整，或者做出更具多条件适用性、能响应各种变化的多变算法模型。

1. 常规的人力资源数字化转型升级的路径和方法

基于以上数字化转型升级的模式，企业可以选择以下几种数字化转型升级的路径和方法。在本节中先框架式地向读者进行简单介绍，后续章节中会有更详尽的方法和案例解读。

（1）管理活动线上化。

2019 年，阿里巴巴前 CEO 卫哲曾提出 4 个"在线"理念：产品在线、客户在线、员工在线、管理在线；后来阿里钉钉 CEO 陈航也提出了企业数字化转型必须实现的 5 个"在线"：组织在线、沟通在线、协同在线、业务在线、生态在线。这些理念其实就是从形式上构建数字化转型的基础：通过在线化的方式，将企业中的人、财、物、事等要素的数据进行实时动态的采集，并利用数据实现动态的端到端的连接。为了实现全面的数字化转型，让人力资源管理与业务管理实现动态连接，我们需要将能够在线的都实现在线，即 10 个"在线"，如图 1.17 所示。

```
    客户在线 ←→ 员工在线 ←→ 伙伴在线
产品              业务在线 ←→ 活动在线              服务
在线                                              在线
    沟通在线 ←→ 组织在线 ←→ 协同在线
```

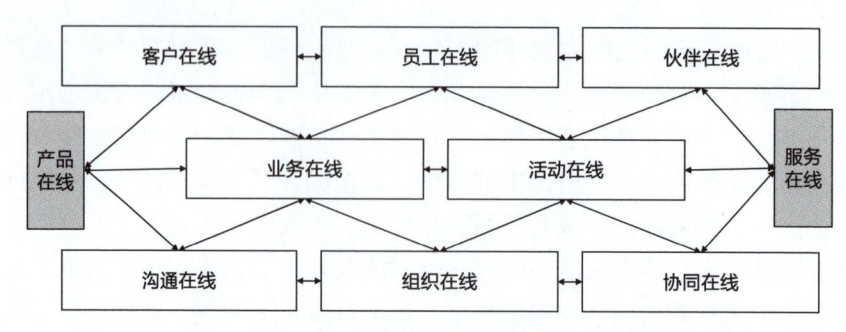

图 1.17　数字化转型形式上的表现：10 个在线

企业可以通过为客户提供产品和服务的方式实现其经营目标。对生产制造型企业来讲，"产品在线"可以进一步被扩大为物料、设备、产品等所有物资的在线。

与人力资源数字化转型相关的"在线"都可以进行关联。因为人力资源管理体系不仅局限于人力资源管理系统内，还要赋能业务决策、支持业务决策、服务业务管理，并在业务进行过程中防控各种风险。所以，只要与人的活动有关的数据都应该被采集和分析，这些数据既可用于人力资源管理，也可用于业务管理，还可用于"业才一体化"管理。

这里需要重点指出一个常见的误区：很多人认为人力资源的数字化转型，只是在人力资源管理部门内部探讨如何利用数据实现管理的数据化和数智化，与业务没有关系，与战略没有关系，与客户管理也没有关系。这种认识具有局限性，是传统人事管控思想的体现。

现在的企业是一个开放的系统，人力资源管理在企业内部也是一个开放的系统，不是封闭式的系统。人力资源管理与业务是分不开的，从管控、服务、支持到赋能，人力资源管理就已经开始渗透到业务中了。为了让人力资源管理更好地渗透到业务中，很多企业组建了 HRBP 部门，专门服务于相关业务，并提出伙伴关系的概念，这些都是对这个开放系统的进一步巩固与强化。

（2）提升员工体验。

一体化在线平台的建设是一个过程，通过在线化构建企业与员工、员工与员工、员工与客户、员工与物料、员工与事务等关联，形成互动的、关联的业务活动数据，会大幅度提升员工的体验。在实践中笔者发现，那些已经习惯了各种事务在线处理的员工，到了一家还是通过线下和手工处理各种事务的传统企业中，会感觉非常不适，会认为这些企业已经落伍了，这些员工的留存率也大幅度下降。这就是员工在经过工作体验升级再降级之后带来的不适感。

蒙牛在各业务系统纷纷上线时，开始在人力资源管理领域引入信息系统来实现业务活动的线上化，比如升级改造了 eHR 系统，将组织在线、员工在线与业务在线实现端到端的数据对接；利用 OA 系统和 eHR 系统实现了协同在线和沟通在线。蒙牛通过在线化实现了人力资源管理相关数据的采集，并通过移动端的业务办理界面，提升了员工及管理者业务办理的及时性和便捷性。目前，蒙牛在移动端已经完全支持业务流审批、工单申请等功能。考虑到附件及大批量数据在移动端的显示效果等问题，蒙牛将数据量小且时效性高的流程及工单设置在移动端；将填报界面复杂、采集数据较多、需要大量附件的事务性工作用 PC 端作为辅助补充。

蒙牛的员工入职流程也突破了传统的人事管理模式，主要为了提高核心人事流程的效率与体验，打通业务与流程、系统与系统之间的协作，其中还植入了智能化工具，实现了招聘入职一体化智能管理。蒙牛通过打通招聘系统、PS（People Soft）系统、电子签平台、电子档案系统等，将前端招聘选拔与录用、Offer 发送与接受、录用流程审批、入职信息采集与审核、入职手续办理、劳动合同签订等各项业务场景线上化，打造了具有蒙牛特色的预入职管理平台。此平台为业务提供可控、可视的流程展示，让移动端的信息采集和提交、流程审批、合同签署下载、证明开具具有了更高效、更便捷的用户体验。

在员工预入职阶段，录用审批流程通过后，预入职平台会自动生成 Offer 并通过短信发送给候选人，候选人通过短信中的链接进入 Offer 确认界面，进行确认或者拒绝操作。在候选人确认 Offer 后，系统即可自动发送入职指南，候选人通过链接在移动端填写个人信息。在信息填写过程中，系统利用 OCR 技术（光学字符识别技术）对候选人的身份证信息、银行卡信息等进行自动抓取、生成数据并录入影像系统数据库中。在信息审核通过后，HRSSC 即可在电子签平台向候选人发送劳动合同、保密协议等附件。候选人通过移动端一键签署相关文件，之后文件自动被归入电子档案中。候选人随时可以通过短信链接下载并保存文件，HRBP 则可通过电子影像平台查询借阅文件。这种方案大幅提高了数据录入的准确性，减少了人工操作，提升了数据采集的效率。

蒙牛原来的员工入职流程是，HR 在 Offer 确认阶段需要通过电话、邮件反复确认候选人是否接受 Offer，并确定入职时间，告知候选人需要准备的入职材料。候选人在办理入职手续时需要到现场签署纸质 Offer。员工信息采集则通过 PC 端进行，同时需要候选人提供大量纸质文件并携带至现场，由 HR 对各类证件进行核对并手动扫描、归档。纸质劳动合同、保密协议等附件需要在线下填写、签署并盖章，候选人需要再次到现场领取劳动合同原件。整个流程需要多次人工传递信息，存在招聘端与入职端多场景衔接不畅、人工信息审核标准不一致、候选人需要多次到现场填写/签署大量文件等一系列问题，导致数据准确性差、效率低、成本高、体验差、业务沟通难。

蒙牛在人事流程迭代及智能信息技术应用的双重作用下，打造了"招聘入职一体化"的全新流程，员工可通过移动端随时随地填写、提交信息资料及下载文件；其业务流程通过移动端审批及多平台集成的管理模式，避免了由人工传递信息和线下手工操作造成的效率低下问题；移动端的信息采集、劳动合同及其附件的签署更是突破了时间、空间的限制，提升了效率与用户体验。

（3）业务流程数字化再造。

在企业人力资源数字化转型中，我们常见到的一些案例都是通过业务流程的数字化再造（无论是在业务系统中，还是在人事服务系统中），来实现流程无人化、无纸化、数智化的，从而更好地实现人力资源的数字化转型。

比如前文曾经提及的蒙牛员工申请开具人事证明的流程：过去需要人工办理，现在只需要在线直接下载证明文件。这就是对过去传统业务流程的数字化再造：通过新的数字化的业务流程，实现了"员工在线"，降低了人工成本，提升了流程效率，改善了员工体验，同时还能够实时采集相关员工活动和员工行为的数据。

在 2017 年探索数字化转型科研课题时，笔者曾研究过一个案例：亚马逊的搬运工管理案例。亚马逊为其物流搬运工配备了智能员工卡。搬运工在上班时佩戴该智能卡，便能将自己在物流园区的位置数据实时上传至服务器端。服务器端随后对智能卡采集到的位置数据进行动态分析，统计搬运工活动的相关指标。其中一个重要指标被称为 TOT（Time Off Task），即搬运工不在工作任务状态的时间。作为搬运工，应当始终处于移动状态，这样才能被视为是在搬运货物。如果搬运工在一个位置停留超过 5 秒，则从第 6 秒起直到其再次移动的这段时间都会被计入 TOT。因此，从搬运工上午 9 点上班后的每一段时间都会记录一个 TOT 占比的数据指标，用来反映搬运工的活动状况。

利用 TOT 指标，亚马逊通过算法就可以判断搬运工工作的负荷状况，并利用这个指标来动态调度和评价搬运工。一个搬运工在正常工作时需要有肌肉恢复时间，即允许 TOT 占比在一定的范围内。假定合理的肌肉恢复时间和休息时间占整个工作时长的 20%，那么当搬运工的 TOT 占比超过 20% 时，就可以认定为其工作不饱和。例如，在某个物流园区，当日配备了 100 名搬运工，这 100 名搬运工的平均 TOT 占比达到了 30%，则意味着搬运工的配备超出了实际需求，只配备 90

名搬运工就可以了。这时系统就会自动调度 10 名搬运工去其他业务繁忙的物流园区。如果一家物流公司在业务量稳定时期招募了 10000 名搬运工，其平均 TOT 占比达到 30%，则意味着该公司招募了过多的搬运工（9000 名就够了，需要裁掉 1000 名搬运工），这时系统就会通过搬运工的 TOT 占比排名，自动将 TOT 占比较高的搬运工裁掉。

在以上案例中，亚马逊通过实时、动态的方式采集搬运工活动数据，实现了对搬运工进行动态的基于数据+算法的实时管理，优化了搬运工效率，降低了人力成本，同时提高了搬运工的工作效率。

我们再来看一个蒙牛的员工退休流程数字化再造的案例，如图 1.18 所示。

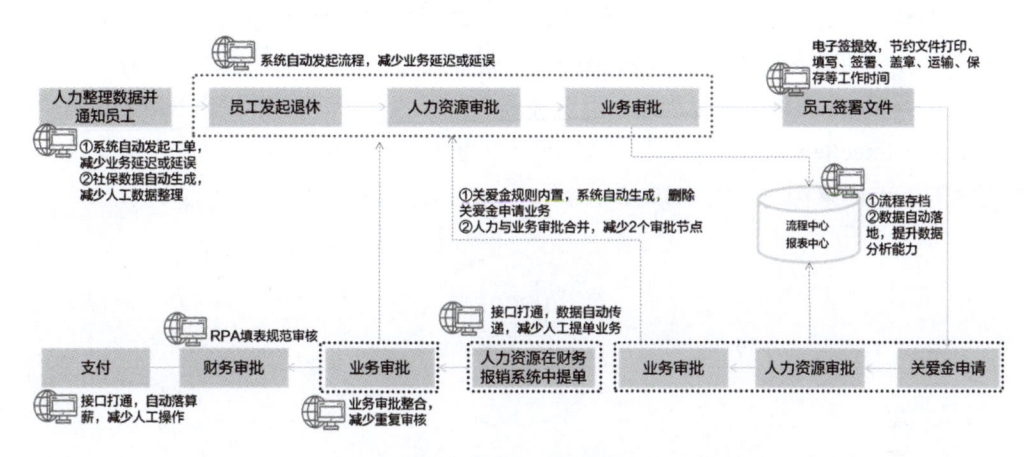

图 1.18 蒙牛员工退休流程的数字化再造

蒙牛的员工退休流程中，除了涉及常规的退休业务，还涉及一项针对在蒙牛奉献达一定年限的退休员工的特殊福利——关爱金，这份奖励需要在员工退休时发放。

原来的流程是，人力资源管理部门需要人工统计退休员工的名单，并整理好退休员工所需数据，在初步审核后通知员工发起退休申请。在审批完毕及员工确认后，由人力资源管理部门发起关爱金的申请和审批流程，然后在财务报销系统中提交流程单，最后在审批后进行支付。整个流程存在相同的申请多次发起、多次审批的情况，且需要人工统计、人工传递信息、人工判断等，导致出现业务准确性差、效率低、成本高、体验差、数据储备及分析力不足等一系列问题。

在重塑业务流程及应用信息技术的双重作用下，蒙牛打造了"业务合并、一次审批"的全新员工退休流程。首先，蒙牛利用对退休准备阶段各个时间点规则的梳理及数字技术，让系统自动发起员工退休准备及退休流程，减少由人工传递信息而导致的业务延误；在退休业务发起阶段，将关爱金规则内化，实现自动计算关爱金及自动发起财务报销申请，让"三段审批"一段化完成，减少重复审批；在员工确认阶段，采用电子签技术，提高工作效率及员工体验；最后在关爱金支付阶段，利用 RPA 系统自动审核表单，并打通人力与财务系统接口，实现退休办理全流程的自动化。

（4）人力资源三支柱架构转型。

关于人力资源职能范围内的业务数字化转型，一个比较常规的做法（特别是针对大型企业）是将人力资源管理工作中比较有共性的、标准化的、重复性的、事务性的工作进行聚合，构建 HRSSC；将那些适配业务个性化的、创意性的、为业务提供专项服务的工作，放到 HRBP（业务人力，也叫作人力资源业务合作伙伴）中；将统筹安排、长远规划、组织战略等顶层设计性的工作放到 HRCOE（HR Center of Excellence，战略人力，也叫作人力资源卓越中心）中，以此来构建人力资源的三支柱架构，如图 1.19 所示。

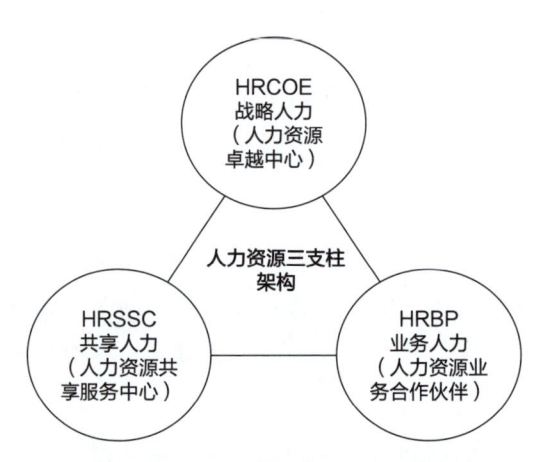

图 1.19　人力资源三支柱架构示意图

HRSSC 的构建并不是数字化转型必需的环节，很多企业构建 HRSSC 主要是为了实现集约化业务管理、标准化流程，进而提高运营效率，改善员工体验。事实上，HRSSC 的出现比数字化转型要早很多年。比如，IBM 在 1992 年开始构建 HRSSC，宝洁公司在 2005 年开始构建 HRSSC，并在全球范围内构建 GSC（Global Service Center，全球共享服务中心），通用电气公司在 2014 年开始构建 HRSSC；国内领先的大型企业也比较早开始构建 HRSSC，如华为和阿里巴巴在 2011 年开始构建 HRSSC。德勤"Global Shared Services Report2022"的数据显示，年营业收入在 60 亿元人民币以上的企业，构建 HRSSC 的比例在 72%以上，员工人数在 8000 人以上的企业，构建 HRSSC 的比例在 80%以上。

对大型企业来讲，构建 HRSSC 并非等同于数字化转型，但是通过构建 HRSSC 的组织模式，可以更好地将大量的人力资源管理方面的业务和流程进行数字化转型，甚至数智化的升级。实践表明，通过构建 HRSSC，企业将简单的、重复的、标准化的、确定性的业务流程环节和业务活动进行数字化再造，并利用算法来替代人工和替代人脑，可以大幅度提升效率、降低成本、提升员工体验。如图 1.20 所示为人力资源三支柱架构变革与数字化转型的关系示意图。

传统人力资源管理模式

人力资源战略
内部客户服务及咨询
员工事务性服务

传统企业人力资源管理模式下，人力资源部门花费大量的时间和精力在员工事务性服务工作上

三支柱人力资源管理模式

人力资源战略
内部客户服务及咨询
员工事务性服务

通过构建 HRSSC，企业对标准化的、重复性的、事务性的工作进行集约化，降本增效

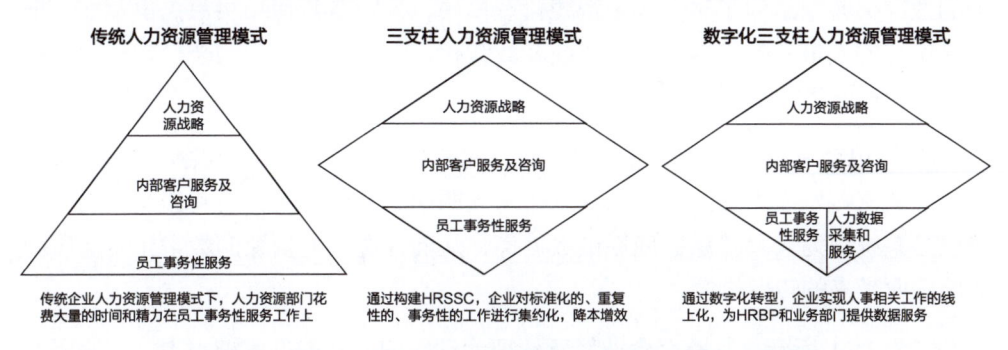

数字化三支柱人力资源管理模式

人力资源战略
内部客户服务及咨询
员工事务性服务 | 人力数据采集和服务

通过数字化转型，企业实现人事相关工作的线上化，为 HRBP 和业务部门提供数据服务

图 1.20 人力资源三支柱架构变革与数字化转型的关系示意图

HRSSC 是人力资源数字化转型的重要支柱，佩信行业研究院对已经构建和计划构建 HRSSC 的大型企业的人力资源管理部门的调研结果显示，在 HRSSC 的作用和价值体现中，推进人力资源的数字化转型已经成为最被普遍看重的选项（具有 82%的提及率），这反映了通过数字化转型提升人力资源效能在 HR 群体中得到了普遍认同；同时，HRSSC 支持战略性人力资源管理也被 50%的 HR 看重。总体来看，HRSSC 可以在降本增效、优化体验、高效管理 3 个方面体现作用和价值。不论是从股东、员工视角来看，还是从管理者视角来看，HRSSC 都可以作为人力资源的数字化转型的重要支柱，支持企业应对宏观环境带来的降本增效压力，以及劳动力市场新趋势带来的人才竞争和管理挑战。

2. 人力资源管理体系数字化转型的关键措施

为了确保对人力资源数字化转型的有效推进，有几项关键举措需要并行实施，包括信息化（人力资源管理信息系统和业务管理信息系统）建设、数据综合治理和数据标准体系建设、数据平台（数据资产整合管理平台）建设，以及数据中台（数据应用开发平台）建设等。这些关键举措的实施是人力资源数字化转型的基础条件，当然，这不仅是人力资源数字化转型所需要的，也是企业数字化转型整体

战略落地所需要的。

（1）信息化（人力资源管理信息系统和业务管理信息系统）建设。

信息化建设是数字化转型的基础，但并不是数字化转型。信息化建设是通过业务流程的标准化、业务流程的线上化，记录业务流程和业务活动中的数据，实现全面的数据采集，为数字化转型提供数据基础。

在人力资源数字化转型的过程中，不能仅仅考虑人力资源管理相关业务的信息化建设，还需要考虑企业业务管理信息化建设的情况。按照前文所述，人力资源的数字化转型是为了转变人力资源管理模式，为业务管理和决策提供赋能，而不是单纯的人事服务程序的数字化或者数智化，要与业务进行融合，实现业才一体化的管理升级。

从"10个在线"模型来看，哪些业务的信息化建设与人力资源数字化转型关系更加紧密呢？人力资源管理的信息化与人的活动紧密相关，所有涉及人的活动的业务系统都为人力资源管理提供数据集，从而提高人力资源的数字化转型所能够给企业带来的转型价值。

如图 1.21 所示，从整个企业经营管理活动组织方式的价值链来看，几乎所有的业务领域都有"人的活动"，都会与人力资源管理发生关系或者关联。所以，从企业价值链来看，人力资源数字化转型与价值链上所有的关键活动都有关系，从而可以从采集数据、分析数据、优化管理决策和业务决策的视角创造数字化转型的价值。

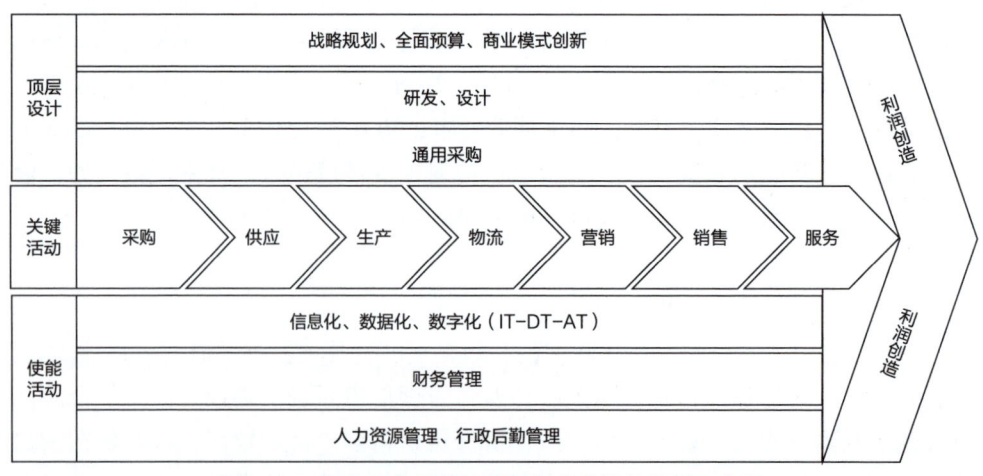

图 1.21　企业经营管理活动组织方式的价值链示意图

根据企业实际业务重点的侧重不同，人力资源的数字化转型所需要的业务信息系统建设的基础条件也不同。当然，这与企业人力资源的数字化转型的实际目标的设定也有关系。

- 对于生产制造型企业，采集生产系统中人的活动的相关数据非常重要，所以，MES（生产执行系统）是一个关键的业务系统。
- 对于以销售和贸易为主导业务的企业，在经营体系中人的活动是非常重要的，所以一个好的CRM（客户关系管理）系统将为人力资源的数字化转型提供更多的业务活动数据集。
- 对于零售或者服务类的企业，终端活动是最关键的，员工在终端的活动数据记录将是人力资源的数字化转型所需要的关键业务数据集。

各企业根据自身特点，对业务的关注点各有侧重，全面实现业务流程信息化是不现实的。并非所有企业均具备将全部业务流程信息化的能力，这需要经历一个逐步发展的过程。然而，企业应依据自身核心业务领域及关键业务活动，选择适宜的关键环节进行信息化的推进。

鉴于上述分析，人力资源的数字化转型必须与关键业务流程的信息化建设相结合。若仅推进人力资源的数字化转型，而缺乏坚实的数据基础，则难以实现预期目标。若缺乏业务活动数据集，仅有人力资源管理相关数据集，那么将无法实现所提及的第4代人力资源管理模式，即赋能型人力资源管理模式。即便企业在人力资源管理的成本降低、效率提升、模式创新及体验改善方面实现了数字化转型的有效应用，在最终目标的实现上也仍将困难重重。

（2）数据综合治理与数据标准化体系建设。

数据是数字化转型的基础。在人力资源数字化转型的过程中，数据治理是非常重要的。这里的数据治理不仅仅是对基于人的管理和人的活动所产生的数据进行治理。从本书所定义的人力资源的数字化转型的概念和目标的角度考量，人力资源数字化转型所需要的数据治理的范围和程度要涉及更广的业务域，需要更加精细化。

想要有更好的数据应用，开发更多的数智化管理模型，数据是基础。没有良好的数据基础，所有的算法都无法执行，所有的模型设计都无法验证。而企业在过去信息化建设的过程中，留存在信息系统中的数据普遍质量不高，存在着"散、乱、差、孤、闲"的问题，如图1.22所示。

散 — 乱 — 差 — 孤 — 闲

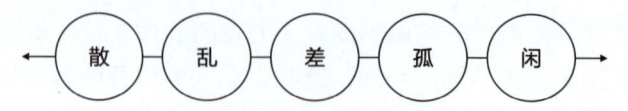

图 1.22　企业的信息系统中所留存的数据质量问题

散，指存放地方散。具体表现是数据被留存在各个互不相通的业务信息系统中，数据没有被打通，即使将数据导出，也无法关联在一起。另外，在没有业务信息系统覆盖的领域中，特别是人力资源领域中，数据通常被留存在某些共享网络硬盘或者个人电脑中，以电子台账的方式被相关业务人员维护着。这些数据虽然是存在的，但是在这些岗位人员离职之后，数据基本上就相当于丢失了。

数据存放散乱的问题不利于数据一致性的维护，即使数据被留存在业务信息系统的服务器中，也存在无法同步更新和动态维护的问题。比如员工的个人信息，在 CRM 系统中有员工的个人信息，在 eHR 系统中也有员工的个人信息，但是当员工个人信息变更时，这些系统不能自动实现同步更新。

乱，指数据是杂乱无章的，缺少规范化的管理。在对数据缺少系统性的梳理，没有统一的标准和规范的情况下，不同的系统对数据和信息的维护标准不同，从而导致数据的杂乱无章。特别是当员工手工维护电子台账时，不同的员工有不同的习惯，对业务活动的记录方式不一致，记录的信息内容不同，最终导致这些数据无法被规范地统一起来。笔者曾经服务过一家石化企业，这家企业有 5 套业务信息系统可以录入客户信息，包括行政审批的 OA 系统、销售管理的 CRM 系统、物流维护的收发货系统、财务维护的 ERP 系统、法务维护的合同管理系统。这些系统由不同的厂商开发，由不同的部门维护使用，由不同的服务器支持运维，其内部的客户信息遵循不同的标准，记录着不同的内容，甚至相同的内容也采用不同的记录方式。这些数据被导出来之后，我们不知道哪个业务系统提供的数据才是最准确的。

差，指数据本身的质量很差。在企业中，同样的数据，总有各种各样的记录方式，从而导致数据质量很差。例如，客户的联系方式，有的记录为座机号码（老数据），有的记录为手机号码，所以，在企业的系统中保存的有 7 位（地方座机号码）、4+7 位（区号+地方座机号）和 11 位（手机号码）等不同长度的数据；有一些是员工胡乱填写了无法识别的手机号码，也有一些是员工用双位符号法记录的数字，从而导致这些数据无法匹配和对应，甚至无法处理和分析。同样的地址信息，有的记录为"北京"，有的记录为"北京市"，有的记录为"北　京"（中间包含空格），这导致在进行分析或者设计算法之前很多数据都需要进行清洗和处理，这给数据应用带来了非常大的麻烦。

孤，指数据之间是孤立的、不联通的。因为大多数企业中的业务系统都是由业务部门发起，信息部门辅助选型、采购、实施的，从而导致不同厂商的产品之间的数据是不联动和不联通的。甚至在单一的业务信息系统中，也因为缺少数据关联关系配置，导致数据之间是不联通的、孤立的。数据孤岛在多业务系统的企业中是一种普遍存在的现象。从技术视角对企业所采集的数据进行打通，需要建立基于技术软件产品的数据标准和规范，并实现相互之间的连接。当然，现在可以通过数据中台产品来实现跨业务系统的数据连接。

闲，指数据在采集之后没有被使用过，是闲置的。这是对数据资产的极大浪费。绝大多数企业的业务信息系统中都采集了大量的数据，但是对这些数据的使用、分析、挖掘和利用是相对欠缺的，甚至很多数据虽然被采集了，但没有人访问和查询过，更没有人将其拿出来分析过。这种现象普遍存在，只有对采集的数据进行分析，形成对业务的判断，对业务的管理和决策产生影响，才能够发挥数据的价值，否则，数据就是留存在企业业务信息系统中的"存货"，是一种浪费，它只是企业花费大量人力、物力产生的成本，而非资本，更不是资产。

为了解决企业历史遗留的这些数据问题，就需要对数据进行综合治理，即按照统一的数据标准和规范，对现有系统中留存的数据和产生的新数据进行规范和管理，使其能够支撑数据的动态使用和算法的直接调用。数据治理与数据标准、规范的建设是企业数字化转型的基础性工作，也是所有数字化转型（不论是业务的数字化转型还是职能管理领域的数字化转型）都无法逃避的工作。

数据治理的过程也是将零散无价值的数据转变为规模化可查询的数据的过程。在初期，数据像是一堆零散、凌乱的图书，不排除其中存在有意义、有价值的内容，但难以寻找和检索；经过初步的整理，将图书归整到书架上后，通过人工检索可能找到相应的图书，同时也存在图书缺失的可能；而最终的资产化则是形成完整的图书馆，图书按照分类、编码有序地被存放在一定的空间内，用户可以依据分类或系统编码检索图书，通过线上的借还流程使用图书。图书馆式的数据资产管理才是各企业数据的健康管理模式，有助于提升数据分析和使用的产出。

（3）数据平台（数据资产整合管理平台）建设。

过去，企业中的信息系统都是独立建设的，采用不同的服务器，使用不同厂商的产品，由不同的业务部门使用，数据像一座座孤岛。同时，因为缺少统一的标准和规范，不同业务系统产生的数据不能联通和整合。这种不能联通、不能整合主要体现在以下两个方面。

- 内容上的不联通，因为缺少数据的规范和标准，所以数据不能被关联在一起。例如同样的客户基本信息，因为不同信息系统中采用了不同的客户 ID 编码机制，导致这些客户无法一一对应。
- 技术上的不联通，当一个系统中的信息变更时，另外一个系统不会自动同步变更。例如，在 CRM 系统中变更了客户基本信息，在财务 ERP 系统开发票时并不能同步变更。

无论是内容上的不联通，还是技术上的不联通，都是企业推进数字化转型和数据应用的障碍，都需要企业在数字化转型的过程中克服和解决。如何解决呢？单独从数据内容方面或者从技术方面都无法解决，必须从数据内容和技术两个方面同步解决。

在数据内容方面，企业需要建立数据内容的标准和规范，进行数据的综合治理。在企业内部，要遵循一套数据标准和规范，并建立制度和流程保障这些标准和规范能够在未来业务数据采集过程中得到执行。所以，数据综合治理包括两个基本维度：一是数据内容的标准和规范的建立；二是数据管理体系的标准和规范的建立，如图 1.23 所示。

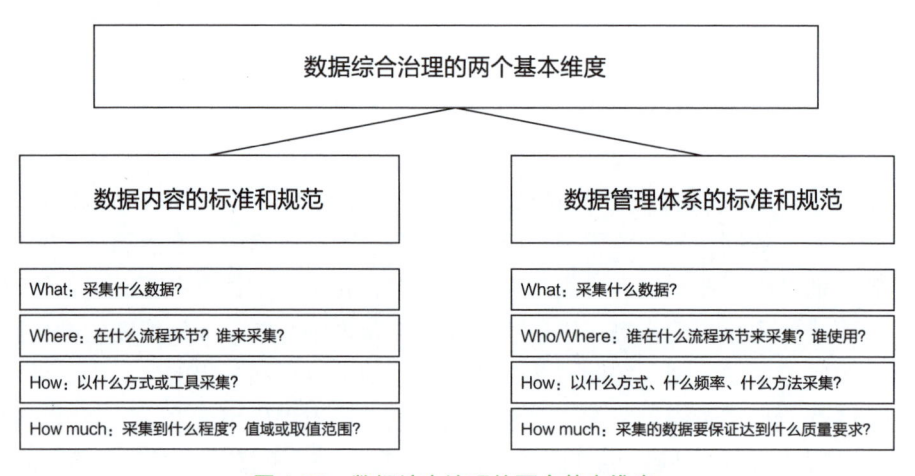

```
                数据综合治理的两个基本维度
                ／                        ＼
      数据内容的标准和规范        数据管理体系的标准和规范

      What：采集什么数据？         What：采集什么数据？
      Where：在什么流程环节？谁来采集？   Who/Where：谁在什么流程环节来采集？谁使用？
      How：以什么方式或工具采集？    How：以什么方式、什么频率、什么方法采集？
      How much：采集到什么程度？值域或取值范围？   How much：采集的数据要保证达到什么质量要求？
```

图 1.23　数据综合治理的两个基本维度

在技术方面，企业需要将各个业务系统之间的数据进行连接与同步，实现技术上的打通。系统与系统之间的打通模式，被称作"搭桥"模式，即为各个业务系统之间搭建一座"桥梁"，从而实现数据的联通和同步（见图 1.24 左图）。这一点非常难，主要在于不同的业务系统之间很难相互联通、相互通信、相互读取和复写数据。为了保证系统的安全和正常运行，以及确保自身数据的完整性，每个厂商开发的系统都不会允许其他系统随便访问和修改数据，这就导致当一个系统中的数据更新之后，相关数据无法在另外一个系统中自动同步更新。企业应该在系统实施时进行定制化开发，确保相关的数据得到同步更新，但限于厂商自身业务的原因，这一点很难实现。每个厂商都不想开放自己系统的底层代码和相关的数据结构，即使开放了，也会因为在具体实施时不了解对方系统的数据结构，无法实现相关数据的同步连接或者联通。

这个时候，采用一个中间件，即数据平台中的数据仓库，就可以起到"中间商"的作用。其原理是，当一个系统产生数据或者发生数据变更时就将数据同步给"中间商"；而这个"中间商"会对任何的数据变动都按照一定的规范和标准对联通这个"中间商"的系统进行同步更新，我们把这种模式叫作"搭台"模式（见图 1.24 右图）。这样就不用考虑系统与系统之间的连接关系，只需要考虑任何系统与这个"中间商"之间的联通关系或者联通能力问题。

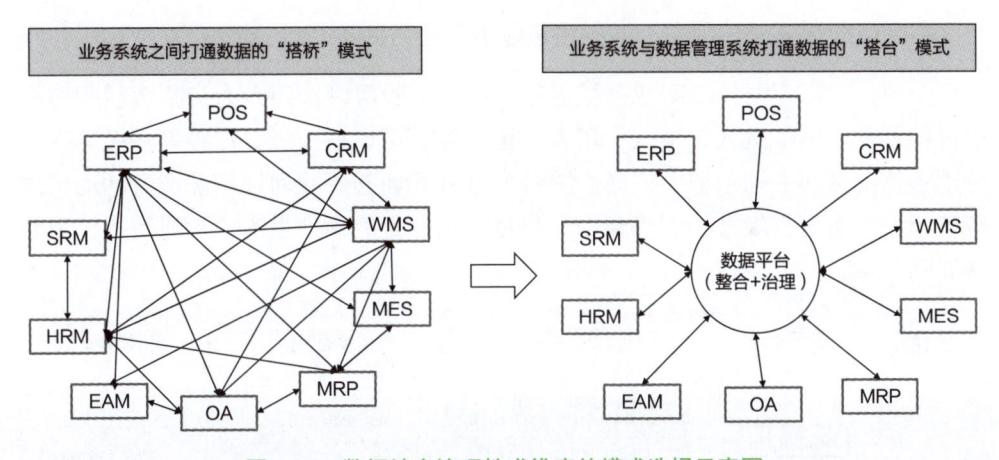

图 1.24 数据综合治理技术维度的模式选择示意图

（4）数据中台（数据应用开发平台）建设。

对于计划实施数字化转型的企业来说，数字化转型中的数据平台及数据通道建设至关重要。如何有效使用信息化建设中已经沉淀的数据，实现用数据驱动决策的目标，是数字化转型过程中非常重要的内容。人力资源的数字化转型，更是利用各种企业中与"人"相关的数据为人力资源管理提供决策价值的过程。

那么如何管理好这些数据呢？

第一个方面，从业务角度进行体系化梳理。

企业在开始建设数据中台前，需要先自问：我们需要哪些数据？这些数据如何呈现业务价值？这就是在数据体系建设中从业务视角进行的顶层设计。企业需要依据所需的数据范围，输出数据平台所需的数据清单。

根据企业内部实践，需要先组织业务部门梳理指标库，一般有以下两种方式。

- 第一种方式是自下而上，即通过收集各业务部门日常使用的指标，并从集团层面实现指标名称、公式及口径统一。
- 第二种方式是自上而下，即从集团的整体角度出发，确定数据清单，从中梳理出适合集团的统一指标库。

通常，企业会将这两种方式组合使用，以确保顶层设计的一致性，同时兼顾业务部门的具体需求。

当指标库梳理完毕后，日常需要有专人进行运维管理，可以将指标库放在线上，即开发在线指标字典，方便用户在线查阅或者订阅。

在梳理指标库的过程中，需要注意以下几个方面。

一是，指标库要先按照业务域进行分类。一般可以按照人力资源管理职能板块进行划分，例如选人、育人、用人、留人等。可设置一级、二级等多级类别，分别将其定义为主题和子主题等，如图 1.25 所示。接下来可以按照业务活动和对应的驱动因素进行细分。要确保指标都是依据业务活动产生的，从而使指标更贴合实际业务。

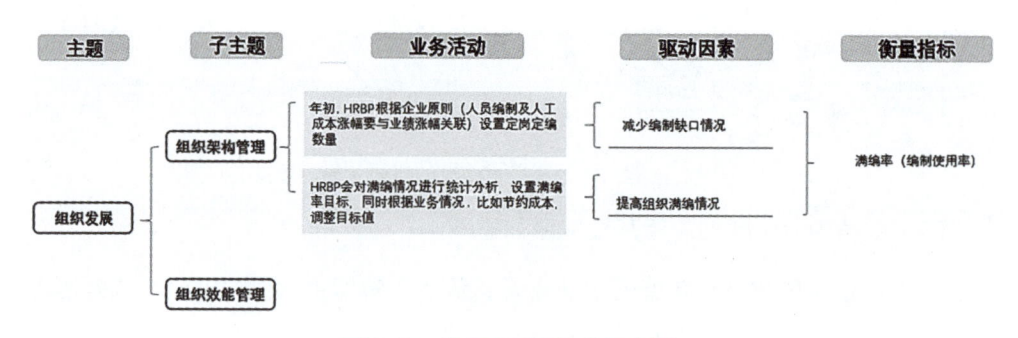

图 1.25　指标库目录结构示范图

二是，指标核算口径尽量予以细化。除了基础的核算公式，还需要对复杂的核算逻辑按公式进行细化和拆解，确保该项指标核算所涉及的数据项目全部被涵盖。在梳理指标库的过程中可能会存在各单位核算口径不一致的情况，如果确实无法予以统一，则可以通过设置多个指标的方式灵活处理，但是需要注意在命名指标时区分差异，并通过指标字典进行解释说明，在字典中给出关联或者雷同指标的索引。

当指标库梳理完毕后，就可以依据指标库进行数据项目的分解与梳理了。这项工作比较耗费时间，需要在企业内部形成标准化的数据字典，以便确保各系统中的各数据项目都有标准定义。这项工作可以在数据仓库建设前进行。

如果提前有了数据字典，就可以在梳理完指标库后直接快速分解并确定所需的数据项目，然后列出数据清单，依据数据清单确定数据入仓的范围及建设计划。在数据项目梳理过程中，需要注意系统中的数据入口不止一处。因此，在选择入仓的数据时，需要确保其数据源统一，必要时还需要进行数据入口管理，将重复录入的数据进行整合，通过引用数据的方式来避免多头录入，以及数据不一致。

很多数据仓库项目失败的主要原因就是业务人员在使用数据仓库中的数据时，发现数据不准确。究其原因，都是在底层提取数据时出现了偏差。数据仓库项目成功的重要因素就是在提取数据时确保数据源统一、数据入口标准化、数据录入准确。用业内的话说，就是实现"苹果对苹果"。在一般的数据仓库项目中，都会设置数据溯源系统，对数据流转过程进行详细记录，同时也方便后续的数据运维管理。

除了要梳理指标库及数据源，另外一项业务梳理工作是对数据看板开发内容及样式的梳理。这个业务梳理工作主要是基于业务日常使用的数据报告来进行的，一般的可行方式还是优先开发那些内部已经成熟应用的手工分析报告。这里的"成熟"可以从内部使用范围、出具频次、受众范围等方面进行考量。

目前市面上有许多广泛应用的 BI 工具，它们都宣称自己具备灵活性。然而，在实际操作中，对于一些复杂的固化看板进行优化和更新，成本还是比较高的（这个成本既包含人工成本也包含时间成本）。看板的主要内容都来源于指标库，但需要注意的是，除了指标库，还有一些看板数据筛选条件、展示维度等可能在指标库中不被涵盖，因此也需要提前梳理并确定，以便在数据清单中全面体现。

第二个方面，从技术角度进行规划设计。

对于拥有多套业务系统的企业，在进行数字化转型时，数据应用平台的建设已经成为一种必备的基础条件。过去，企业在开发数据应用平台时，如制作看板或者数据大屏，需要从多个业务系统中获取数据并进行分析和呈现，需要连接多个系统，从而形成相对复杂的"取数网络"，这就像"织网"一样。

这种模式导致数据应用开发的复杂度高，要想从每个系统"取数"，就需要了解每个业务系统的数据结构，还要知道每个数据的更新频率和幅度，以及这些数据是原始数据还是报表数据，是否经过加工和处理。所以，必须由 IT 部门亲自参与该应用的"取数"过程，经过多方校验才能确保数据的准确性，并以正确的方式加工处理，以准确的频率更新和同步。

现在，随着数据综合治理平台产品的成熟，这些数据平台产品开始附加一些新功能：在过去对数据进行综合治理、清洗和处理的基础上，这些平台具备应用开发的功能，甚至是低代码开发的功能。企业可以在数据平台上直接开发应用，而这个数据平台也整合了各个业务系统中的数据，让企业可以直接从单一平台上提取数据，从而实现了高效率的应用开发。这个具备了数据聚合、数据整合、数据联通、数据治理、数据处理和数据应用开发功能的平台被称作"数据中台"。特别是在企业进行数智化流程改造的过程中，往往需要提取多个业务系统中的数据来实现算法的执行。这个时候，只需要从这个"数据中台"提取数据即可，无须关注业务系统中的数据结构和数据报表的情况。这样就简化了业务应用的开发过程，实现了敏捷开发的目的。图 1.26 为两种常见的数据应用模式的示意图。

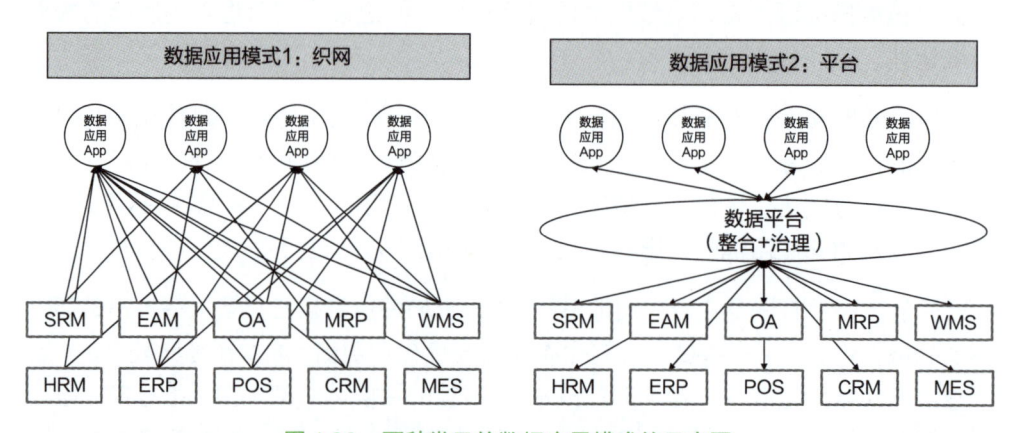

图 1.26　两种常见的数据应用模式的示意图

以上是企业数字化转型的关键举措，也是人力资源数字化转型必备的条件，这些关键举措不单是为了人力资源数字化转型而进行设计和部署的，也没有必要单独设计和部署，这些关键举措要与企业整体数字化转型战略的实施落地举措保持一致，采用一个平台、一个标准和一套体系。

第 2 章

人力资源数字化转型中常见的误区与阻力

虽然从 2016 年开始就有企业已启动数字化转型，但是对应的管理学理论还相对欠缺，成功的经验还不能成为可验证的模型被复制。很多企业还处于探索期，在很多企业的实践中存在各种各样的错误认知，从而导致错误的行动。在很多企业中，人力资源的数字化转型实践也相对滞后于业务领域的数字化转型实践，相关的案例和成熟的理论更少，企业对其认知度较低，所以存在一些常见的认知误区。

认知决定行动，因为认知的不清晰和不一致，也会导致在行动中出现各种各样的阻力。下面介绍一些在企业人力资源数字化转型中常见的误区和相关阻力，希望给那些还在实践中不断试错的企业提供一些参考，助其减少试错，少走弯路，快速行动。

2.1 错把人力资源数字化转型当作信息化建设

许多企业都认为数字化转型是信息化建设的升级，这是错误的观念。

企业的信息化建设是通过实施信息系统，将原有的业务流程线上化，或者通过信息化建设，利用信息系统记录线下活动，从而在业务流程的流转中，为相关流程环节快速提供准确信息，提升流程效率。

在人力资源领域，最相关的两种信息系统是 eHR 和 OA（办公自动化）系统。

- 企业通过 eHR 系统，可以将传统的招聘、培训、薪酬管理等人力资源业务流程从线下转移到线上，将所有的人事数据录入、流程审批流转、档案管理、数据存档等工作都在系统中完成，大大提升了工作效率。
- 企业通过 OA 系统，可以将各层级管理者及一线员工的工作进行协同整合（协同办公），记录各层级管理者的决策（审批），提升员工之间的协作效率。

这两套系统中都记录了员工的数据和信息，以及员工的相关活动，沉淀了相关数据。

而数字化转型则是利用信息系统采集数据，通过对这些数据的分析和挖掘，形成更科学和更敏捷的决策，从而提升企业经营管理的决策水平，特别是在某些特定的关键决策中，利用成熟的算法模型实现自动化的智能决策，替代人工决策，从而提升决策的实时性，让企业快速响应内外部环境。人力资源的数字化转型就是将员工相关的数据和信息、员工管理相关的活动，以及员工从事业务活动的相关数据进行整合、加工、分析，对员工管理相关的活动进行数据化管理和决策。

从本质上讲，信息化是采集数据并传递数据，赋能业务流程的流转，提升流程效率，这是线性的模式；而数字化是在信息化的基础上，通过分析数据，由人工或者算法来优化业务决策，这是一个闭环的体系，如图 2.1 所示。

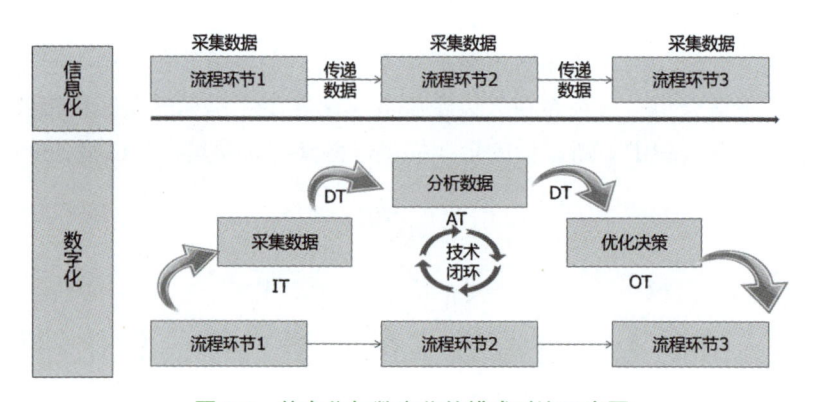

图 2.1　信息化与数字化的模式对比示意图

2.1.1　错误表现 1：将上线人力资源管理信息系统当作数字化转型

在企业具体实施数字化转型战略的过程中，人力资源管理部门所应采取的战略举措，不应局限于购买与实施 eHR 系统。因为此类举措在成功部署 eHR 系统后，可能会因为缺乏后续的支持与持续优化而停滞不前，这实际上是基于错误认知而制定的行动方案。企业应当认识到，数字化转型是一个持续的过程，需要不断地进行评估、调整与优化，以确保其真正能够为企业带来价值。因此，人力资源管理部门在数字化转型的过程中，应当采取更加全面和长远的视角，制定并实施更为科学合理的战略举措。

企业在规划人力资源数字化转型蓝图时，要把数据整合与治理、数据分析与应用、数智化决策纳入规划范围。在人员配置上，不仅要保留原有的人力资源专业人才，还要配备懂数据的数据工程师，以及懂分析的人力资源数据分析师；在技术上，还要考虑建设数据管理平台和数据应用平台等。

2.1.2　错误表现 2：交由 IT 部门来设计或规划人力资源管理体系的数字化转型

企业的数字化转型是业务的数字化转型，应该由业务部门来推动，IT 部门仅仅是技术支持者，而不是具体业务的规划设计者。换句话说，企业的数字化转型的主体是业务部门，而不是 IT 部门。同样，在人力资源领域，数字化转型的推动者应该是人力资源管理部门，而不应该由 IT 部门来提供规划设计方案，也不应该由他们来负责实施。

蒙牛在数字化转型的实践中，也走过一段弯路。最初人力资源管理部门认为人力资源数字化转型是组织的三支柱架构转型，IT 部门应负责给出整体规划蓝图。因此，在进行人力资源数字化转型项目初期，尽管项目组的核心成员全部是来自一线业务的 HR，但在实际操作过程中，这些核心成员对相关信息系统的逻辑并不熟悉，甚至许多人在此之前从未操作过相关信息系统。

随后，部分来自 IT 部门的同事被吸纳为项目组的核心成员，然而，这些具备信息系统建设经验及技术专长的成员对业务逻辑，特别是人力资源的业务逻辑，缺乏深入的理解。在项目初期，人力资源管理部门对 IT 部门寄予过高的期望，使得在项目实施过程中出现了知识鸿沟：业务专家不熟悉技术细节，而技术专家则对业务需求知之甚少，双方难以有效沟通并理解对方的需求。

蒙牛于 2018 年 2 月 8 日正式启动了人力资源数字化转型项目。在项目初期，第三方管理咨询团队与人力资源业务团队在规划业务设计时，未能完全与企业的数字化转型战略及信息系统设计方案相匹配。尽管项目组中包含了若干个对业务有一定理解的技术顾问，他们提出了基于流程与主数据等关键要素的业务设计构想，然而，这些建议并未被业务人员充分理解。遗憾的是，业务团队与管理团队并未对此提出异议，项目蓝图与流程设计的优化工作依旧主要围绕流程转型展开。

在实际操作过程中，人力资源管理部门原本期望第三方管理咨询团队与IT部门能够紧密合作，实现无缝对接。然而，在实际执行过程中却出现了明显的割裂现象，特别是在进行流程改造的关键环节。

当时，人力资源管理部门的管理层对于流程管理概念有了初步的认识，然而，由于技术认知的局限性，他们错误地认为第三方管理咨询团队所设计的流程（如入职流程等）在逻辑上并无瑕疵。这种判断是基于传统线下管理模式的视角。然而，当这些流程被纳入系统化管理范畴时，其逻辑上的问题便凸显出来。

实际上，在系统实施阶段，对于流程管理的颗粒度要求极为细致且严谨。为打造一款优质的数字化流程产品，必须制定详尽的流程功能说明书，其中需要明确设计规则、风险控制点、稽核逻辑、数据埋点策略及产品文案植入等关键环节。这些关键环节共同构成了数字化流程产品的核心部分，确保了流程管理的科学性与有效性。

当时，IT部门的一位技术总监提出，现有的业务流程设计存在明显不足，既粗糙又难以实施，他主张业务流程的设计应由业务部门主导。然而，这一观点遭到IT部门内部同事的反对，同时业务部门也未能充分理解其背后的逻辑。

从管理视角审视，当业务流程由业务部门进行前端设计时，他们往往因不了解技术、无先例可循及实践经验不足，而难以全面评估其可行性。业务部门在完成流程设计后，往往自认为流程无懈可击，但实际上可能存在诸多隐患。

面对此困境，业务部门感到迷茫，从而将希望寄托于IT部门，期望IT部门能提出前端需求，并指出流程设计中存在的问题，再由业务部门进行调整。然而，IT部门认为这种做法超出了其职责范围，并且IT部门坚信无论业务部门提出何种系统需求，IT部门都能将其设计并实现，且在技术落地方面不存在任何问题。

经过深入沟通，笔者发现，虽然第三方管理咨询团队所给出的流程在技术上具备实现的可能性，但是在实际业务操作中难以应用。这一状况间接导致了后续流程设计在细节层面上的不足：流程的风险控制点、稽核逻辑及产品文案植入等关键环节未能充分且全面地融入系统之中。由此，人力资源业务团队不得不面对大量的重复性劳动，并需要额外投入资源进行系统的二次开发。

传统的企业信息化建设更多关注的是业务功能的需求及业务之间流程的畅通性，一般在初期很少有企业能真正理解业务流程的概念，大多数企业也不认为打通端到端的流程全生命周期场景是驱动数字化转型的关键要素，这也是部分企业数字化转型失败或走弯路的原因之一。

当企业想要将人力资源管理业务全部实现线上管理时，会发现非端到端的流程会制约人力资源管理效率的提升。很多时候，人力资源管理部门会忽视业务流程本身，强调或重视系统功能。在正常的数字化转型过程中，应该是先改变业务模式或者操作规则，之后才是流程的再造、重构或者优化。但实际上，很多企业在数字化转型过程中并没有意识到流程建设所起的核心作用，认为数字化转型就是对系统的新建或修修补补，而且大部分企业的人力资源管理部门认为人力资源数字化转型的主导部门是 IT 部门，IT 部门应该给业务一个完整的规划和设想，而不应该由业务部门主导人力资源数字化转型。这导致在人力资源数字化转型的过程中，业务部门和 IT 部门沟通不畅，出现"鸡同鸭讲"的状况。甚至，当系统上线后，人力资源管理部门会发现其中的很多功能并不符合实际需求，根本无法支持业务的运转，这也是很多企业数字化转型失败的根本原因之一：当出现问题时才会发现流程的重要性，再采取措施来进行流程的梳理和优化，这也就造成了对资源的重复投入和人力的浪费。

在蒙牛的人力资源数字化转型过程中，项目组面临的首次挑战源自成员经验的不足。在项目规划初期，项目方案历经多次修订，技术规划显得颇为粗糙，目标设定与成果验证亦不明确。业务部门倾向于将责任归咎于第三方管理咨询团队与 IT 部门，而 IT 部门及第三方管理咨询团队则认为业务部门为责任方。鉴于此，项目组曾经召开多次高层会议，以协调解决业务、技术双方的不同频问题。

随着项目的深入与不断磨合，项目组对团队结构进行了优化和调整，更换了两名 IT 项目经理及第三方管理咨询团队的技术项目总监。同时，为确保项目顺利推进，第三方管理咨询团队被要求增派一名兼具技术能力与业务流程优化能力的技术顾问。作为人力资源三支柱架构转型项目组的项目经理，笔者亦积极投身于技术知识的深入学习中，以更好地促进双方合作。通过双方的共同努力与协商，最终实现了对业务流程更为详尽的线上化设计，并成功融合了技术、业务与第三方管理咨询团队的力量，从而推动了项目的顺利进行。

2.1.3　错误表现 3：认为实施了信息化系统，开发了平台，就完成了数字化转型

很多企业认为实施了信息化系统，开发了相关技术平台，数字化转型就完成了。这高估了信息系统的能力及其能够创造的价值，也低估了数字化转型的难度。不要指望通过实施信息化系统就能解决所有业务问题。在业务上无法厘清的问题，在系统中也难以落地。

需求是无限的，而时间、资源、预算是有限的。

笔者曾经看到许多企业在部署了信息化系统，开发了技术平台之后，由于长期缺少运营和管理，缺少对数据的维护和算法的迭代，业务又重新回到原有的流程模式中。

数字化转型是一项长远的战略规划，代表了一个持续演进与优化的进程。与既往的信息化建设迥异，数字化转型并非在一次性部署系统后便可以一劳永逸，无须调整或更新；相反，数字化转型是一个动态过程，系统上线仅是开端，对其持续优化与完善需在长期的使用中逐步实现。

不同企业之间，乃至同一家企业在不同的发展阶段，数字化转型的方案均会有所不同。此外，为了确保数字化转型的持续有效，企业还需要致力于对数据的持续维护、对算法的动态迭代与调整，以及根据实际业务情况更新决策模型。这一系列挑战要求企业必须具备一支专业的长期运维与管理团队，以确保数字化转型成果的持续性和价值的长久兑现。

企业的信息化建设一般秉持一步到位的理念，而企业的数字化转型则应遵循持续动态迭代升级与敏捷管理的理念。因此，企业在规划数字化转型项目时，除需要明确项目建设中的投资与人员配置外，亦应着眼于后续的运营与管理策略。信息化系统的部署势必触发企业内部的深刻变革，这要求企业自上而下均需要具备坚定的变革意志。同时，信息化系统的使用并非单纯地将工作委托于供应商，企业应秉持学习心态，投入充分的人力资源，深度参与其中，以确保转型的顺利推进与成功实施。

例如，早在前几年就搭建 HR 共享服务中心的企业对"一体机"这个概念应该不陌生，就像银行中的自助存取款机一样，员工可以在"一体机"上自助打印证明、修改信息、办理业务等。

在当时，"一体机"发挥了至关重要的作用，并在特定时期内产生了显著效果。然而，随着电子签技术的广泛应用，"一体机"逐渐退出了历史舞台。若企业错误地将"一体机"的上线视为数字化转型的完成标志，那么企业很可能无法跟上时代的步伐，最终将被淘汰。

再如，以前企业在扫描历史档案时，高拍仪技术曾发挥了不可替代的作用。然而，随着技术的不断进步和数字化转型的持续深化，如今人们已能够通过手机等便携设备直接拍照并上传文件、档案，这使得高拍仪技术也面临着被替代的风险。因此，我们不应满足于现状，而应持续推动技术进步和数字化转型的深入发展。

图 2.2 为蒙牛员工服务从"一体机"到移动端的变革过程示意图。

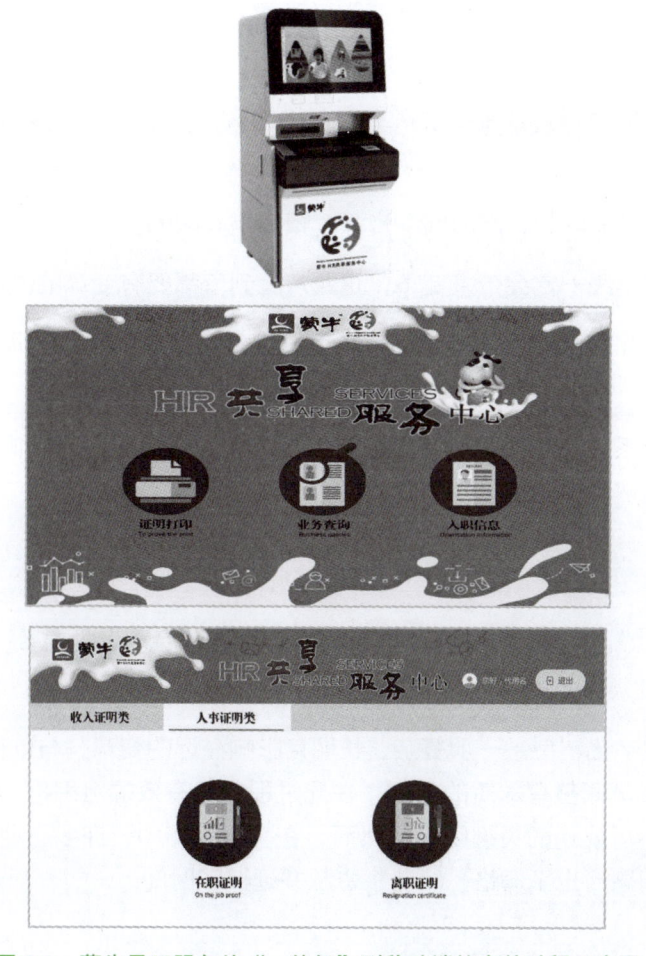

图 2.2　蒙牛员工服务从"一体机"到移动端的变革过程示意图

综上所述，数字化转型与信息化建设所采用的思维方式不同，项目管理模式及所需的团队和资源也有所差异。其实，在数字化转型的过程中，很多企业都会经历摸索的过程，这是正常现象。但在实际实施中，这可能会影响某些人的职业发展。其实，企业中为其付过"学费"的人是非常有价值的，企业的数字化转型应该允许试错、允许犯错，这也是数字化转型与信息化建设的区别之一。

通常，企业的人力资源数字化转型进程往往滞后于业务领域的数字化转型进程。当企业着手于人力资源数字化转型时，鉴于其已具备业务领域的数字化转型的实践经验，企业应当充分利用过往经验，深入总结数字化转型过程中需要特别关注的关键要素与注意事项。

下面总结了人力资源的数字化转型过程中的要点。

（1）数字化转型的价值不仅在于提升效率和增强管控，更在于提升决策的效率和质量。

（2）不要期望通过系统解决所有业务问题，业务上无法厘清的问题，在系统中也难以落地。

（3）需求是无限的，而时间、资源、预算是有限的。

（4）系统上线一定会带来变革，企业从上到下都要有变革的决心。

（5）数字化转型不可能一蹴而就，系统上线只是新的起点，需要在长期使用中持续完善。

（6）对于系统上线，企业不要把工作都外包给供应商，而是需要带着学习的心态，投入足够的人力深度参与。

2.2　错配人力资源数字化转型团队

企业的数字化转型是一项复杂、长期且影响深远的变革，与以往的组织变革、流程调整或人员调整有本质的区别。在此过程中，有效的组织推动力和卓越的团队执行力是不可或缺的关键因素。然而，在实际操作中，许多企业因数字化转型团队的配置问题而走了弯路、浪费了资源并延误了时间。

以下几种错误表现是比较常见的，希望企业在数字化转型的过程中，避免重蹈覆辙。

2.2.1　错误表现1：成立人力资源数字化转型委员会来推动人力资源的数字化转型

数字化转型是一个长期的战略举措，是一个不断迭代升级的过程，不是一时的业务流程转变，也不是短期的技术实施，需要企业长期运维，不断优化，不断创新。这就需要企业组建一个短期的项目组和一个长期的运维组来确保数字化转型后持续创造价值。同时，在相关职能领域要有足够长期、专业和专职的人员对数字化转型后的相关举措进行长期运维。

其中存在的一个典型错误就是企业通过成立数字化转型委员会来推动企业的数字化转型。例如，成立人力资源数字化转型委员会来推动人力资源的数字化转型。这种现象是非常普遍的，因为很多企业都有一个习惯：想要推动一次跨组织、跨流程的变革，就指派相关部门的人成立临时的"委员会"对这次变革负责。但是，数字化转型与传统的企业管理变革有所不同，它不是短期的、一次性的变革，而是长期的、持续性的变革。

成立数字化转型委员会这个组织是错误的，主要表现在以下3个方面。

1. 它是临时的，不是长期的

数字化转型委员会通常会缺乏长期视角，也不会考虑长期效能或者长期效益的问题，导致很多决策都存在"短期行为"：只考虑短期见效的举措，忽略长期影响大的举措；只考虑短期可见价值，忽略需要长期积累才能呈现的价值等。所以，建议企业将数字化转型组织设定为长期的职能组织，不要单独成立临时的组织来负责这项工作。

2. 它是兼职的，不是专职的

数字化转型委员会通常由来自不同业务领域的成员组成，他们同时承担着自己的本职工作，所以在该组织中兼任职务。由于是兼职性质，他们在该组织中的工作表现对各自业绩的直接影响相对较小，这可能使他们在时间和精力的投入上有所选择。具体而言，我们观察到，一个由6人组成的委员会常常难以组织起有效的会议，进而影响讨论和决策的进程。

相比之下，若成员能够全职负责项目，项目的成功与否将直接关联到每个人的业绩表现、收入水平，乃至职业生涯发展，将显著提升他们的专注度，进而更有效地推动数字化转型工作及时完成。

3. 它是业余的，不是专业的

数字化转型是一项高度专业化的任务，这就要求企业的管理者和员工在转型过程中具有自主学习精神，能持续学习新知识、新方法、新理论、新技术及新工具等，紧密追踪前沿数字技术的动态，积极关注其发展趋势，并致力于将最先进的技术应用于实际变革之中。若企业的管理者和员工以非专业态度对待此项工作，则可能因动力不足、时间有限、兴趣缺乏及精力分散等因素，难以深入掌握技术前沿及最新应用案例，进而制约专业能力的提升。

在企业内部，与业务领域的数字化转型相比，人力资源数字化转型往往起步较晚。此时，企业可能已设立长期、专职且专业的数字化转型职能部门，并构建完善的团队架构与高效的协作流程。若企业已具备此类组织，则应由该组织主导人力资源数字化转型的规划与执行工作，以确保转型的顺利推进与有效实施。

2.2.2 错误表现 2：让基层执行团队主导数字化转型

数字化转型会改变业务的决策机制，改变层级之间、协作环节之间、部门之间的权力机制。这种改变会影响个人的利益，也会影响个人的职业发展，还会影响某些工作岗位的设置。

例如，蒙牛人力共享服务中心原有的人员编制为 121 人。在上线数字化的人力共享服务中心平台后，许多原本线下的服务流程得以通过线上算法实现自动化处理，其中推出的员工自助服务，大幅降低了员工对人力共享服务中心人员的依赖。截至本书撰写之时，该中心的人员效率提升了 45%，人服比（即人员与服务量的比例）实现了翻倍的增长。

这一转变无疑为企业的降本增效带来了显著成效，但同时也带来了员工失业的隐忧，进而组织内部及人员层面产生了种种阻力。因此，推动此类数字化转型需要高层领导的深度参与和决策支持，否则难以顺利推进。

此外，在业务转型与发展的初期阶段，参考人服比指标具有一定的指导意义。然而，随着业务向纵深发展及价值型服务输出的不断增强，在业务转型的中后期，人服比应仅作为参考因素之一，而非一味地追求降低成本。过度强调人服比可能导致服务质量下降和员工体验受损,从而违背数字化转型的初衷。

为了确保数字化转型团队拥有充分的权力,可以采取以下两种方式。

- 第一种方式,在团队中引入拥有高级决策权或较大影响力的高层管理人员,此类人员应具备自主调动资源的能力,并能在团队中拥有话语权,以确保决策的权威性和执行的有效性。这是一种严谨且稳妥的方式。
- 第二种方式,高层管理者对组织内特定岗位人员正式授权。此方式旨在赋予该岗位人员调动所需资源的权限,为其建立直接通往高层的沟通渠道,以及让其拥有直接评估其他成员绩效的权力。此外,该岗位人员还将获得影响团队其他成员去留决策的权力,并被赋予代表团队出具正式文件的资格,以确保相关决策与行动的权威性与正式性。

当然,以上两种方式可以并用。

2.2.3　错误表现 3:团队能力配置缺位

数字化转型是一项高度专业的工作,需要专业人才的深度参与。在这个过程中需要用到 4 类专业人才(对应 4 种技术),包括懂技术的 IT(对应 IT,Information Technology)专业人才、懂数据的数据工程师(对应 DT,Data Technology)、懂业务的业务一线专家(对应 OT,Operation Technology),以及懂分析和算法的算法建模师或者数据分析师(对应 AT,Analysis Technology)。这 4 类专业人才缺一不可。还有,为了避免沟通障碍,团队中最好有"既懂又懂还懂"的跨界人才,或者"转译官"这样的角色,从而不管是规划设计、项目实施,还是在实际应用中,都能够实现跨专业团队的协同合作。

当然,在员工流动相对稳定的企业中,直接增加这么多的岗位编制是一件比较难的事情。建议企业采用自主培养的方式,让有兴趣、有学习能力和培养潜质的人员学习相关专业知识,从而成长为"既懂又懂还懂"的跨界人才。如果企业的员工流动率比较高,那么这种模式不太适合:人才刚刚培养出来,还未发挥价值,就开始考虑跳槽到竞争对手公司去,这是让企业很头疼的问题。

同时,值得注意的是,在这 4 类专业人才中,AT 类人才的短缺现象尤为显著。一方面,历史原因导致企业内部对数据分析的重视程度不足,具备数据分析能力的专业人才稀缺,而能够设计算法模型的专业人才更是凤毛麟角。即便有的员工在大学期间曾学习过相关知识,也可能因长期未实践而遗忘。另一方面,在外部人才市场中，此类人才同样供不应求，即便偶有此类人才流入市场，其薪酬要求往往较高，甚至可能引发企业内部薪酬结构的调整。

企业要想有效实施内部人才培养策略，首要步骤在于明确界定岗位需求，随后引导该岗位的员工积极学习与成长，并辅以必要的支持措施，包括但不限于提供内部培训资源、外部专业培训机会及教育津贴等，以确保其能力达到岗位要求。此举旨在促使员工在该岗位上专门投入时间与精力进行系统性学习，避免仅凭个人兴趣驱动而发生因时间、精力及资源不足导致的成长速度过慢或成长停滞的风险。

2.2.4　错误表现4：让咨询公司和技术公司来负责数字化转型

企业在数字化转型过程中过度依赖咨询公司或技术公司，也是笔者在实践中经常见到的问题。咨询公司虽然有咨询服务经验和专业的理论框架，但若缺乏对企业业务的深度理解及对企业文化和管理模式的认知，则其设计的方案可能颗粒度过粗，或者过于理论化，使方案落地的难度加大。而技术公司则往往基于其技术产品本身的功能或者既定的流程来使用相关系统，也可能导致方案脱离企业的实际情况。

数字化转型是一项旨在提升企业业务流程智能化水平的工作，其能否成功不应单纯依赖咨询公司或技术公司的力量。正如辅导孩子学习，虽然可以聘请家教进行指导，但孩子最终能否考入大学，仍取决于其自身努力。同理，在企业的数字化转型进程中，管理者需要亲自参与并主导，尽管可以聘请咨询公司或技术公司提供专业的指导与支持，但过度依赖外部力量并非明智之举，而应注重内部能力的提升。

在蒙牛的人力资源数字化转型的征途上，也不可避免地遭遇了若干个挑战，包括但不限于人员专业能力不足、高层管理者参与度不够，以及团队对转型长期性的认知欠缺。这一系列探索，让蒙牛积累了宝贵的经验。

时至今日，蒙牛人力共享服务中心已汇聚了一支精通业务、技术娴熟、对数据敏感且擅长分析的多元化团队。其中，绝大多数成员通过5~6年的不懈实践，实现了自我学习与成长，不仅掌握了专业知识，更在实践中锻炼了能力。

作为蒙牛人力资源领域的总监及本书的合著者，笔者也经历了从对信息系统、编程、算法及数据分析等专业知识一无所知到逐渐深入理解的转变。在这一过程中，笔者秉持着"不懂就问，不会就学"的态度，面对每个专业术语或复杂概念，都力求通过查阅资料、咨询专家来彻底掌握。

如今，在人力资源数字化转型的实践中，笔者积极参与每个环节，确保对每个细节都了如指掌。而蒙牛人力共享服务中心团队也已具备了独立思考与评估技术的能力，对于新的提案，能够从技术实现的角度提出见解；对于技术团队给出的解决方案，也能进行有效的识别与判断。这一转变标志着蒙牛在人力资源的数字化转型中已迈出了坚实的一步。

2.3　错将人力资源数字化转型视为短期项目

对于企业的数字化转型，无论是业务的数字化转型，还是人力资源的数字化转型，都是企业的长期战略举措，而不是短期项目，更不是一次性变革。企业要整体规划、长期坚持、分阶段实施、持续运营，并不断迭代和优化。这与过去的信息化建设的短期思维或一次性思维是不同的。

过去，企业若要采用一套信息系统需要进行大量的业务调研，对流程进行标准化的梳理和固化，然后多方选型，确保信息系统能够适配企业业务的需要，并长期使用。而且每次信息系统的升级都是一项大工程，都需要在人力、物力方面进行大量的投入。

对于企业的数字化转型，需要有敏捷迭代的思想，需要适配业务的变化，对于数智化的算法要不断地迭代和优化。一般来说，一套算法要经过 3 次以上的大版本迭代才会有比较好的效果，才能算是成熟的。这是一个基本规律。

其实，对于新产品、新技术领域，也有一种说法："四代成熟律"，即一款新产品、一项新技术、一个新应用，只有迭代到第四代才算是成熟的版本。比如，对于一个全新的产品，刚被开发出来时还不够成熟，在其被推向市场后，研发人员会收到一系列的反馈，在用户的使用过程中也会产生新的设计和新的需求，研发人员据此迭代产品到第二代版本。之后继续经过大量的用户使用，研发人员不断完善产品的功能和设计，迭代产品到第三代版本。当产品到达第三代版本时，其基本需求和功能已经得到了充分的探索，技术研发也逐步趋于成熟。而产品的第四代版本往往是最成熟的版本。

比如苹果手机，这是一款划时代的智能产品，iPhone 4 是其成熟的经典产品，现在苹果手机已经迭代到第 16 代了，但第 16 代与第 4 代相比并没有太大的突破和变化，有区别的只是屏幕清晰度、镜头分辨率、芯片计算能力和速度、存储容量大小等；再如 Windows 操作系统，经历了 Windows 3.1、Windows 95、Windows 98 这 3 个版本的迭代，第 4 代 Windows XP 才被称为经典版本，而现在的 Windows 10，在功能上并未比 Windows XP 有更大的突破和创新。

所以，企业在数字化转型的过程中，要有迭代思想，不要想着一劳永逸，一次到位，特别是在涉及产品开发、算法设计、智能应用时，至少要迭代 4 个版本才算是成熟的。

2.3.1　错误表现 1：人力资源的数字化转型只有短期规划

在企业人力资源数字化转型的规划设计方案中，存在一个普遍现象，即方案仅涵盖了短期的规划内容，而缺乏长远的发展蓝图。此外，在目标设定层面，方案过于聚焦短期内能够实现的价值，未能充分预见并考量长期运营可能带来的深远影响。这种规划方式为企业的数字化转型道路埋下了隐患。

造成该问题的核心根源在于，数字化转型的长期价值难以被量化评估，而企业的考核与绩效评估体系却倾向于定期进行，短期内难以显现具体成效。这导致在实际操作中，各方往往忽视长期价值的影响，从而构成了一个亟待企业正视的挑战。

举例来说，企业构建数据资产管理平台，旨在实现数据的有效整合与治理，这是众多企业在数字化转型进程中的核心任务之一。然而，值得注意的是，在诸多企业的数字化转型战略规划中，该平台的建设往往未能获得应有的重视。造成这一现象的主要原因是该平台在短期内难以直接展现出显著的经济价值或效益，进而使得其重要性在决策层面被低估。然而，从长远视角审视，随着企业规模的日益扩大与业务的不断扩展，数据资产管理平台的建设将成为企业不可或缺的基石，对于推动企业数字化转型的深入发展具有至关重要的意义。因此，忽视那些短期内虽无显著的经济价值或效益但长期价值巨大的数字化转型举措，正是许多企业在战略执行层面所面临的一大问题。

另一个普遍存在的现象是，众多企业对于数据治理的实施持保留态度，尽管这是企业数字化转型不可或缺的基础环节。但这并非意味着企业不需要全面的数据治理或相互关联的数据集，而是由于企业难以预见进行全面的数据治理后所产生的长远价值。作为一项基础建设工作，数据治理确实需要投入相当多的人力与物力资源。这类似于建造一栋巍峨壮观的建筑，如上海的东方明珠广播电视塔，人们往往只关注其地面上的壮丽景象，却忽略了支撑其高耸入云的深厚地基。同理，企业若投入大量的精力与时间，以及人力、物力、资源于数据治理中，而在短期内又难以显现明显的成果，那么这些努力往往被视为"无效"。

从长期发展的视角出发，企业应当构建一个系统性的长期考核与评价机制，以确保长期战略的有效实施。具体而言，企业应摒弃单一依赖结果的评价模式，转而采用基于真实事件的评价体系。这一体系侧重于对行为和过程的绩效评估，即通过评价员工在梳理数据、设计数据标准、制定数据规范等方面的具体表现，反映其工作绩效，而非仅仅聚焦于其为企业创造的实际价值。这种评价方式站在更为全面、客观和长远的视角，是一种旨在促进企业与员工共同成长的折中策略。

数字化转型更注重如何更好地构建过程，以创造最佳的结果。这种管理理念也属于数字化转型的基础底座，没有这样的管理理念，数字化转型就会聚焦于短期的价值表现，而忽略长期的价值创造；聚焦可见价值的呈现，忽略隐性价值的塑造。

2.3.2　错误表现 2：有设计，有开发，有实施，无运营

短期价值与短期成果，是众多企业竞相追求的目标，也深深根植于企业的日常管理与战略发展规划之中。当前，"快餐式"思维已成为普遍现象，无论是咨询项目（希望快速见效），还是流程再造项目（期望在数月内达成数百万元或者数千万元的价值创造），乃至战略规划设计项目（追求市场竞争力的显著提升），均体现了这一趋势。人们倾向于寻求立竿见影的"特效药"，渴望即时见效。

然而，这实际上反映了时代认知的某种局限性。当前，我们正处于一个深刻的变革时期，而不仅仅是在经历一个简单的市场周期波动。在此背景下，尤为重要的是，在数字化转型的进程中，我们必须特别提出并持续强调长期视角的重要性。这一转变要求我们打破短期利益的束缚，以更为长远的视野审视企业的未来发展，确保在快速变化的市场环境中实现稳健与可持续的增长。

数字化转型是一项需要长期投入和努力的变革，其成效并非能在短短数月内迅速显现。同样，仅通过数月的资源投入，也难以实现显著的效果。此外，数字化转型并非一种短期内能够让企业迅速领先于其他企业的手段。因此，我们必须明确，采取数字化转型行动并不保证一定能成功，但放弃这一行动则肯定无法取得成功。

短期视角的一个典型表现就是在整个数字化转型规划设计和计划安排上，只考虑整体方案设计，组建开发团队、实施团队，但是没有规划设计或者安排持续运营的管理团队。有设计，有开发，有实施，却无运营，这是很多企业数字化转型方案设计或者计划的典型状态。

在企业中，用于智能驱动管理决策或者业务流程的算法，必须经过多次的版本迭代才能够成熟，这是在数智化管理或者算法设计方面不成文的一种认知。如果我们希望自己的算法能够一步到位，那么很可能会对算法失去耐心，让不成熟的算法被扼杀在摇篮中，无法实现从人工决策到算法决策在效率和效能上的升级。这会阻碍企业数智化升级的进程。这种短期的一步到位的思想是很多企业在数字化转型中需要突破的瓶颈。

2.3.3　错误表现3：用短期价值评价项目价值

当前，企业在激烈的市场竞争环境下，面临着巨大的压力。鉴于资源投入与回报之间的权衡，众多企业管理者期望短期内的投入能迅速转化为可见的价值，即"今日"投入，"明日"就见成效，而非延后至"后日"才显现回报。非即时的回报，被许多企业管理者视为一种不确定的风险。

随着市场环境的迅速变迁，"今日"的市场领军者可能在"明日"或"后日"被市场淘汰，这一现象进一步促使投资者、股东及企业管理者更侧重于对短期投资价值的考量，而忽视了长期投资价值的重要性。这种思维模式同样体现在企业内部资源的配置上，许多企业甚至明确告知员工，所有投入均需要经过对产出价值的严格评估，否则将不予实施。

这一现状直接导致企业数字化转型方案难以有效推进，因为许多长期才能显现成效的方案往往被视为风险过高或回报周期过长，从而被员工所回避或不敢提出。

在人力资源数字化转型方面，特别是在人力共享服务的数字化转型方面，是很容易看到短期价值的：通过在线化集约流程、线上算法实现节省人工、线上操作替代线下流程节省时间等，这些都是看得见的价值，所以这些数字化转型的场景或方案很容易得到大家的认同，也具有在短期内能够评价和衡量的价值。但这些只是数字化转型方案中最简单、最容易、能够最快实现的场景或者方案。那些具有长期价值、创新意义的场景或者方案，因为在短期内很难看到效果，很难量化价值，很难计量收益率，导致很难获得企业管理者的认同，很难被批准。这也是很多企业数字化转型方案审批中经常存在的问题。

人力共享服务中心的事务性工作是很容易看到短期价值的，而且很容易从办事效率（人效、物效、费效、时效）的视角进行量化。这个过程可以增强管理者的信心，让管理者知道数字化转型能够创造价值、带来改变。企业可以选择之后再开展那些具有长期效应和持续价值的工作，比如研究及形成优秀员工画像、成功职业经理人成长路线、关键人才育成路径、最佳人岗匹配算法等。

当然，这需要企业管理者认识到不同场景或者方案的价值创造的可见性和时效性是有差异的，企业管理者要相信数字化转型能够创造价值，不管是否看得见，是否能够短期实现。这就是"相信的力量"，哪怕在短期内看不到价值，只要他们相信这是对的，这是要做的，就必将创造价值。企业不能因为短期看不到价值就忽略员工的绩效和价值创造，就不公平地对待那些创造长期效应和持续价值的员工。

2.4　人力资源数字化转型的阻力与关键成功要素

在人力资源数字化转型的过程中，企业面临的阻力是非常多的，其中涉及"人"的问题，在企业管理中都不是小事情。常见的阻力往往有以下 4 种。

- 认知意识的阻力。
- 专业能力的阻力。
- 权力和利益的阻力。
- 文化和习惯的阻力。

除这 4 种常见的阻力之外，不同的企业还面临不同的阻力，企业在实际操作中要结合实际情况进行克服。下面就针对这 4 种常见的阻力来谈谈笔者的看法和解决方案建议。

2.4.1　认知意识的阻力

认知决定行动，认知的协同决定行动的协同。如果企业的管理层对数字化转型的本质认知不足，在行动上就存在方向性的差异。在实际行动中，你往东走，我往西走，大家就难以形成统一意见，最终形成数字化转型中的阻力。

数字技术作为新兴领域，亟须新型理论框架的指引与认知体系的重塑，以驱动实践行动。然而，当前众多企业的管理层在数字化转型的认知上尚未形成统一共识，存在显著的认知差异。这种差异直接导致在目标设定、成效评估及策略规划等方面出现分歧：部分管理者聚焦于短期成效，强调即时效益；部分管理者则侧重于投资回报率，追求资本效率；部分管理者重视长期价值积累，关注可持续发展；还有一部分管理者以客户体验为核心，致力于提升服务品质；同时，降本增效、业绩增长及企业盈利等多元目标亦被不同管理者所看重。

由于这些意见与方向的不统一，各管理层所关注的重点各异，进而制定出的行动方案也各不相同。在此背景下，身处多重领导体系下的中基层员工往往面临困境，难以明确如何行动才能有效契合高层管理者的多元化期望。

数字化转型的第一步就是在各层级、各业务口径进行认知协同，对于数字化转型是什么、转什么、怎么转，这些问题都要达成共识，然后采取一致的行动方案，大家各司其职，紧密协作，这样数字化转型才能快速取得成效。

笔者在实际咨询实践中，发现大多数企业都处于以下 4 个认知层次。

（1）不知道自己不知道。

（2）知道自己不知道。

（3）知道自己知道。

（4）不知道自己知道。

1. 第 1 个认知层次：不知道自己不知道

我们必须承认，数字化转型是新事物，也是新理论、新方法、新实践，对比具有上百年发展历史的管理科学，数字化转型的相关理论和知识还处于启蒙阶段。在实践中，多数企业都在自主探索，真正可以参考的案例、可以复制的成果非常少，适用性也不一而足。但是，随着国家在加大力度推动数字经济，很多人通过朋友圈、短视频、新闻稿件阅读了大量的相关文章和故事，感觉自己对数字经济和数字化转型已经非常了解，甚至已经成为"半个专家"，但实际上他们连基本的认知都没有。这些人看到人工智能技术，就认为应用人工智能技术就是数字化转型；看到 ChatGPT，就认为引入类似的大模型到企业管理中就是数字化转型；看到人脸识别技术，就认为使用智能硬件就是数字化转型。这实际上处于一种"盲人摸象"的状态，而且每个"摸到大象"的人都坚信自己是正确的，他人是错误的。实际上，这些人处于"不知道自己不知道"，却又自以为"无所不知"的状态，这是一种非常危险的状态。

为什么这么说呢？因为在自认为无所不知的认知下，人们无法接纳他人的观点，而且还常常自信满满地向他人传授所谓的"知识"，自己却无法吸收新的知识。这种状态虽然是非常危险的，却是多数人在接触新事物时所处的常见状态。目前，处于这种状态的企业不在少数，或者说，在企业的高层管理团队中，处于这种认知层次的人占相当大的比例。许多企业在推进数字化转型的过程中，要么认为这与自身的企业、业务或日常工作无关，因为他们所见到的技术应用场景与实际的业务场景无法对接，无法让其对日常工作产生直接影响；要么急于求成，认为自己的企业必须马上着手制造管理机器人、开发 RPA（机器人流程自动化）、研制大模型、应用 ChatGPT 等技术，继而开始宣扬不切实际的数字化转型策略或方案。这些人似乎看到了未来企业经营与管理的智能化状态，而他们的企业仍停留在人工模式，显得落后。因此，他们往往会夸大其词地在企业内部四处宣讲，实际上只是给团队增加了不必要的紧迫感。

这种心态和行为不仅无助于企业真正推动数字化转型，反而可能导致资源的浪费和方向的偏差。正确的做法应该是结合企业的实际情况，科学评估技术的应用前景，并制订切实可行的转型计划。

2. 第 2 个认知层次：知道自己不知道

处于这个认知层次的企业因为系统学习了数字化转型的专业知识，对相关的技术有所理解，深刻地认识到自己对数字化转型的理解还不够深入，需要补充更多的专业知识，并掌握相关的方法，设计相关的方案，制订更加可行的计划，以及让团队理解数字化转型，统一认知。

处于这个认知层次的企业，是经过初步学习体系化的知识后，产生了新的认知层次。但是，因为刚刚学习相关知识，这些企业还不能有效地掌握具体实践方法，缺少掌控整个数字化转型的能力。就如我们通过学习，知道驾驶汽车需要复杂的操作，需要了解各种交通法规，需要了解汽车的性能，才能更好地驾驶汽车。同时，我们也知道了，如果仅仅是学习相关的驾驶汽车的知识，没有亲自驾驶汽车，那么驾驶技术还是不过关的，还是无法上路的，需要更充分地练习。

这个认知层次也像我们学习游泳的过程，我们先初步了解游泳技术和方法，知道怎么做动作，但是还没有下水练习，知道自己还不会游泳。此时我们"谦逊地"认识到，自己知道如何游泳，但还不会游泳。

如果企业处于这个认知层次，则需要"谦逊"，不能因为自己知道了游泳的技术、游泳的动作，就自大地认为自己会游泳了。万事须知要亲行，没有亲自实践，就不能说自己已经会了。

处于这个认知层次的企业需要避免的是"自大"。有些人对专业知识缺少敬畏，浅尝辄止。其实，对于企业管理中的许多事务，如果没有亲自实践，是无法理解方法步骤背后的逻辑的。不要以为听了一场关于数字化转型的讲座，就认为自己是专家了。没有多年的实践，"专家"是很难训练出来的。

3. 第3个认知层次：知道自己知道

处于这个认知层次的企业在实践中发现、学习了相关知识和方法，但是在实际工作中，考虑得还不全面，对很多事情缺乏风险预判。只有企业真正在实践中遇到问题之后，才会更加深刻地知道，数字化转型背后的"博大精深"，自己还有很多需要学习和掌握的地方，需要更系统的理论框架的指导，需要向更多的前辈和专家学习，从而让自己在实际行动中做得更好、走得更快。

处于这个认知层次的企业会通过实践，加深认知，理解逻辑，掌握规律，结合实际情况开始自主创新，并在这个过程中体会到更多的细节，对未来可能会遇到的困难或者瓶颈进行更多的思考和预判。

当企业处于这个认知层次时，需要在实践中总结沉淀，吸取别人的经验，参考别人的成功案例，从而优化自己的方案设计和实施执行，这样在碰到问题后也会深刻思考背后的原因，从而能够更好地解决问题。

4. 第4个认知层次：不知道自己知道

"不知道自己知道"是最高的认知层次，经过多年的数字化转型实践，管理者的思维模式、动作习惯都已经内化于心：碰到一个管理问题，就用数字化的思维来思考；碰到一个流程问题，就用数字化的方式来实现这个流程；在企业里看到任何场景，就会问"这个场景能否用数字化的方式再造一下？"此时，他们用敏锐的眼光观察各种数字化的潜在机会，提出更多、更丰富的解决方案。

当企业处于这个认知层次时，管理者不会再纠结于自己是否知道数字化转型、数智化流程等概念，现在他们的思维模式就是用数字化的方式来解决管理或者流程问题、业务问题、决策问题。数字化已经深深融入企业的血液、骨髓，管理者不再用传统的思维模式来思考和解决问题了。

就像驾驶汽车，在有了多年的驾驶汽车经验之后，当我们坐在汽车驾驶座位上时，无须思考便能熟练挂挡、启动、加速、刹车、转动方向盘，且角度恰到好处。我们不会在做每个动作之前思考这个动作怎么做，因为这一切都已经变得自然而然。在这个时候，我们不会思考自己是否会驾驶汽车，因为这已经不是我们要思考的问题了。

为了持续推动企业的数字化转型，企业需要一批具有更高认知层次的团队成员，能够用数字化的思维、方式、流程来推动管理决策方式的变革，以敏锐的眼光发现数字化转型的机会点和改善点，不断提升企业的数字化水平，提高企业管理的数智化水平。

2.4.2 专业能力的阻力

就像前文提及的，数字化转型是一种专业度要求很高的变革，需要更专业的人才来推动和实施，也需要更多专业人才参与转型落地的过程。在前文中曾提到，数字化转型会需要4类专业人才，也就需要4种技术（IT、DT、AT和OT），以便完成整个数字技术应用的闭环，如图2.3所示。

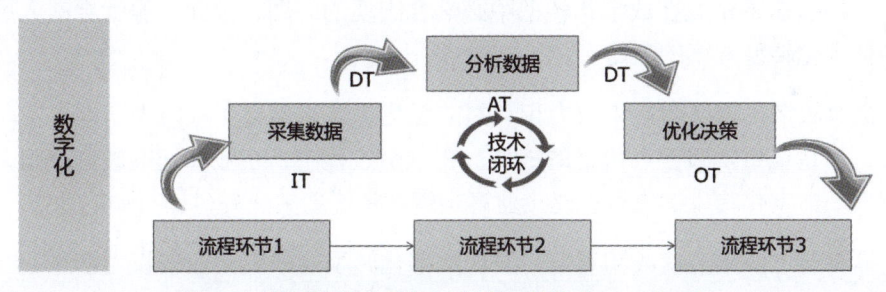

图 2.3　数字技术应用闭环中的 4 种技术——"4T"

同时，为了保证这 4 种技术能融合在一起应用，不出现断层，不出现转换问题，企业还需要跨界人才（既懂业务又懂技术还懂管理），从而在技术融合过程中确保各方能够相互理解，将业务逻辑转换为数据逻辑，将决策逻辑转换为算法逻辑，将业务目标转换为可量化的数据指标等。

过去，企业管理中一般强调人才的专业能力，因为企业需要"T 型"人才。所谓的"T 型"人才，就是在具备通识知识的基础上，在某个领域有比较深的专业能力。但在数字智能时代，企业需要的管理者不仅要懂管理、懂业务，还要懂相关技术，懂数字化转型的落地实施，在此过程中还能够迭代、优化企业的数字化转型方案。

因此，在人力资源数字化转型的过程中，企业需要既懂得人力资源管理专业知识、业务逻辑，又懂得一定的相关技术、数据分析方法，以及用算法来实现各种数智化决策的人。同时，企业还需要相关的技术团队懂得人力资源管理的流程、制度，以及这些制度背后的专业逻辑，并了解人力资源管理方式背后的规则，能够用技术视角理解相关的业务。这些要求在人力资源数字化转型初始阶段可能很难做到，但是，企业的管理者和员工都要有开放的心态，要相互交流和学习。

2.4.3 权力和利益的阻力

某企业的财务审批流程在过去至少需要 4 个人参与：一个验证票据的审核专员，一个验证费用标准的财务 BP 专员，一个审核费用预算的预算管理专员，以及一个对外付款的资金管理专员。另外，在流程中还需要业务部门的上级领导再次审批一次。在企业进行数字化流程再造之后，只需要业务部门的上级领导审批一次。在这个审批过程中，企业取消了 4 个财务岗位的工作，也就是直接让 4 个财务岗位的人员失去了工作，这让原来拥有审批权限的人，不仅失去了权力，还失去了工作。这是企业在数字化转型中必然会出现的问题，因此，也就会有人成为这些数字化转型方案的阻碍者。

企业数字化转型会带来权力和利益的重构，这必然会带来阻力。这是不争的事实，也是经过实践已经验证的结论。在这个过程中，企业如何突破这个阻力，持续推动数字化转型的进程，是企业高层管理者需要关注并付诸行动的地方。

笔者经过多年的实践和观察，发现数字化转型会改变企业的权力结构，会增加高层管理者的权限，从而导致高层管理管控的集权化。但是在一线工作中，因为企业进行数字化转型后会采用决策模型和算法，很多员工的行动决策都在一线工作中完成，不需要再向中层管理者汇报，从而使执行层的权力更加分散，形成基层的分权。高层的集权和基层的分权，会降低对中层管理者的依赖程度，出现"中层空心化"现象，这是数字化转型带来的权力结构变化。

所以，数字化转型是"一把手"工程，即使是人力资源数字化转型，也需要获得高层管理者，包括董事会和 CEO（首席执行官）的支持，从而才能深化和推进，否则就会因为各种权利和权力机制变更问题，导致相关举措得不到有效实施和落地。高层管理者的投入和决心是企业人力资源数字化转型的前置条件。

2.4.4 文化和习惯的阻力

文化和习惯的阻力是企业数字化转型的隐形阻力。每家企业都有自己的企业文化，无论是显性提出的，还是隐性存在的。企业的经营理念、文化传统、团队共同的价值观，都会影响企业数字化转型相关的任务和行动。前文提及，企业数字化转型会涉及企业内部经营和运营过程中的决策机制，也会涉及文化问题。

下面举一个实际的例子来具体介绍。笔者曾经服务过一些企业，这些企业都有自己的文化，有的企业强调"家文化"，有的企业强调"孝文化"，有的企业强调"国文化"。在"家文化"下，决策听谁的？肯定是听作为"家长"的高层管理者的，但是如果数据和算法做出的决策与高层管理者产生了冲突，最终听谁的呢？这就带来了企业数字化转型和企业文化冲突的问题。

许多企业或多或少都存在"领袖文化"，即以企业的创始人、关键领导者或者为企业发展做出巨大贡献的关键人物为领袖，在企业内部形成一种"个人崇拜"氛围，这种文化大多存在于民营企业中，也是很多民营企业家内心的诉求之一。

可以根据以下几种情况判断企业是否有"领袖文化"：看一看企业内部文化墙上是否有领导者的名言名句、创始人的照片，在进行集体活动之前是否要学习创始人的思想……具有这些特征的企业一般都有"领袖文化"。

在这种文化背景下，基于数据和算法的决策就很容易被"领导"给否定，大家听领导的，而不是听数据和算法给出的决策。在这样的组织和团队中，在无人干预的情况下执行基于数据和算法给出的决策，很容易让组织和组织成员产生不安全感。所以，他们一定会在业务流程中加上领导人的干预决策机制，避免由算法自动做出相关决策。

另外，在存在不正规、不合规、非法操作等行为的企业中实施数智化的流程是比较难的，首先数字技术让很多的流程环节透明化，数智化决策让很多人为的操作难以施行。所以正规化、合规化、阳光化是数智化流程优化的前置条件。

2.4.5 人力资源数字化转型成功的关键要素：4C+4P 模型

基于以上企业在数字化转型过程中所面临的阻力，结合笔者的相关咨询实践经验，笔者认为人力资源数字化转型要想取得成功，有 4 个关键要素，这里总结为 4C+4P 模型，如图 2.4 所示。

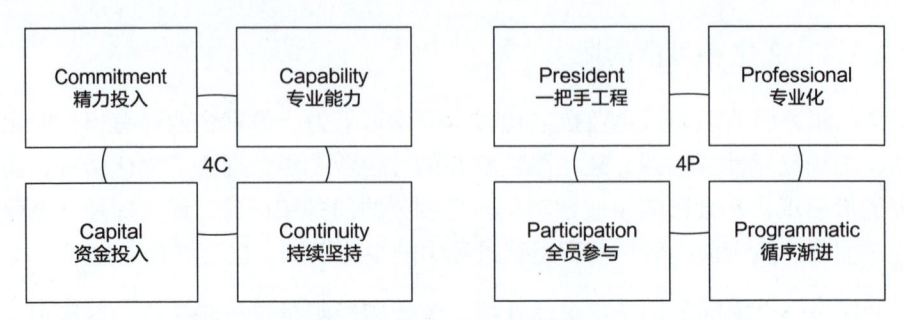

图 2.4　人力资源数字化转型成功的关键要素：4C+4P 模型

首先，人力资源数字化转型的成功需要企业最高管理者的参与和支持，也需要数字化转型团队投入相当多的精力，专注推进，以取得预期的成果。

其次，数字化转型需要让更加专业的人去做这件事情，它需要多个专业的协作，且在专业领域内具有领先性。专业能力（Capability）是成功的基础，所以数字化转型团队要做到专业化（Professional）。

再次，数字化转型需要资金或者资源的投入，需要企业真正组建团队、投入时间去推动数字化转型。在此过程中，资金实力较弱的企业可以慢一点，资金实力雄厚的企业可以考虑激进一点。

最后，数字化转型需要持续坚持和循序渐进。数字化转型不是一蹴而就的，而是需要不断迭代升级，以灵活的方式适应内外部环境的变化。

无论是 4C 模型，还是 4P 模型，其本意都是一样的，数字化转型不是一次小型的变革，也不是一个短时间的变革，企业需要用更长期的视角看待数字化转型，以更高的战略高度看待数字化转型。

第 3 章

人力资源数字化之整体框架

人力资源数字化转型涉及多个维度，包括组织维度、业务维度、数据维度和技术维度。这 4 个维度又是相互关联和相互影响的，且必须是相互协同的。

（1）组织维度与业务维度：组织架构的设计是为了满足业务管理与业务执行的需要，组织维度需要以业务维度为主体和目标；业务维度需要以组织维度来执行和实现。

（2）业务维度与数据维度：业务活动决定数据的生产和应用，数据的采集、分析和使用是流程化执行业务活动和科学管理业务活动的基础；而在业务执行和业务管理中又会产生数据需求。

（3）数据维度与技术维度：数据的记录需要相关的信息化和数字技术来实现，数据的采集、传输、管理、分析、挖掘和应用也都离不开数字技术。技术决定了数据管理的效率和对数据的应用能力，技术的应用也离不开数据。

（4）技术维度与业务维度：技术支撑业务的实现，甚至技术本身就可以替代部分业务的执行，比如数智化的流程，通过用技术替代人工来执行业务流程环节；技术应用为业务提供支撑和赋能，同时技术本身也是业务的一部分。

这 4 个维度对应着架构体系的 4 条线：组织人才线、业务流程线、数据算法线和技术应用线，这 4 条线的架构体系都在总体架构设计目标之下，遵循相同的规范，达成一致的目标，如图 3.1 所示。

```
                        人力资源数字化转型整体框架和关键举措
                                    │
                              总体架构设计目标
```

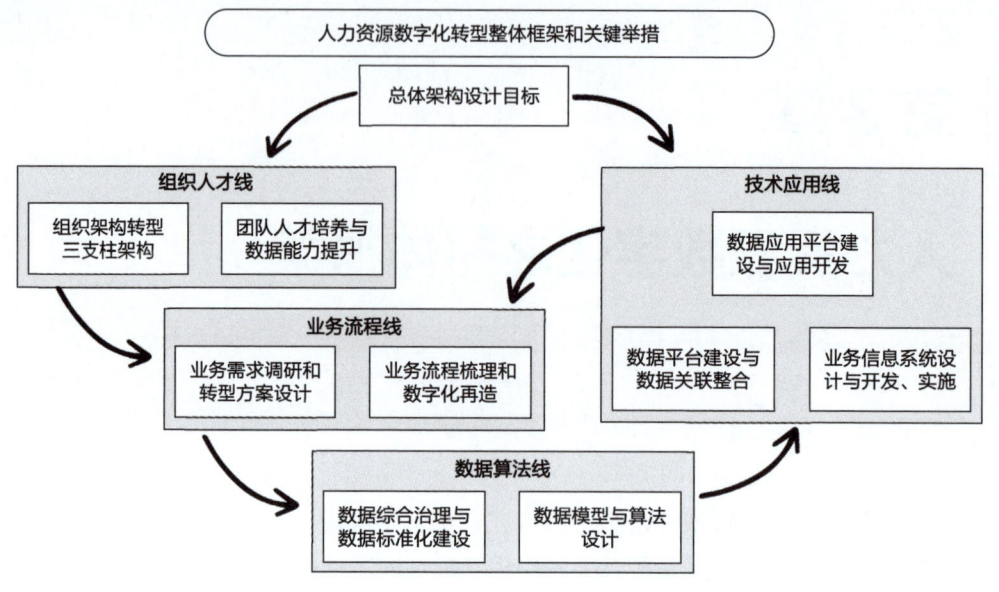

组织人才线
- 组织架构转型三支柱架构
- 团队人才培养与数据能力提升

业务流程线
- 业务需求调研和转型方案设计
- 业务流程梳理和数字化再造

数据算法线
- 数据综合治理与数据标准化建设
- 数据模型与算法设计

技术应用线
- 数据应用平台建设与应用开发
- 数据平台建设与数据关联整合
- 业务信息系统设计与开发、实施

图 3.1　人力资源数字化转型的总体架构设计目标和关键举措

3.1　组织人才转型架构体系

在人力资源组织架构中，三支柱架构的构建不一定是必需的，特别是对中小企业而言，其人力资源管理部门本身规模较小，业务不算太复杂，可以不用像大型企业一样，推进三支柱架构模式。对中大型企业而言，三支柱架构的构建能够为企业数字化转型提供更加便捷的组织架构体系，为人力资源相关业务的数智化提供更好的业务管理模式。中小企业仍然可以在传统人力资源的模块化管理模式下构建自己的转型架构。

对中大型企业而言，在进行人力资源数字化转型之前，建议先考虑构建三支柱架构，明确战略人力、业务人力和共享人力 3 个模块的相关职责，理顺相关业务管控的流程，以及相互协作的方式。组织架构的清晰化和顺利转型，为人力资源相关业务流程的架构提供了基础。

- 战略人力（HRCOE，HR Center of Excellence），也叫作人力资源卓越中心。其关键职能是从企业战略的角度规划整体的人力资源战略，达成企业战略目标，推动人力资源战略的落地、组织的变革，以及人力资源数字化转型战略举措的落地实施等。

- 业务人力（HRBP，HR Business Partner），也叫作人力资源业务合作伙伴。其关键职能是在洞察业务的基础上，发展相关的组织和人才，满足业务的个性化需求，满足企业业务战略目标在人才需要、人才发展和人才育成上的需求，提升团队能力及人效，降低业务部门核心人才的流失风险等。
- 共享人力（HRSSC，HR Shared Service Center），也叫作人力资源共享服务中心。其关键职能是集约化人力资源管理中事务性的工作，满足业务部门的人事需求，高效处理与人相关的事务，提升用户体验及自身的服务能力，为业务人力、战略人力和业务部门提供与人相关的数据和报表，甚至相关分析洞察，降低用人风险。

在人力资源三支柱架构下，这 3 个团队要有不同的定位、意识和能力，如图 3.2 所示。

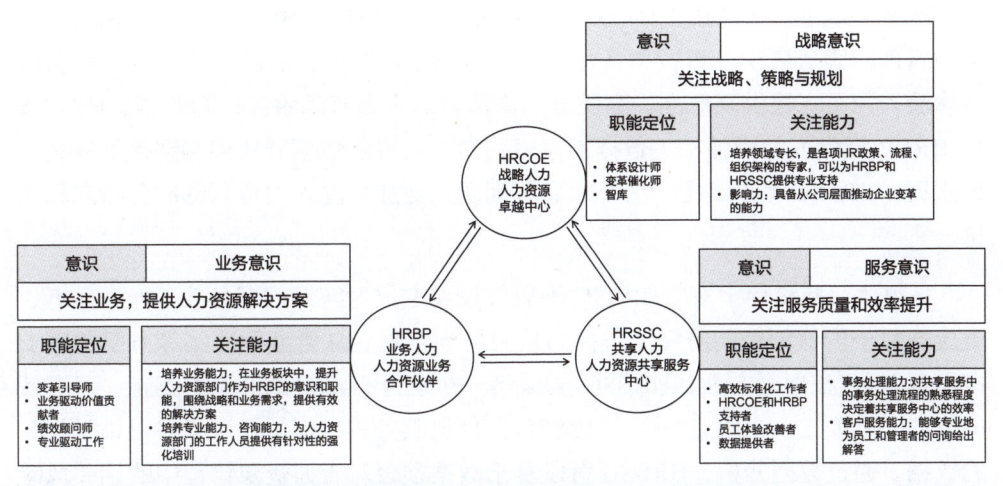

图 3.2　人力资源三支柱架构的定位、意识和能力

（1）HRCOE 关注战略、策略与规划。

HRCOE 用于"做专"，加强战略一致性，由职能思维向业务导向的战略思维转型，提升业务的影响力。HRCOE 关注战略意识，提升企业战略规划设计能力，推动企业战略的落地及人力资源管理的变革，包括人力资源数字化转型战略的有效实施。它是企业人力资源变革的催化师，也是企业组织的架构师，提供专业洞察，解决的是"HR 专业能力"问题。HRCOE 更加关注人力资源体系的科学性和完备性。

（2）HRBP 关注业务，提供人力资源解决方案。

HRBP 用于"做强",精益划分人力资源服务对象,强化对差异化诉求的针对性,综合提升人力资源管理的成熟度,关注业务运营需求,提供强有力的人力资源支持。HRBP 关注业务洞察,驱动业务发展,为业务提供人力资源解决方案,落地战略人力的变革策略。HRBP 强化和推动人力资源管理的成熟度,利用自身的专业能力满足业务部门个性化的需求;在人员招聘、培训和人才"选、用、育、留"等方面提供个性化解决方案,为业务部门提供人力资源相关的咨询服务。HRBP 解决的是"HR 效能"问题,更加关注人力资源服务的有效性和针对性。

(3)HRSSC 关注服务质量和效率提升。

HRSSC 用于"做实",提高人力资源业务流程及数据的标准化与规范性,为进行深度数据分析与决策支持奠定基础;减少资源割裂,集中处理、交付事务性工作,提高运营效率,为人力资源管理的增值服务提供坚实保障;优化服务界面及系统智能化水平,关注员工体验,稳步提升员工满意度。HRSSC 专注于提高人力资源管理的服务意识,提供事务性服务,夯实基础服务,提高服务效率,改善服务体验,为员工提供高标准、高质量、高体验的人力资源服务;为业务、HRCOE 和 HRBP 提供人力资源相关数据和报表;为人力资源数据分析和洞察提供战略决策依据。HRSSC 解决的是"HR 效率"问题,更加关注人力资源的服务效率和质量。

从整体目标设计上看,HRSSC 不应仅仅被定位为纯粹的事务性工作处理者,更应被赋予价值创造的重任(包括为从服务到管理、从管理到决策等方面提供支撑和赋能)。在理念方面,HRSSC 要秉持一个理念:没有低价值的工作,只有低价值的思维模式。在服务方面,HRSSC 在提供服务的过程中,采集并记录了相关的数据。通过数据分析,HRSSC 可以基于数据预警对人力资源管理中的相关风险进行防控,并在不断提升数据分析能力的基础上,为业务和 HRBP 提供管理和决策的支持。

蒙牛 HRSSC 的改革也经历了从服务到管理再到决策的 3 个阶段,如图 3.3 所示。

- 蒙牛 HRSSC 1.0 版本:在 2018 年进行三支柱架构变革后,主要关注事务集成。
- 蒙牛 HRSSC 2.0 版本:随着企业数字化转型的推进,蒙牛 HRSSC 自 2020 年开始,在降本增效、提升服务体验的基础上输出数据报表和提供数据分析服务。

- 蒙牛 HRSSC 3.0 版本：自 2022 年开始，蒙牛 HRSSC 推动人力资源效益最大化，引进 AI 技术，将人力资源数据引入企业整体数据链条中，融合经营、运营和管理中的数据，实现人力资源数据与业务数据的共通、共享，并构建智慧人力资源模式，发挥 HRSSC 在人力资本效益最大化中的作用和价值。

HRSSC 1.0 事务集成
目标：HR服务升级，统一+高效
导出价值：
1. 服务标准化、专业化、流程化
2. 业务处理效率提升20%~30%
3. 关注员工体验，智能设备深度应用
4. 员工满意度提升10%~18%
5. HRCOE、HRBP摆脱行政事务

HRSSC 2.0 数据分析
目标：数据支撑战略，支持业务
导出价值：
1. 实时响应业务数据需求
2. 产品化、定制化的数据报告
3. 精准化分析，支撑业务决策
4. 打造行业标杆

HRSSC 3.0 智慧HR
目标：人力资本最大化
导出价值：
1. 推动人力资本效益最大化
2. 引进AI技术，大幅提升技术成熟度
3. 人力资源数据进入企业数据链条，业务数据共通、共享

2018年　2020年　2022年

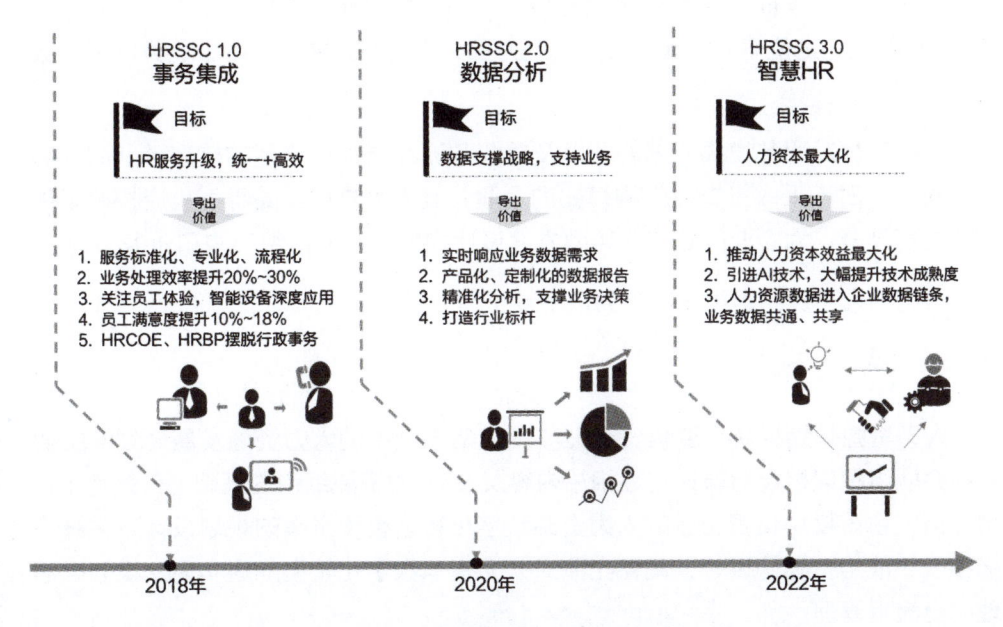

图 3.3　蒙牛 HRSSC 的 3 个阶段

在这样的组织架构模式下，HRSSC 中不仅要有专业的事务性服务人员，还要有数据工程师、数据分析师和算法模型设计师，从而逐步提升 HRSSC 在组织中发挥和创造的价值。

- 数据工程师：协助实现人力资源相关数据的标准化和规范化，从而与企业整体业务数据实现共通、共享，促进业务、财务数据的融合。
- 数据分析师：结合人力资源管理的需要，基于业务洞察的逻辑，以及管理和管控的需求，搭建相关指标体系，建设实时、动态的分析体系，为业务部门提供实时的人才报表和人才分析，并在这个过程中提出支撑业务决策的意见和建议。
- 算法模型设计师：结合人力资源管理和业务管理的需求，开发数智化流程所需的算法模型，推动人才大数据、大模型的建设进程。

以上 3 类数字化转型方面的人才适合配置在 HRSSC 中，因为无论是数据的产生、数据的存储、数据的传输、数据的管理，还是数据的应用开发，在 HRSSC 中

都被集成、统一整合了。

不能将这 3 类数字化转型方面的人才安置在 HRBP 中，原因在于，HRBP 被分散到各个业务板块中，所接触和掌握的数据不全面、不细致、不统一。

同样，也不能将这 3 类数字化转型方面的人才安置在 HRCOE 中，原因在于 HRCOE 的职能定位不同，其更关注宏观方面，不能细致关注到每个业务流程的数字化转型。

组织架构对业务模块的划分，以及对业务流程与协作流程的梳理具有深远影响，对于暂时不采取三支柱架构模式的企业，其人力资源相关组织也应按照职能模块进行划分，为企业的数字化转型方案设计提供基础的组织架构和业务架构。

常见的人力资源组织一般分为以下 6 个模块。

1. 人力资源规划

人力资源规划模块主要负责企业年度战略规划中的人力资源发展规划（主要包括企业组织架构及招聘计划等相关内容），是人力资源组织的基础。在数字化转型方面，由该模块负责企业的人力资源数字化转型整体方案的规划设计、关键举措推进、战略资源协调等，确保企业对人力资源数字化转型战略实现从规划到落地的全流程管理。

2. 招聘与配置

招聘与配置模块主要负责员工的招聘，包括内部与外部两种招聘方式。其中内部招聘指结合企业岗位需求对企业内部人员进行转岗或者晋升，外部招聘指从社会及校园招聘人才等。

对于快速发展的企业，还要做好人才储备工作，培养核心骨干员工及数字化优秀人才等。在开放式用工模式下，企业还要开发并维护外部专家资源，以满足企业的需求。

3. 培训与发展

培训与发展模块主要负责员工的培训工作。员工在正式上岗前需要参加入职培训，主要培训内容包括学习日常作业规范，以及了解企业文化、战略及基本信息等；同时还要对员工进行岗位职责培训，以及为了满足企业战略需要、业务部门的变革需要组织适配企业战略的相关培训，比如数字化转型系列培训等。

4. 薪酬福利

薪酬福利模块主要负责设置企业中各岗位的薪酬待遇，主要包括无形薪酬与有形薪酬两个部分。其中，有形薪酬指福利、补贴、绩效及底薪等相关内容，无形薪酬指企业文化等方面的熏陶及专业知识培训等。

5. 绩效激励

绩效激励模块主要负责综合衡量员工的岗位产能，进行绩效评价，并匹配对应的激励机制，确保每个员工为了达成企业的绩效目标都在积极努力地工作。

6. 员工关系

员工关系模块主要负责员工相关手续的办理，包括劳动合同、入职手续、"党政团工委"关系管理，以及负责员工的调岗、转岗、离职及入职等相关事务，在必要时，还负责与劳动用工有关的法务事务处理。

这是一种相对宽泛的人力资源组织划分方式，不同的企业因其运营模式和业务需求的不同，对应的职责划分和责任模式亦有所差异。例如在招工、用工等方面，部分企业会选择由业务部门直接负责。以生产制造型企业为例，生产部门通常会承担一线工人的招聘工作，这种安排使企业能够依据生产计划，更加自主且灵活地招募所需员工。而人力资源管理部门则主要负责配合办理相关手续及提供事务性支持，以确保招聘流程的顺利进行。

3.2 业务流程转型架构体系

要明确三支柱架构模式下的组织职能和职责分工，企业需要针对人力资源相关业务进行梳理，并对各个职能下的业务进行流程梳理。在此基础上，企业还需要进行业务流程的数字化再造，实现从传统流程向数字化和数智化流程的转型和变革。

这项工作包括3个部分：业务梳理、业务流程梳理和业务流程的数字化再造。无论企业是采用三支柱架构模式，还是采用六大职能模块架构模式，抑或维持原有的组织架构模式，这3部分的工作都是必需的，它们为数字化转型方案提供了基础性的架构设计工作。

3.2.1 业务梳理

人力资源体系下的业务梳理内容包括：企业有哪些业务活动？这些业务活动由哪些部门和岗位负责执行？哪些部门或岗位需要配合？职责和责任是如何划分的？比如，在三支柱架构模式下，企业可以参考如下的分工模式，列出相关组织所负责的业务内容。

1. HRCOE 的职责体系

HRCOE 承担着人力资源战略规划、劳动力规划及人力资源政策方案设计的核心职责。作为顶层设计的专业团队，HRCOE 应确保人力资源战略与企业战略高度协同，以前瞻视野引领人力资源战略布局，进而支撑并促进业务战略的实现。在此过程中，HRCOE 通过运用多样化的人力资源工具与科学方法，为政策制定与实施提供坚实的支撑。在 HRCOE 的职责体系内，有以下关键角色。

（1）人力资源战略贡献者：负责设计及制定人力资源战略，从而支持业务战略，并满足战略执行团队在组织、人才、文化方面的要求。

（2）解决方案设计者：运用人力资源领域的知识，完成各项制度和机制的制定，设计业务导向，创建人力资源相关政策、流程和方案，并持续改进以确保它们的有效性。

（3）政策管控者：管控人力资源相关政策、流程的合规性，提升政策、流程的一致性；监控绩效指标达成情况，控制风险。

（4）资源连接者：熟悉业界实践，连接内外部的多样化资源，整合并解决业务发展中的关键问题。

（5）专业技术专家：为人力资源相关的业务合作伙伴、共享服务中心和业务管理人员提供本领域的权威性技术支持，针对专家团队发布的人力资源相关政策和制度，向人力资源团队进行赋能与指导。

（6）前沿技术研究者：对外部市场发展趋势具有专业洞察，为企业提供前瞻性和专业性的整合方案。

2. HRBP 的职责体系

HRBP 的职责在于深入各业务领域，对业务发展中存在的问题进行精准诊断，紧密结合业务需求，依托人才数据与深入洞察，推动并实施差异化的人力资源管理解决方案，旨在优化业务成果。同时，HRBP 还需要持续优化人力资源服务对象的精细划分，针对差异化的需求，采取定制化的解决策略；全面提升人力资源组织各模块的成熟度，紧密关注业务运营的实际需求，为业务提供坚实而高效的人力资源支撑。在 HRBP 的职责体系中，涵盖以下关键角色。

（1）方案落地引导者：基于业务的特殊需求，与业务管理者紧密合作，形成以业务为导向的全面人力资源管理解决方案，并积极推动战略、制度、方案的落地执行。

（2）战略咨询者：理解业务人才需求，向业务管理者提供关于组织、人才等方面问题的咨询服务。

（3）组织能力建设者：在各自组织内成为组织能力建设的第一责任人，诊断组织能力问题，定位根本原因，并提出解决方案。

（4）员工关系管理者：负责所服务业务单元的员工关怀、咨询答疑、争议协调等工作。

（5）领导力辅导者：向业务部门提供领导力发展辅导，满足企业对于管理人才梯队建设的需求。

（6）人才配置责任者：在业务发展中发现、吸引和保留关键人才，赋能人才，使组织人才配置合理化。

3. HRSSC 的职责体系

HRSSC 通过对标准化的人力资源管理事务进行规模化处理，旨在提升运营效率。作为企业与员工之间的统一对接窗口，HRSSC 致力于为员工提供一致且高质量的服务体验。通过对人力资源数据的深入分析与洞察，HRSSC 为企业的战略决策提供坚实的数据基础。同时，通过不断减少资源的分散与割裂，集中化处理并交付事务性工作，HRSSC 有效提升了运营效率，为人力资源的增值服务提供了可靠的保障。此外，HRSSC 还根据员工的使用习惯，不断优化员工服务界面与提高系统智能化水平，以更好地满足员工需求。在关注员工体验方面，HRSSC 致力于稳步提升员工满意度，为企业营造和谐的劳动关系。在 HRSSC 的职责体系中，涵盖以下多个关键角色，他们共同支撑起这一高效、专业的人力资源服务平台。

（1）标准化业务处理者：对标准化、重复性的人力资源管理事务进行规模化处理（如发薪、招聘、数据录入与管理等），产生规模效益。

（2）咨询解答者：受理员工和管理者关于人力资源管理事务的咨询，解答人力资源管理制度、流程等相关问题，提供自助服务的相关支持。

（3）用户体验管理者：通过自助服务、电子邮件、电话、面对面服务等多种方式开展与用户（主要为员工和管理者）的互动，提升用户体验。

（4）供应商管理者：为业务提供供应商管理、外部服务管理等支持，作为整体人力资源职能的后台支持。

（5）战略支持者（中长期）：根据业务及管理需求，对相关数据进行分析，提供人力资源个性化服务支持。

（6）数据专家：对已有的人力资源基础数据进行深度分析，生成标准或定制化的数据报告；基于内外部数据，提供能够支撑企业整体业务决策的专业洞察。

（7）制度流程管理者：持续发现并优化、提升人力资源流程，统筹流程优化及迭代，联合人力资源专家团队，提供指导，推动制度、流程的更新。

以下是在三支柱架构模式下，基于职责定位和权限安排，对企业内的人力资源相关业务活动进行梳理的案例，其中明确了各个职能和岗位的业务活动、责任和流程，如图3.4所示（注：图3.4中的内容仅仅是示意，并不代表全部内容，具体需要仔细结合企业实际情况进行梳理）。

	HRCOE	HRBP	HRSSC
负责的关键业务活动	• 人力资源战略规划 • 组织架构设计和调整 • 关键人力资源制度、流程和机制设计 • 高管团队的任命和配置 • 集团管控模式设计和一级组织的架构调整 • 领导力模型建立和持续优化 • 绩效管理体系的建立和激励方案整体架构设计 • 集团整体激励预算、实施、监控和分析 • 高管团队的晋级、调薪和总薪控制，预算和执行 • 集团各级组织的评优和执行（评优机制、评优过程、评优结果、表彰和宣传等） • 岗位设置和编制的最终决策、审批，以及关键岗位的人事遴选 • 招聘管理制度和流程的制定 • 雇主品牌定位和雇主品牌宣传、推广 • 各层级领导者（三级以上）胜任力模型的制定和优化 • 外部薪酬调研和内部薪酬调研计划、方案制定 • 三级以上高层管理人员的调薪和任免，年度调薪原则的制定 • 集团薪酬激励整体原则与规则的制定	• 员工有效性调研和评价 • 相关制度和流程的实施跟踪管理 • 相关业务岗位与编制的管理 • 相关业务岗位的有效性评价和优化 • 二级以下岗位的价值评估 • 招聘业务部门相关的岗位，管理相关的编制 • 业务各层级人员学习计划和培训管理，跟踪培训效果，制订未来培训计划 • 培训需求的调研与培训组织的安排，以及人员培训的配合支持 • 相关业务板块人才盘点的配合和人才继任计划的制订 • 任职资格标准制定和执行（三级以下） • 人工成本测算、预算和结算，对人力成本进行分析和优化 • 三级以下管理人员的调薪计划和方案制定，基于业务的总额控制 • 基于业务板块的绩效管理体系建立 • 基于业务板块的激励方案的制定和执行，预算、实施、监控和分析 • 业务板块的评优管理 • 事业部人力效能管理：目标、监控、计划和考核 • 业务部门关键人才的全职业生涯跟踪服务、个性化安排等 ……	• 招聘系统平台的搭建及招聘供应商管理 • 招聘任务和计划的执行，以及招聘供应商管理 • 人才测评供应商管理 • 招聘简历收取、初选和备案管理 • 招聘中组织面试、配合选拔合适人才 • 员工入职管理，办理入职手续、签订劳动合同、填报个人信息、留存相关人事档案，办理员工证件、办理出入公区域的许可手续等 • 安排入职培训，对关键岗位的培训进行考核和获取相关证书 • 安排员工入职体检，建立员工健康档案，并定期安排员工体检，收取体检结果，备案，对有健康问题的员工定期提供针对性健康管理服务 • 安排员工心理测评，针对有心理健康问题的员工进行有序监控、定期管理、专项辅导 • 计算和发放员工的工资、奖金、福利和其他相关薪酬，包括生日、生育、婚丧等相关补贴	管理并处理员工的相关带薪假期、事假、病假、婚丧假、生育假等相关事务，并负责相关福利的发放，安排针对高层和特需人才的特别关怀服务 • 组织并实施员工绩效考核，统计汇总考核结果 • 协调员工关系，处理员工矛盾和冲突，营造良好组织氛围，必要的时候组织公司级的团建活动 • 塑造企业文化，安排相关企业文化活动 • 提供各种人力相关的咨询服务，相关法律法规的问题咨询 • 人事信息的管理 • 人事制度和流程的风险管控，对于违反公司规定和法律法规的事件进行及时处理和处置 • 人事相关的社会舆论风险的管理与管控 ……

图3.4 基于三支柱架构模式的业务活动梳理案例

3.2.2 业务流程梳理

针对人力资源领域的相关业务流程梳理，主要是指梳理现有的人力资源业务流程，具体到每个业务流程细节，并按照业务流程层级分类。

通常，业务流程一般分为 6 个层级，从 Level 1（第 1 层）到 Level 6（第 6 层），分别对应公司级、业务级、部门级、岗位级、活动级、任务级，如图 3.5 所示。

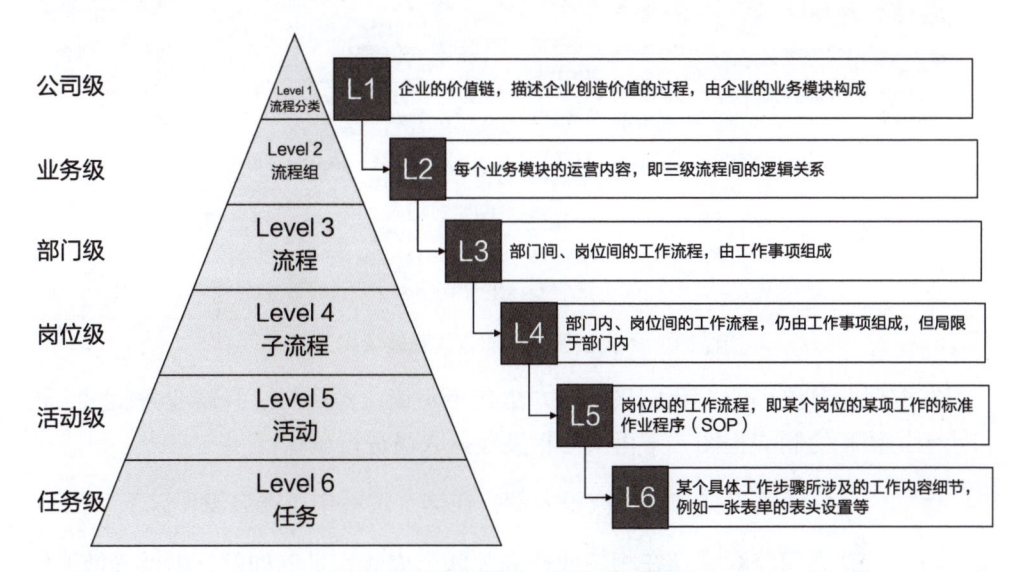

层级	流程层	说明
公司级	Level 1 流程分类 L1	企业的价值链，描述企业创造价值的过程，由企业的业务模块构成
业务级	Level 2 流程组 L2	每个业务模块的运营内容，即三级流程间的逻辑关系
部门级	Level 3 流程 L3	部门间、岗位间的工作流程，由工作事项组成
岗位级	Level 4 子流程 L4	部门内、岗位间的工作流程，仍由工作事项组成，但局限于部门内
活动级	Level 5 活动 L5	岗位内的工作流程，即某个岗位的某项工作的标准作业程序（SOP）
任务级	Level 6 任务 L6	某个具体工作步骤所涉及的工作内容细节，例如一张表单的表头设置等

图 3.5 业务流程的 6 层分类示意图

不同企业中的业务流程基于业务活动和业务执行方式的不同而不同，没有标准和统一的规范。在进行业务流程梳理的过程中，我们需要对现有业务流程的执行方式进行体系化的梳理，不需要考虑优化业务流程，也不需要考虑再造业务流程，只需要按照实际执行方式进行梳理即可。具体的业务流程优化和数字化再造是下一步的工作内容。

通过精准识别并深入剖析人力资源管理部门的核心流程，并对相关的业务活动数据进行系统的收集与细致的分类，我们能够对人力资源管理部门当前状况有更为全面而深刻的理解。进一步地，通过精心提炼与合理规划，构建出基于三支柱架构模式的人力资源业务流程清单，并明确各支柱之间的业务流程边界，我们可以为即将开展的流程优化或数字化再造设计工作奠定坚实的基础，并为其提供宝贵的参考依据。

图 3.6 仅展示了蒙牛人力资源业务流程的整体架构（从 Level 1 到 Level 3），更加详尽的流程细节不再展示，关于从 Level 4 到 Level 6 的流程，各个企业可以根据自身的情况，进行更加详尽的梳理。

L1	人力资源管理									
L2	组织管理(4)	岗位管理(5)	招聘管理(12)	培训管理(7)	绩效激励(11)	薪酬福利(10)	社保管理(24)	人事管理(14)	员工关系(6)	时间管理(4)
L3	集团一级组织架构调整	岗位体系优化管理	年度招聘计划制订	年度培训计划制订	绩效管理制度修订	人工成本预算制定	五险一金基数确定调整	因工死亡待遇申领	入职管理	劳动合同签订	考勤管理
	集团二级组织架构调整（根据一级组织架构变化调整）	岗位设立	招聘计划变更管理	培训计划变更	激励方案制定调整与实施	人工成本监控	五险一金增减员	生育流产医疗报销	提前转正	劳动合同续签	加班管理
		岗位价值评估	校园招聘	培训实施管理	组织绩效目标制定	参与外部薪酬调研	五险一金缴费现金催收	生育津贴申领	试用期/考核期转正	劳动合同变更	休假管理
	集团二级组织架构调整	人员与岗位匹配	社会招聘	培训注册管理	组织绩效调整	薪酬福利政策制定调整	社保计提	医保跨省异地就医提前备案	员工内部调动	劳动合同解除/终止	销假管理
	集团三级及以下组织架构调整	定编管理	内部招聘	培训课程管理	组织绩效等级评认及反馈辅导	差异化调薪	社保相关证付申领发放	员工福利申请及核算	轮岗管理	劳动争议处理	
			内部推荐	内训讲师管理	员工绩效目标制定	五险一金转移办理	工作居住证办理	职级晋升	被动离职	员工有效性调研	
			猎头招聘	培训评估管理	员工绩效辅导	薪酬核算及支付	医保（慢性病）手工报销	退休人员社保办理	主动离职		
			招聘渠道拓展		员工绩效等级评价	薪资异常处理	大额医疗报销	参保个人信息变更	离职手续办理		
			招聘渠道维护		员工绩效结果反馈	失业保险金申领	公积金支取	退休管理		
			招聘效果评估		员工绩效申诉	所得税申报	工伤认定	商业保险	退休返聘管理		
			面试官管理（暂无）		评优管理	非现金福利发放	工伤鉴定	支付一次性伤残医疗补助金	标准人事证明管理		
			人才库管理（暂无）				工伤医药费手工报销（住院伙食补助）	支付一次性伤残就业补助金	特殊人事证明管理		
									实习生日常管理		

图 3.6　人力资源业务流程的整体架构示例

在梳理业务流程时，我们采用的方法包括研读业务资料、开展业务调研、进行小组访谈和绘制流程图，并再次与相关业务人员进行确认。

比如，以梳理员工被动离职流程为例，在这个过程中可能会发现以下问题。

（1）被动离职流程中存在相关业务未关联、重复审批的问题，以及等待时间过长。

（2）缺少业务操作动作及顺序，规则不清晰、无标准，各部门各自为政。

（3）存在大量线下操作，效率低、体验差、成本高。

（4）流程管理未形成闭环。

（5）跨部门业务及系统未有效打通等。

在企业未经梳理的流程中通常都会存在上述某个或某些问题。当发现问题后，首先要明确流程责任人，即流程发起人，同时要明确流程设计组织、成员、职责分工，以及问题处理机制。在明确分工主体之后，要针对现有制度、政策及操作方式进行梳理，分析造成流程问题的根本原因是制度不清晰还是职责分工不明确，而后再对业务、职责及系统进行多维度的梳理。

业务流程梳理一般需要实现以下效果。

- 从业务规则层面看，实现规则清晰、制度明确，让流程有依据。
- 从流程本身层面看，实现流程节点的明确和精简，保留必要的审批角色和环节。
- 从系统开发层面看，实现多系统打通，以及字段全面，形成清晰的系统字段、业务环节。
- 从风险层面看，实现风险合理告知、红线强行规避等效果。

以员工被动离职流程梳理为例，在进行流程梳理前，员工被动离职流程为单一流程，首先需在线下告知工会开始审批动作，审批完成后仍然需要在线下签署表单、手动发起离职补偿金支付（伴随着在线下人工核算补偿金金额及个人所得税金额）。若需启动竞业限制，则还需人工启动竞业限制流程。

从以上案例可以看到，在相对复杂的情况下，一个员工被动离职流程，可分为 4 个单独的流程，且需要有经验的 HRBP 进行操作，否则可能遗漏某些环节，导致风险加大。在经过对员工被动离职流程的梳理和优化之后，可以将所有可能存在的情况纳入一个流程中。

- 根据所选的员工离职分类，系统会自动判断是否告知工会，并通过设置审批节点取得审批。
- 根据是否勾选启动竞业限制选项，系统自动留存竞业限制协议和内容要求，记录启动竞业限制的人员情况。
- 根据流程落地的情况，自动触发离职补偿金的支付流程，用一个流程解决需要操作多个系统的问题。
- 在流程流转的过程中，设置必要的预警提示，告知需要知晓相应情况的人员，并在页面中设置风险小贴士，以尽量避免人力资源业务流程中的风险。

3.2.3　业务流程的数字化再造

在人力资源数字化转型的过程中，流程建设占据核心地位，而流程的端到端打通则是确保转型成功不可或缺的关键要素之一。传统的信息化建设往往侧重于满足业务的需求，在初期阶段，鲜有企业能够深刻把握业务流程的本质，且多数企业并未将流程的端到端打通视为推动数字化转型的核心驱动力。这一认识上的不足，正是导致企业数字化转型遭遇挫折或偏离正确路径的主要原因。

在企业致力于全面实现人力资源业务线上管理的过程中，如果缺乏端到端的流程打通，则其可能成为提升管理效率与实现自动化管理的关键瓶颈。

常见的现象是，人力资源管理部门往往过于关注系统功能，而忽视了对业务流程本身的优化。在推动企业数字化转型的过程中，理想的路径应是首先进行业务模式的革新或操作规则的调整，继而进行流程的再造、重构或优化。然而，在现实中，许多企业在推进数字化转型时，并未充分认识到流程的核心价值，错误地将数字化转型视作简单的系统新建、重构或修补。此外，这些企业通常将数字化转型的主导权交予 IT 部门，寄希望于其为业务部门提供全面规划与设想，却忽视了业务部门（如人力资源管理部门）在各自领域的数字化转型中所应发挥的领导作用。这导致了 IT 部门在缺乏深刻理解业务需求的情况下，设计出与业务实际情况不符的流程，在系统上线后才发现功能不匹配，难以支持业务运营。这正是许多企业在数字化转型过程中遭遇挫折的根本原因：直到出现问题后才意识到流程优化的重要性，然后投入资源进行梳理与优化，从而造成资源的重复配置与人力成本的浪费。

根据对流程现状的调研，对流程进行详细的诊断与分析，并以此结果为基础，与管理层和人力资源管理部门的相关人员进行访谈，确立业务流程优化的整体方向和关键点，给出流程优化或再造清单，以及新的流程再造方案，是人力资源数字化转型的基础工作，也是必备的前序工作。基于蒙牛的实践经验，笔者总结出了以下几个流程优化或再造方向供读者参考。

1. 方向 1：提升用户体验

（1）以用户视角对关键业务场景进行体验式规划设计，识别流程中的关键时刻（MOT，Moment of Truth），明确关键时刻对应的互动对象、提升用户体验的关键举措等内容。

（2）引入产品思维，提供有需求、有用、易用、高效的服务。产品化服务不等于保姆式服务，要把服务对象当作朋友。

2. 方向 2：管控业务风险

（1）有效承接人力资源管控模式与权限划分的落地，不同的管控模式将直接决定业务流程的设计，包括设置流程主要负责人、参与角色、流程节点、审批权限等。

（2）对于目前大量不合规的操作，需识别风险、明晰合规要求、规范业务流程。识别业务流程中的 KCP（Key Control Point，关键控制点），并定义风险控制的关键要素。

3. 方向 3：提高运营效率

（1）通过清除、简化、整合、自动化等方式优化流程节点，并明确流程责任人。

（2）打通流程接口，进行端到端的流程设计，明确跨职能业务流程的接口。

（3）基于对各部门及各区域业务的广泛调研与讨论，以及对标外部最佳实践，平衡流程的标准化与个性化之间的关系。

（4）建立流程监控体系，明确流程的 SLA（Service Level Agreement，服务水平协议）。

4. 方向 4：技术替代人工

（1）用线上自动化操作取代线下手工操作；通过技术手段，优化或固化表单，实现关键数据的自动获取，提升流程效率，并让用户感知。

（2）引入智能终端设备，比如自助服务终端、影像设备等，提升用户体验和流程效率，并增强风险管控手段。

（3）完善数据治理职能，开展数据分析应用，推动业务持续优化。

5. 方向 5：算法替代人脑

（1）针对简单、重复、标准、确定性强的流程环节，通过研讨采用以算法替代人脑执行相关流程，减少人工的参与和干预，实现流程的自动化执行。

（2）在明确流程优化和再造的方向后，对需要进行优化和再造的流程进行优先级设定，并构建流程优化清单。流程建设要聚焦于覆盖核心业务的流程，特别是关系战略、影响业绩、发生频率高、使用范围广、作为核心业务流转枢纽的流程，应优先建设。

在梳理流程优化和再造清单时，要考虑如下几个基本原则。

全面化：在梳理流程优化和再造清单的过程中，要对端到端的业务场景实现全覆盖，从整个业务链条的视角进行考虑，与业务流程或者业务场景进行联动，尤其要对跨职能、跨部门、跨流程环节、跨业务场景和跨业务系统的流程进行梳理，确保流程优化或再造不是单点式的、局部的，还要考虑上下游环节及相关环节的联动性。

比如，对于员工转岗流程的优化或者再造，要与员工转岗之后涉及的绩效考核体系、薪级薪酬体系、薪酬统计主体、薪酬发放主体、"五险一金"变更等联动，涉及行政门禁系统设置、员工卡更换等一系列流程。在梳理过程中，也要考虑这些联动流程的优化和再造问题。

规范化：对于流程的优化和再造，还要考虑流程的标准化和规范化，即将过去模糊的、不成文的、基于人为判断和决策的相关流程进行标准化和规范化改造，建立相关的规则和机制，减少"暗箱流程"的存在。对于符合业务逻辑和规则的流程，则由系统自动实现流程简化。

比如，当员工需要开具在职证明、收入证明或居住证明时，只要该员工处于在职状态，可以从企业获取收入并由企业发放薪资，或由企业提供宿舍或居住房屋，那么这些证明的开具就不再需要经过上级领导的审批或签字。因为在职员工本身即享有获取此类证明的权利，而企业则有开具相应证明的义务。此过程无须依赖某个上级领导的主观判断或同意，更无须涉及任何人为操作、干预或不合规行为，从而有效防止了可能的造假行为。

合规化：流程的优化和再造需严格遵循国家的法律法规、企业内部规章制度以及基本的常识和逻辑，以避免不合规的操作和流程，消除违法违规的流程。

在某些业务流程中，必须要避免人为因素引发的不合规情况。比如，员工开具收入证明应实现线上化、数智化操作，不能由人工统计数据、打印表格及盖章，从而避免流程中出现舞弊行为。

明确化：对业务规则要进行详尽的论证，确保业务规则明确，尽可能取消那些模糊的、不成文的、基于人力判断和决策的流程环节。

比如，企业规定着装不整者不能进入办公区域，或者出席正式场合时必须着正装，这些规定都是不够清晰、不够明确的。在企业中需要明确规定什么样的着装属于"着装不整"，需要明确什么场合是"正式场合"，着装要求是什么，并给出案例图片等。

基于以上 4 个基本原则，在企业内部要针对每个业务活动、每个业务流程、每个流程环节进行详细的探讨和论证，并结合业务人员的意见和建议，构建一个流程优化的清单和具体流程优化或者再造的方案。图 3.7 所示为流程优化或再造的清单案例。

序号	流程名称	主要优化方向				
		用户体验	高效运营	技术驱动	风险管控	规范化
1	招聘有效性（效果）评估流程					√
2	入职管理（线上）流程	√	√	√	√	√
3	入职管理（线下）流程	√	√		√	√
4	劳动合同/劳务协议续签流程	√	√	√	√	
5	劳动合同变更流程	√	√	√	√	
6	试用期/考核期转正流程	√		√		
7	员工内部调动（公司内部门间）流程	√		√		√
8	退休管理流程	√		√		
9	手续办理流程（离职手续办理）			√	√	√
10	手续办理流程（调动手续办理）			√		

图 3.7 流程优化或再造的清单案例

基于图 3.7 所示的 5 个优化方向，企业可以利用流程数字化再造的相关方法，比如 ECRS（消除、合并、重组、简化）方法，对每个业务流程都进行详尽的审视和重构，并借助技术团队的经验和视角，推进流程数字化再造。限于图书结构，这里简化了相关方法的讲解、案例介绍及实际操作描述。

本章仅从数字化转型架构和相关举措的角度简单介绍。

3.3 数据算法转型架构体系

基于新的业务架构和流程优化及再造，企业需要梳理数据需求，以及数据采集方式和方法，确定数据埋点，进而构建数据架构体系。图 3.8 为数据架构体系构建思路示意图。

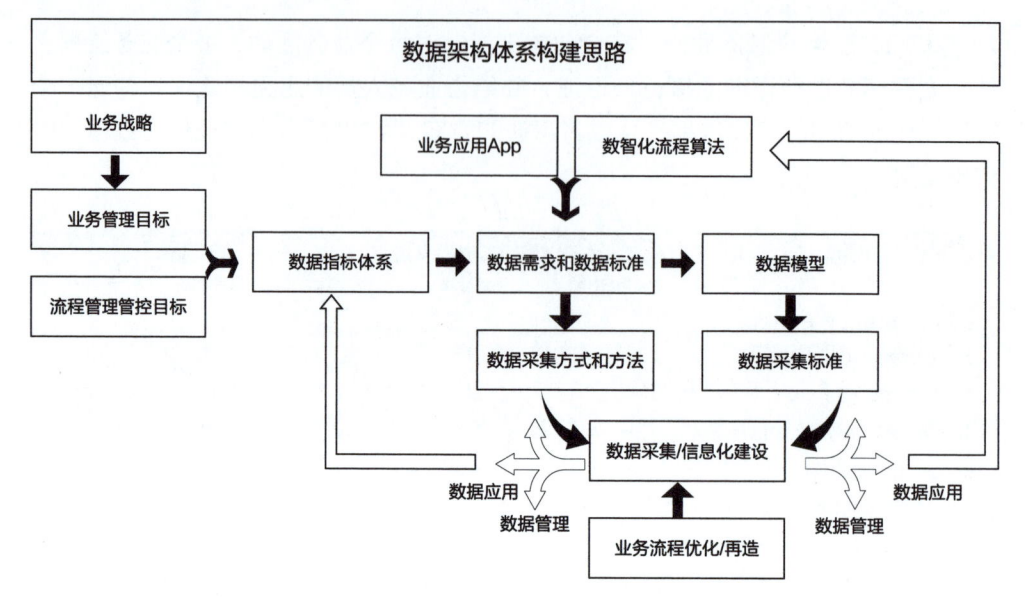

图 3.8 数据架构体系构建思路示意图

对于数字化流程再造后需要实现数智化决策的环节，还要梳理业务逻辑和数据逻辑，构建算法逻辑，设计算法模型，以实现流程的数智化决策，具体介绍如下。

1. 从业务管理和流程管理所需的数据指标出发梳理管理数据需求

这需要从企业业务战略和目标管理体系出发，梳理业务管理的数据指标体系。所谓的数据指标，就是表征业务活动和业务成果的指标数据。

首先企业要根据业务管理需求来梳理数据指标，从而明确计算这些数据指标需要什么数据，提出基于业务管理的数据需求。

然后从流程管理和监控需求出发，梳理对应过程的数据指标体系，并基于这些数据指标的计算需求，明确所需数据，从而提出基于流程管理的数据需求。

2. 从业务应用、数智化算法模型及 RPA 程序开发所需的数据出发梳理应用数据需求

业务应用、数智化算法模型、RPA 程序开发都需要数据，基于这 3 类应用提出的数据需求，这里将其归为应用数据需求。

应用数据需求可能不同于业务管理和流程管理提出的数据需求，也可能与业务管理和流程管理所需要的数据相同，总体来说，应用数据需求是这两类数据需求的交集。

3. 从数据需求出发梳理数据标准和规范，并明确数据采集点、数据采集方式和方法，以及数据采集标准

基于业务管理和流程管理的数据指标的计算需求，企业要从技术角度提出数据标准和规范，并结合业务应用数据需求和算法数据需求制定对应的数据标准和规范。最终制定的数据标准和规范要满足这两类需求，并以最高标准和最严格的规范为准。

基于数据需求和标准，企业要从技术角度构建数据模型，从而制定数据采集的标准和规范，确保在业务信息系统或者数据采集点采集的数据能够满足前述两类需求。企业还要结合优化或者再造后的流程，梳理数据采集的路径和方法，尽可能采用自动智能设备采集，减少人工采集和填报。

4. 数据资产管理体系架构建议采用"数据集中化"管理模式

传统企业经过信息化建设后生成的数据资产，基本都被留存在业务信息系统中。业务部门在使用数据时，需到系统中查询报表并导出到 Excel 中进行加工处理和分析。无论是原始数据，还是应用数据、报表数据或指标数据，大多都被散乱存放在各个业务系统和个人电脑中，这增加了数据资产管理的复杂度和难度。

企业通过构建数据资产管理平台，可以对数据资产进行集中化管理。这样在业务系统产生数据之后就可以将其同步到数据资产管理平台中，进行集中化管理。在这个平台上可以对数据进行规范化加工、整合，将数据加工处理成报表数据、指标数据，然后根据授权规则，授权相关业务、岗位或者人员使用。

将数据资产集中化管理的好处有很多，其中关键的有 6 个方面，如图 3.9 所示。具体介绍如下。

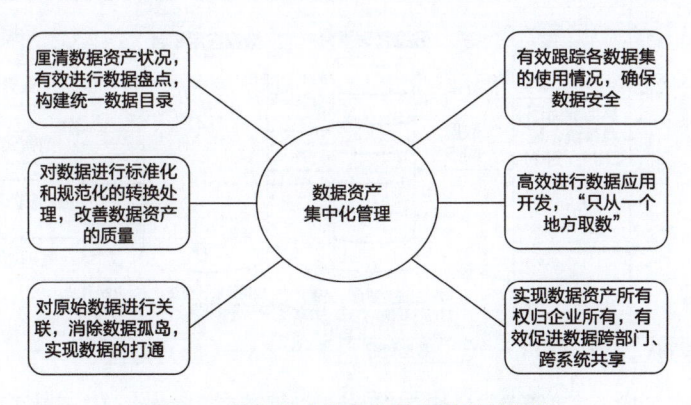

图 3.9 数据资产集中化管理的关键好处

（1）可以厘清数据资产状况，有效进行数据盘点和数据质量评估，通过构建统一的数据目录，便于用户查数、找数、用数。

（2）可以在集中的管理平台上对原始数据进行处理和加工，进行标准化和规范化的转换处理，改善数据资产的质量，便于业务使用。

（3）可以在集中的管理平台上关联原始数据，消除数据孤岛，实现数据的打通，并将多系统数据加工成便于使用的各种报表、宽表等。

（4）可以在集中的管理平台上有效跟踪各数据集的使用情况：一方面可以评估数据的使用率与价值；另一方面可以跟踪数据查询、导出等行为，有效确保数据安全。另外，对数据进行有效授权，可以防止越权使用数据与泄密。

（5）在开发数据应用，或者业务部门使用数据时，都从一个地方取数，即只从集中的管理平台上取数。这样可以提升应用开发效率及用户找数、用数的效率，减少因跨业务系统取数导致的应用或算法不稳定的情况。

（6）在数据资产被集中化管理之后，数据资产所有权由"部门所有"转变为"企业所有"，避免因为"部门墙"带来的数据分享、共享障碍，从而在管理上消除数据孤岛。

5. 数据资产管理体系架构建议采用"采管用"分离模式

对于整个数据资产管理体系，建议尽可能采用"采管用"分离的模式进行系统化架构。这有助于避免数据散乱、减少在管理上的投入、降低数据整合和关联的难度，提高数据"采管用"的整体效率，如图 3.10 所示。

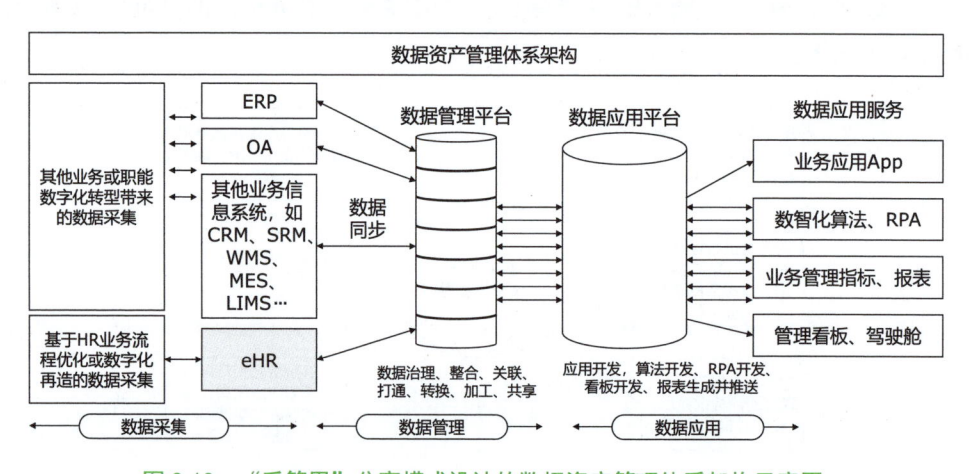

图 3.10 "采管用"分离模式设计的数据资产管理体系架构示意图

好多企业在数字化转型的初期，系统中的数据比较混乱，在针对员工数据进行统计汇总和分析、设计数字化流程及算法时，需要从各个系统中获取数据。由于历史数据标准不一致、不规范，导致算法经常报错。当企业要开发一个算法或者一个应用时，经常需要花费大量的时间"找数""对数""连数"，影响了应用和算法的稳定性。

3.4 技术应用转型架构体系

技术应用的架构比较复杂，不一而足，不同的业务场景，采用不同的软硬件，所需要的技术架构会有所不同；不同的生产经营模式，所需要的技术架构也会有所不同。零售、电商、大规模智能制造等企业，在数据相关技术的选择上各有侧重。即使是同样的人力资源管理业务，因为企业在前期信息化建设中选择的系统不同，其技术架构和选型也会有所不同。比如办公系统，有的企业使用阿里巴巴的钉钉平台，有的企业使用腾讯的企业微信平台，有的企业使用字节跳动的飞书平台，有的企业使用微软的 Teams 平台等，不一而足。

企业在进行技术架构和技术选型时，有以下几个基本原则需要考虑。

1. 一致性原则

在选择各种硬件和软件系统时，要尽可能选择同类的技术。比如，在服务器的选择上，有的系统使用的是 Windows Server+SQL Server，那么新的业务系统也最好采用这种服务器；避免一些系统使用的是 Windows 系列的，一些系统使用的是 Linux 系列的，导致企业在服务器运维上必须配备两个团队。

2. 集中化原则

对于集团型企业，各个子公司要尽可能选择同一技术，在同一平台上采集数据、管理数据、开发应用，以利于集中化管理、技术经验共享及样板工程复制。

3. 独立性原则

对于企业的数据资产管理体系架构，建议采用"采管用"分离模式。在技术上，建议负责采集数据的业务信息系统、负责管理数据的数据资产管理平台，以及负责使用数据和开发应用的数据应用平台相互独立，不要在采集数据的业务系统中开发应用，这会提高应用管理的复杂度和烦琐度。比如，虽然 ERP 系统中有数据可视化和数据看板呈现的功能，但是不建议在 ERP 系统中直接开发数据看板，还是到数据应用平台或数据资产管理平台开发相关的数据看板。

  人力资源数字化转型是企业数字化转型整体战略框架下的一部分，所以，在技术架构方面，要与企业的技术架构相统一。比如，企业在业务数字化转型方案中已经有了数据资产管理平台和数据应用平台（有些企业将这两个平台统一为"数据中台"），这时就没有必要，也不应该为人力资源数字化转型单独建立数据资产管理平台和数据应用平台，只需要在企业统一的数据资产管理平台和数据应用平台，或者数据中台中进行应用开发和实施落地就可以了。

第 4 章

人力资源数字化之组织转型

人力资源数字化转型的规划设计始于组织架构设计。虽然三支柱架构的重构并不是所有企业必需采取的措施，但是对组织架构进行重新审视，将组织架构、组织职责、部门目标和岗位业务范围清晰化、规范化和标准化，是推动人力资源的数字化转型必需的一个步骤。哪怕有的企业在这一过程中最终决定沿用既有组织架构，不做大幅度调整，这个步骤也是非常必要的。其主要目的是为了后续的数字化转型工作可以清晰化、规范化和标准化，以避免模糊的组织架构导致出现模糊的流程和不清晰的数字化转型落地方案，包括数据方案和技术方案。

无论是采用六模块模式还是三支柱模式设置组织架构，组织转型的目标都是清晰化、规范化和标准化，为人力资源的数字化转型构建清晰的组织架构，支撑清晰的业务架构，并在这个过程中重新审视，甚至重新定义组织的数字化转型目标，包括近期和中长期目标。

4.1 明确人力资源组织架构和职责

在推进人力资源的数字化转型时，组织的转型是第一位的，即先有组织后有流程。

目前人力资源组织存在两种组织架构模式：六模块模式和三支柱模式。

这两种模式没有孰好孰坏之分，而是与企业的规模和管理职能定位相关。规模较小的企业一般会选择六模块模式，规模较大的集团企业往往会选择三支柱模式来统筹。无论选择哪种模式，均需基于业务厘清组织架构，为数字化转型提供设计基础。

1. 六模块模式下的组织架构和职责清晰化

在六模块模式下，企业要厘清整个人力资源管理部门的组织架构和岗位职责体系，明确各子部门和岗位所承担的责任、业务范围、协作部门，以及涵盖的业务流程。一套清晰的、明确的、规范的，并切实执行的组织架构图和岗位职责说明书是非常重要的。

其实，在大多数企业中，这套清晰的、明确的、规范的，并切实执行的组织架构图和岗位职责说明书并不是完善的，在制定人力资源的数字化转型方案之前，企业有必要对其进行重新审视，并判断其是否足够清晰化、规范化，是否存在纸质文档中的内容与实际业务执行存在差异的地方，是否存在模糊的地带，是否有业务流程断层的地方，是否有"一般来讲""约定俗成""临时指派""能者多劳""谁闲谁干"等表述模糊不清的地方。

对组织架构、岗位职责和业务流程进行系统的梳理，能够为企业后续的数字化转型方案设计提供一个框架性的结构，从而让企业能够清楚地规划和设计过去实际业务中的模糊之处，然后站在更宏观的维度看人力资源管理相关的工作。图4.1 所示为组织与业务之间的关系梳理案例图。

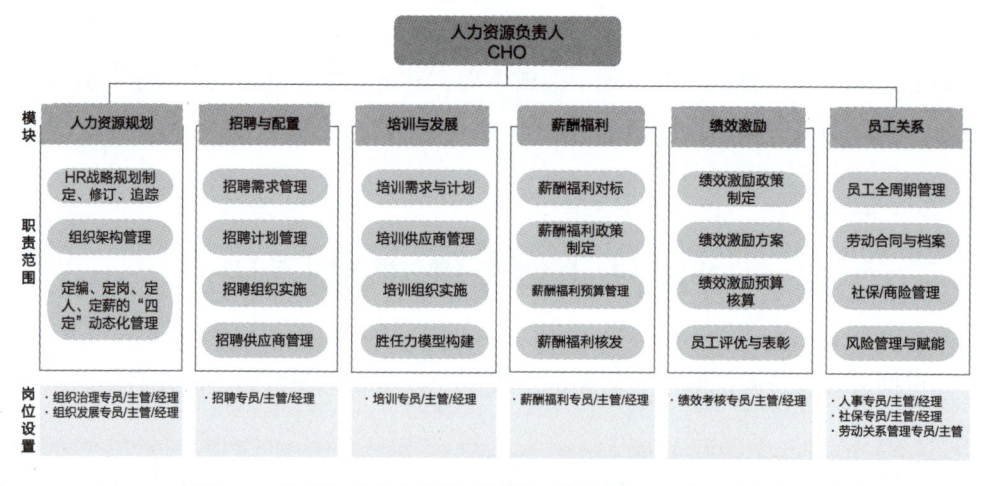

模块	人力资源规划	招聘与配置	培训与发展	薪酬福利	绩效激励	员工关系
职责范围	HR战略规划制定、修订、追踪	招聘需求管理	培训需求与计划	薪酬福利对标	绩效激励政策制定	员工全周期管理
	组织架构管理	招聘计划管理	培训供应商管理	薪酬福利政策制定	绩效激励方案	劳动合同与档案
	定编、定岗、定人、定薪的"四定"动态化管理	招聘组织实施	培训组织实施	薪酬福利预算核算	绩效激励预算核算	社保/商险管理
		招聘供应商管理	胜任力模型构建	薪酬福利核发	员工评优与表彰	风险管理与赋能
岗位设置	·组织治理专员/主管/经理 ·组织发展专员/主管/经理	·招聘专员/主管/经理	·培训专员/主管/经理	·薪酬福利专员/主管/经理	·绩效考核专员/主管/经理	·人事专员/主管/经理 ·社保专员/主管/经理 ·劳动关系管理专员/主管

上级：人力资源负责人 CHO

图 4.1 组织与业务之间的关系梳理案例图（六模块模式）

2. 三支柱模式下的组织架构和职责明确化

对于采用或计划采用三支柱模式的企业，需要明确该模式下的组织、部门、岗位职责与业务范围，以便为数字化转型方案设计提供清晰的架构。如图 4.2 所示为三支柱模式下组织架构和业务活动清晰化梳理案例图。

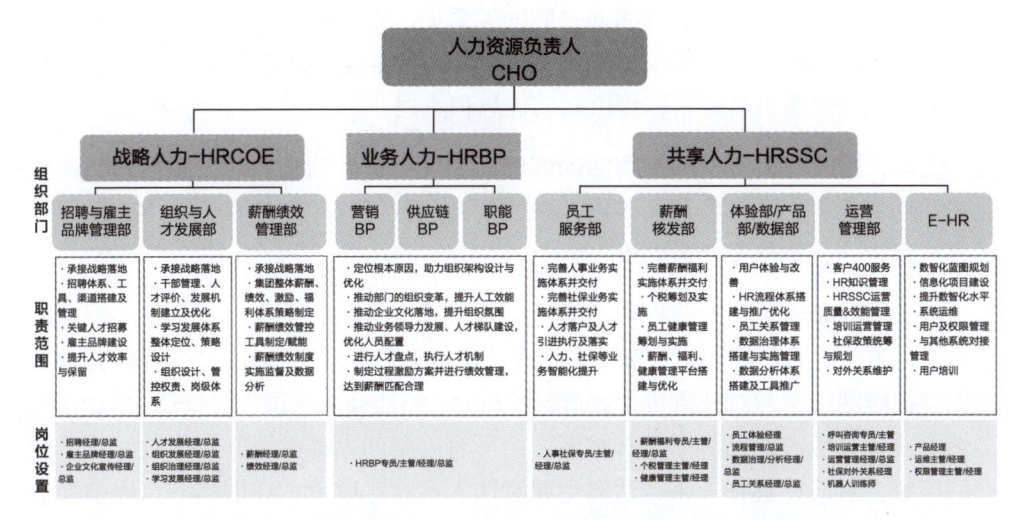

	战略人力-HRCOE			业务人力-HRBP			共享人力-HRSSC			
组织部门	招聘与雇主品牌管理部	组织与人才发展部	薪酬绩效管理部	营销BP	供应链BP	职能BP	员工服务部	薪酬核发部	体验部/产品部/数据部	运营管理部	E-HR
职责范围	·承接战略落地·招聘体系、工具、渠道搭建及管理·关键人才招募·雇主品牌建设·提升人才效率与保留	·承接战略落地·干部管理、人才评价、发展体系制定立及优化·学习发展体系整体定位、策略设计·组织设计、管控权责、岗级体系	·承接战略落地·集团整体薪酬、绩效、激励、福利体系策略制定·薪酬绩效管控工具规划/赋能·薪酬绩效制度实施监督及数据分析	·定位根本原因，助力组织设计与优化·推动部门的组织变革，提升人工效能·推动企业文化落地，提升组织氛围·推业务领导力发展、人才梯队建设，优化人员配置·进行人才盘点，执行人才机制·制定过程监控并进行绩效管理，达到薪酬匹配合理			·完善人事业务实施体系并交付·完善社保业务实施体系并交付·人才落户及人才引进执行及落实·人力、社保专业务智能化提升	·完善薪酬福利实施体系并交付·个税筹划及实施·员工健康管理筹划与实施·薪酬、福利、健康管理平台搭建与优化	·用户体验改善·HR知识管理·HR流程体系搭建推广优化·员工关系管理·数据治理体系搭建与实施管理·社保政策统筹与规划·对外关系维护	·客户400服务·HRSSC运营质量&效能管理·培训运营管理·社保政策稳筹与规划·用户培训	·数智化蓝图规划·信息化项目建设·提升数智化水平·系统运维·用户与权限管理·与其他系统对接管理·用户培训
岗位设置	·招聘经理/总监·雇主品牌经理/总监·企业文化宣传经理/总监	·人才发展经理/总监·组织治理经理/总监·学习发展经理/总监	·薪酬经理/总监·绩效经理/总监	HRBP专员/主管/经理/总监			·人事社保专员/主管/经理/总监	·薪酬福利专员/主管/经理/总监·个税筹划主管/经理/总监·健康管理主管/经理/总监	·员工体验经理·流程管理经理·数据治理/分析经理/总监·员工关系经理	·呼叫咨询专员/主管·培训运营主管/经理·运营管理主管/经理·社保政策经理·权限管理主管/经理·机器人训练师	·产品经理·运维经理·权限主管/经理

图 4.2　三支柱模式下组织架构和业务活动清晰化梳理案例图

在人力资源管理中，关于特定业务应归属于业务人力（HRBP）还是共享人力（HRSSC）的问题，不同企业应基于管理效率与有效性考量，灵活调整并设计最优方案。以蒙牛为例，在构建三支柱模式的组织架构时，面对员工关系管理归属的抉择，团队内部曾存在分歧。经过深入的流程研讨与权责划分工作坊讨论，团队达成共识：涉及员工与业务层面的处理，应由 HRBP 负责；而针对与地方政府交互的业务，如保险报销及日常业务对接等，则更适宜由 HRSSC 承担，以确保运营效率与资源配置的合理性。

上述针对六模块模式与三支柱模式下的组织架构、职责与岗位配置的案例，仅为示意之用。在实际操作中，不同企业、业务、管理模式及企业文化背景下，相关内容将有所差异。在此环节中，企业需深入审视人力资源管理领域的组织架构与岗位职责，确保业务架构的清晰性，从而避免在后续人力资源相关业务的数字化再造过程中出现模糊不清的情况。

4.2 明确人力资源组织目标和价值创造

在梳理了组织架构和业务活动之间的关系后，企业还需要明确人力资源管理系统下各个组织模块、岗位及业务活动的目标，明确这些业务活动所创造的价值，从而为企业制定业务转型目标提供基础信息和数据。

比如，招聘专员负责的招聘活动或培训经理负责的培训活动，应该先明确其业务活动目标、创造的价值及维度，从而为企业数字化转型方案设计中的目标设计、流程设计、数据设计提供指引。

对于招聘专员所负责的招聘活动，其组织目标可以局限于为业务部门招聘合适人才，满足业务部门的用人需要。企业还可以针对该业务活动提出更高的要求，比如将招聘活动作为对外宣传企业形象的机会，给社会公众留下更好的企业形象，塑造企业优秀雇主的品牌形象；或者，给所有应聘的人提供更好的体验，留下更好的印象，从而让其在未来合适时更愿意加入企业；或者，在招聘的过程中维护好招聘渠道与供应商的关系，从而让供应商更愿意为企业优先推荐优秀人才，为企业提供更好的招聘服务，帮助企业塑造最佳雇主形象，等等。

图 4.3 所示为从组织岗位和业务活动梳理组织目标和业务价值的案例。

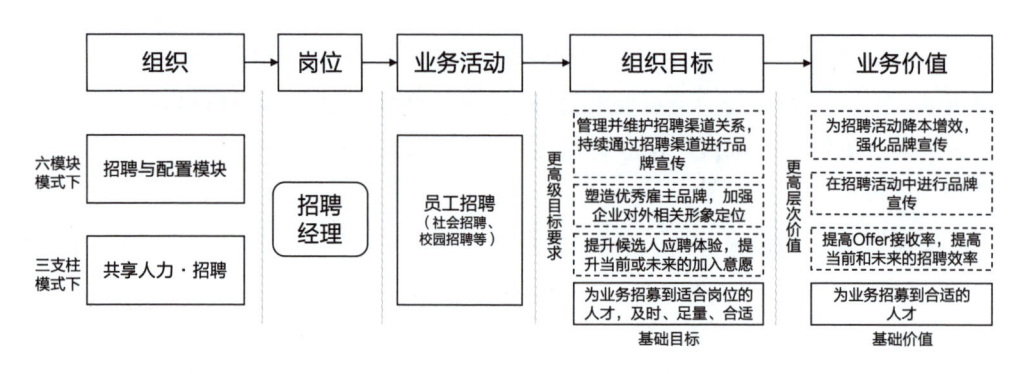

图 4.3 从组织岗位和业务活动梳理组织目标和业务价值的案例

对于同样的业务活动，组织目标和业务价值的不同会导致在设计数字化业务流程时需要考量的因素也不同。

- 如果企业的招聘活动仅仅是为了实现基础的组织目标，其业务价值设定是实现基础价值，即只要满足业务部门的用人需求即可，那么企业在招聘流程的数字化转型设计时，就只需要考虑招聘的几个基本环节。
- 如果企业有更高的组织目标和业务价值设定，那么在招聘流程中进行数字化转型场景设计时，需考虑更多的流程细节，并采集流程细节、组织品牌宣传和候选人体验相关数据，通过采集的数据对相关触点进行数字化的体验设计等。

针对人力资源管理系统下的所有组织、岗位和业务活动，企业都应该重新梳理，让组织目标和业务价值创造清晰化，从而在设计数字化转型方案时，能够更好地满足组织目标和业务价值创造，并用数据化的方式测量或者度量组织目标的达成和业务价值的创造，对整个业务活动进行基于数据的诊断、分析和优化，同时实现精细化、实时动态的监控和敏捷管理。

在梳理组织目标和业务价值创造的过程中，企业没有必要对所有的岗位职责和业务活动的目标都进行提升，因为组织目标越高，对业务价值创造的要求越多，对岗位人员和业务流程的要求就会发生变化，出现现有的组织无法支撑、现有的岗位配置无法胜任的问题。

例如，对于负责接听 400 服务热线的呼叫咨询专员，如果企业将此岗位的职责升级为接听电话、处理疑难投诉、持续沉淀知识库、训练 AI 智能客服等多维度内容，则需要在员工薪酬配置和能力筛选上都有一定的提高。但在实际操作中可能存在诸多问题，如高水平员工厌烦日常的接听电话工作，导致员工流失，或较低水平员工在高难度的 AI 智能客服训练工作中较为吃力或产出成果不理想。

因此，组织对岗位设置的目标应当清晰明确，明确每个岗位在组织运作中的作用、如何最大化岗位价值，以及如何实现高性价比的人员配置。在这个环节梳理的组织目标和业务价值是指引后期业务流程数字化设计的关键，梳理得越清晰，对后期的企业设计数字化转型方案的指导意义越大。

比如，在上述的设置 400 服务热线的呼叫咨询专员的例子中，该部门应当明确呼叫咨询专员的岗位职责：主要负责接听电话、反馈问题，持续提升知识库的运作效率，同时还应当额外配置 AI 智能客服训练师，以及兼顾出具 400 服务热线的自动化应用解决方案；如果 400 服务热线整体业务量较大，则还可区分一线接线人员和二线知识库沉淀人员，通过明确的分工定位和业务设计，实现组织的多维发展。当设置不同层级岗位时，将出现岗位间的协作关系、业务及信息的传递流程。

例如，对于招聘专员岗位，如果薪酬水平是 3000~5000 元/月，则其能力可能只满足基础目标，创造基础业务价值。如果在招聘时（无论是校园招聘，还是社会招聘），将这个岗位的人才能力要求提高为有设计流程能力，以体现企业品牌形象、传递企业价值观，那么此岗位的薪酬水平肯定也会更高。

同时，对组织目标与业务价值的系统梳理，将深刻影响后续组织业务范畴的界定，以及组织间协作关系与流程环节的构建。具体而言，若组织目标中明确包含品牌宣传的要素，在校园招聘等活动中，企业应确保人力资源管理部门与营销部门紧密协作，以确保品牌宣传的内容、资料、符号、产品与服务展示等与营销部门的策略和行动保持一致。这种协作关系的形成，正是基于组织目标与业务价值需求的差异，进而催生出新的协作模式与流程。

为确保企业对外形象、符号、宣传语、内容及品牌宣传资料的高度一致性，与营销部门的协作尤为关键。必须避免人力资源管理部门与营销部门在品牌宣传形象上产生分歧，明确各自在对外宣传资料内容上的责任归属。此外，还需详尽规划各项物料准备的时间节点、活动参与的具体安排等，这一系列事项均涉及协作关系的构建与协作流程的优化。

在此环节中，项目组需特别注意，对目标与价值的适度提升仅为辅助手段，务必确保不逾越或脱离企业当前的管理水平及人员能力范畴。提出的目标要求与价值创造标准应切实可行，避免过于理想化，以免未来难以实施或因员工能力不足而引发新的转型障碍与不可达成性。

4.3 厘清人力资源组织业务范围和协作关系

在明确人力资源数字化转型的目标之前，还有一项任务就是厘清人力资源组织的业务活动范围和与相关部门间的协作关系，为后期的流程设计或者数字化流程再造提供基础信息。

1. 厘清人力资源组织业务范围

如前文所述，若企业的招聘活动中包含品牌宣传的目标，则需明确人力资源管理部门在品牌宣传中所负责的范围。特别是招聘活动中的品牌宣传活动，更要明确人力资源管理部门和营销部门各自的工作内容。比如，人力资源管理部门只负责执行，而营销部门需要负责营销活动的策划、营销活动物料的准备、营销活动物料的部署。人力资源管理部门需要在校园招聘的过程中，与学校沟通可以张贴的宣传资料、可以发布的视频内容、可以在线投放的广告等，并与营销部门协作，完成前期的准备工作；在实际的校园招聘活动中，该设计哪些环节，传播哪些内容，企业宣讲的 PPT 谁来准备，谁来宣讲，宣讲的内容注意什么……这些就是后面在企业业务流程优化或者数字化再造的过程中需要考虑的内容。流程的设计与组织间的协作关系、组织负责业务范围的定义紧密相关，不同的企业可能会有不同的设定。

2. 厘清组织间协作关系

同样，在招聘活动中，各项职责的归属问题至关重要，如：谁来准备招聘岗位的 JD（Job Description，岗位说明书）？谁来准备发布在招聘网站上的宣传语和广告内容？谁发布招聘广告？谁收取简历？谁初步筛选简历？谁负责最终确认候选人简历？谁组织面试？谁负责面试？谁统计分析面试结果？谁负责确定面试结果？谁通知候选人面试结果？谁起草 Offer？谁负责与候选人洽谈 Offer？谁出具 Offer？谁回答候选人关于 Offer 的疑问咨询？……这些均涉及组织间协作关系的明确化问题。只有明确了这些内容，才能更清晰地设计业务流程。在企业数字化转型的过程中，对流程的数字化再造，正是基于这种组织业务范围和相互协作关系来确定的。

协作关系，即明确谁在什么环节负责什么，这取决于组织架构设计、业务经营专业需求、业务目标设计等各种要素。同样的业务在不同的企业中可能由不同的部门或组织来完成，没有标准和统一的答案。这个环节的目的就是实现"清晰化""明确化"，从而实现规范化，为后续的数字化业务流程设计提供基本框架。

在校园招聘活动中，人力资源管理部门与营销部门各自负责什么，这是一个跨组织的流程，二者必须相互协作，才能达到校园招聘的整体业务目标，创造业务价值。

在如图 4.4 所示的案例中，我们标记虚线的部分，既可以由现在图中所示的组织来完成，也可以由另外的组织来完成，比如，由营销部门设计并印制品宣（品牌宣传）物料文件，由 HR 或营销部门负责对外宣传的专业人士宣讲公司品牌宣传 PPT。到底哪种模式最好，需要明确职责划分。只有在明确职责后，才能在后期的业务流程的数字化再造时设计出清晰的流程。

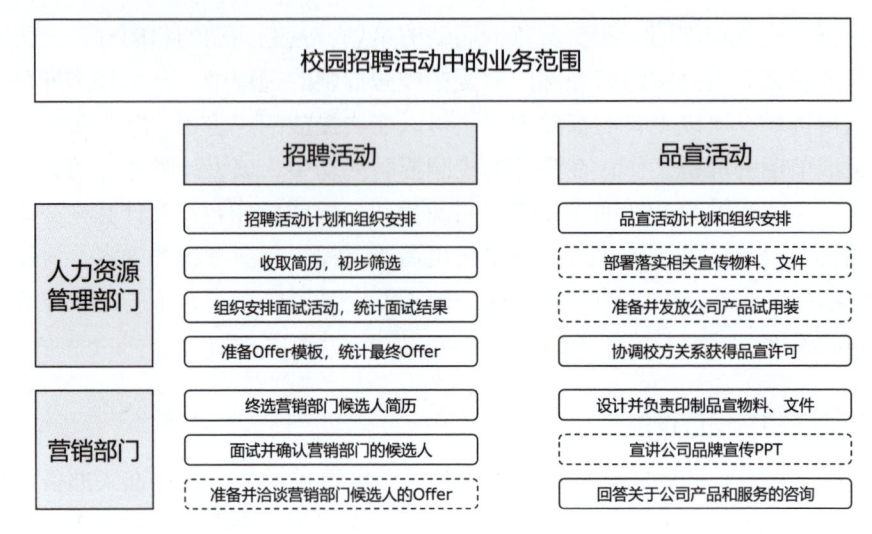

```
                    校园招聘活动中的业务范围
┌─────────────────────────────────────────────────────────┐
│                                                         │
│              ┌──招聘活动──┐         ┌──品宣活动──┐       │
│                                                         │
│  ┌─────┐     招聘活动计划和组织安排    品宣活动计划和组织安排 │
│  │人力 │     收取简历，初步筛选      部署落实相关宣传物料、文件│
│  │资源 │     组织安排面试活动，统计面试结果  准备并发放公司产品试用装│
│  │管理 │     准备Offer模板，统计最终Offer   协调校方关系获得品宣许可│
│  │部门 │                                                │
│  └─────┘                                                │
│  ┌─────┐     终选营销部门候选人简历    设计并负责印制品宣物料、文件│
│  │营销 │     面试并确认营销部门的候选人  宣讲公司品牌宣传PPT│
│  │部门 │     准备并洽谈营销部门候选人的Offer  回答关于公司产品和服务的咨询│
│  └─────┘                                                │
└─────────────────────────────────────────────────────────┘
```

图 4.4　组织业务范围和协作关系明确化案例

在传统企业中，经常会出现"谁有空谁干，谁有能力谁干，没有人干的时候，谁责任心强谁来干"的情况，也经常存在谁都不愿意干或者谁都抢着干的情况，这就是业务范围不清晰、协作关系不明确带来的管理混乱和流程模糊的问题。蒙牛在人力资源数字化转型前也存在流程、职责不清晰的情况。比如，在人事及社保业务的规则要求和设计上，在未搭建三支柱架构前，并没有明确的责任方，当存在规则和业务设计需求时，往往是谁相关谁梳理，虽然在过往中沉淀了一些规则和要求，但沿革性不强，指导方向不明确。在搭建完三支柱架构后，HRSSC 承接人事及社保工作，并提出了要明确规则设计责任人的问题，经过多方研讨和设计，确定了区分"裁判员"和"运动员"的原则，由员工服务部门负责人事及社保业务的实际操作，由运营管理部门负责人事及社保业务规则设计的部分，并与 HRCOE 协同处理，从而在业务设计的过程中提升业务的规范性，降低业务风险。目前，在这样的方式下，人事及社保业务的设计和实施更加高效和明确。

虽然职责明确了、流程清晰了，但问题又来了：蒙牛人力资源管理的业务遍布全国，而集团中负责人力资源管理业务的工作人员相对集中，从而出现频繁出差、各类费用增加、工作效率不高等耗时、耗力、耗财的问题。此时，蒙牛不成文的"补位"文化发挥了真正的"补位"作用——有需要，先补位，后优化调整。比如，校园招聘和人才引进本属于招聘部门的职责，但企业在与院校合作时，如果学校有"访企拓岗"等需要，则需要双方面对面进行深度的沟通。而蒙牛的总部在呼和浩特，负责招聘的同事分布在上海和北京。若学校要来总部进行交流，每次都由招聘的同事出差回来进行接待，则会增加沟通时间、管理成本。同时，这些工作都需要对内部企业的情况、人才空缺的情况非常了解，且与校方的沟通交流也需要具备一定的经验和专业水平，所以，需要在本地派出有经验的 HR 人员与校方沟通。蒙牛人力共享服务中心的主基地在总部呼和浩特，所以会在共享服务中心内部寻找能胜任这项工作的人。这个人可以与校方直接联系，且需对业务熟悉、沟通能力强。在梳理流程时，为了避免资源浪费，双方需进行协调，遇到有需要回总部参访的团队就由 HRSSC 中具备这样能力的人员负责沟通交流、相关事宜的对接及接待工作。

人力资源管理体系中的大量业务活动都需要与业务部门协作，在这个过程中明确各自的业务范围、专业领域和协作关系是非常重要的。例如，前文提及的招聘活动与业务人员岗位需求之间的协作，业务部门有招聘岗位和数量的需求，人力资源管理部门才会组织校园招聘，并设定招聘人员数量的标准和目标；培训活动需要结合实际业务需求和人才发展需求来组织实施；薪酬统计与业务部门的绩效考核和薪酬方案有具体的关系；员工的入职、转岗、调动、晋级、离退等都与业务部门关系紧密。

不同的企业因为业务执行方式、管理思想和理念的不同，部门间的协作关系或者不同组织间的协作方式也会有所不同，具体该由谁来做，怎么协同，会有不同的观点。但是企业需遵循一个基本原则：从专业分工、效率优化、降低成本、提升体验等角度出发，对这些存在交集和模糊地带的地方明确架构，从而实现规范化，为数字化转型场景设计和流程再造，以及实现降本增效、提升体验、模式创新构建基础规范。

4.4　厘清人力资源组织数字化转型的目标

对于每项业务活动、每个业务流程、每个组织和岗位，企业都应设定明确的目标，从而构建组织与业务的目标体系。这些目标是指导企业数字化转型的核心，也是实施业务流程数字化转型的根本原因。

人力资源数字化转型的目标是由组织目标和业务目标所决定的，在明确组织目标和业务价值的情况下，才可以明确人力资源数字化转型的目标，这些目标包括以下 5 个。

1. 第一个目标是降本增效

降本包括降低人力成本、物料成本及相关费用。要降低人力资源数字化转型中的人力成本，不仅能通过减少人力资源管理部门人员来实现，还可以通过业务流程的优化或者再造来降低相关业务部门的人力成本。如图 4.5 所示为数字化转型降本增效的相关维度。

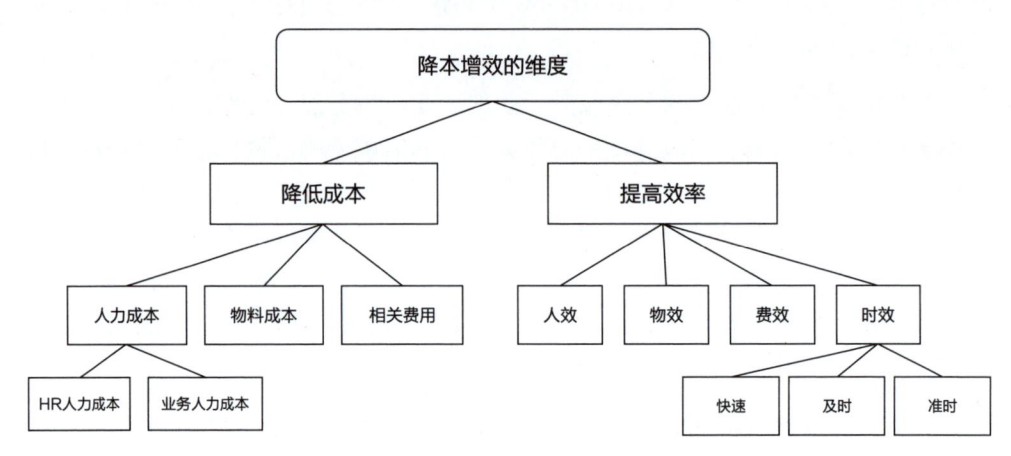

图 4.5　数字化转型降本增效的相关维度

比如，人力资源管理相关流程的线上化，不仅节省了人力资源管理部门中人事服务的人力成本，还可以降低相关业务部门中的员工执行这些事务时的成本。在第 1 章介绍过人事证明开具的业务流程数字化再造的例子：过去，员工要开具人事证明需要前往人事共享服务窗口办理，外地员工甚至需要请假到总部的人力资源管理部门去办理，耗费大量的时间和精力。经过业务流程的数字化再造后，员工即可在线上一键下载人事证明的电子版文件，节省了大量的时间，这也是人力成本降低的表现。

在提高效率方面，还要考虑人效、物效、费效、时效的提升问题。

所谓效率，就是投入与产出之间的比值，即效率=产出/投入。有人力投入的地方就涉及人效问题，有资金投入的地方就涉及费效问题，有物资投入的地方就涉及物效问题。绝大多数的业务活动或流程环节都需要花费时间，因此都会涉及时效问题。对于时效问题，从供给侧的角度来看，要求做事要迅速；但从需求侧的角度来看，速度快未必总是好的，准时和及时才是最佳的选择。这是 JIT（Just In Time，即时生产）精益管理思想的基础理论之一。

2. 第二个目标是提升体验

随着企业数字化转型步伐的加快，员工的行为习惯正经历深刻变化，对耗时费力的容忍度亦显著降低。这一现象直接关系到工作效率的高低，并深刻影响客户与员工的忠诚度，以及整体客户满意度。众多企业已深刻认识到，即便需要增加成本投入，也必须致力于为客户（包括内部客户）及内部员工提供更为卓越的体验。此举旨在促进人力效能的显著提升，并进一步提高客户满意度。客户满意度的提高将激发客户与企业深化合作的意愿，促进业绩增长，甚至可能助力企业开拓新的客户群体。同时，员工满意度的提升将直接转化为工作效率的提高与产出的增加，最终为企业带来更丰厚的收益与利润。在确立旨在提升员工与客户体验的目标时，众多团队往往涌现出丰富的想法与创意，这些思考大多源自头脑风暴的过程，聚焦于如何优化员工体验及客户体验。从更广泛且深入的视角来看，数字化手段是改善流程、重构业务场景乃至推动业务转型与变革的有效路径。具体而言，提升"体验"问题可从以下 4 个价值维度进行系统性考量，如图 4.6 所示。

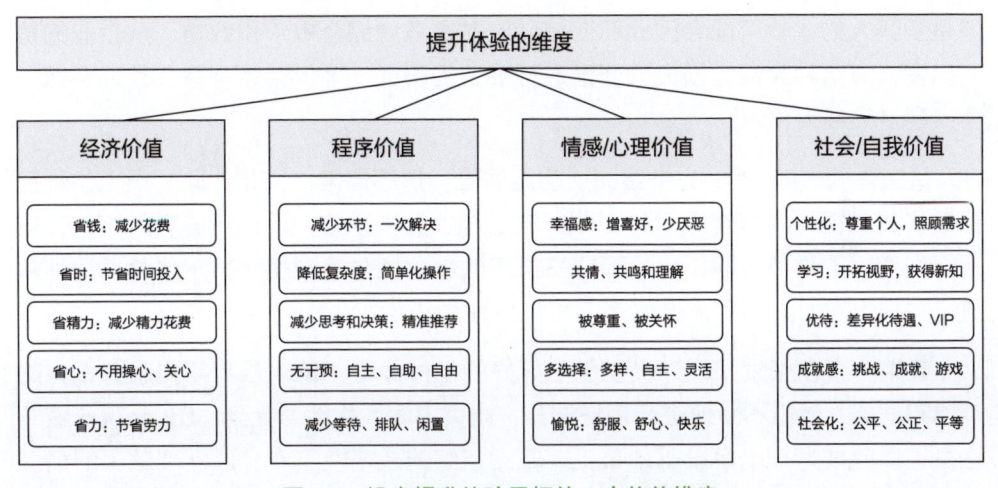

提升体验的维度			
经济价值	程序价值	情感/心理价值	社会/自我价值
省钱：减少花费	减少环节：一次解决	幸福感：增喜好，少厌恶	个性化：尊重个人，照顾需求
省时：节省时间投入	降低复杂度：简单化操作	共情、共鸣和理解	学习：开拓视野，获得新知
省精力：减少精力花费	减少思考和决策：精准推荐	被尊重、被关怀	优待：差异化待遇、VIP
省心：不用操心、关心	无干预：自主、自助、自由	多选择：多样、自主、灵活	成就感：挑战、成就、游戏
省力：节省劳力	减少等待、排队、闲置	愉悦：舒服、舒心、快乐	社会化：公平、公正、平等

图 4.6　设定提升体验目标的 4 个价值维度

怎么才算提升了体验呢？要么带来经济价值，要么带来程序价值，要么带来情感/心理价值，要么带来社会/自我价值。这 4 个价值维度有助于我们体系化地思考企业数字化转型的目标设定。

经济价值：省钱、省时、省心、省力，经济价值的变化是最直接的，也是员工感受最深的、最可见的。原来费时、费力的流程与现在的数字化流程很容易形成鲜明的对比。

程序价值：减少流程环节、减少活动数量、降低程序的专业度和复杂度，让程序或者流程变成无干预的过程，自主、自助或者自由进行，随时随地开展，减少约束，同时减少排队、等待或者控制时间，也能够让员工的真实感受到巨大的变化。

情感/心理价值：在整个过程中非常愉悦，感受到被尊重、被关怀，甚至被高层关怀，在流程上要有丰富的选择，自由度很高，可以不受他人强制，自主选择，这些都可以带来个人情感上或心理上的体验升级。

社会/自我价值：给予个性化的服务，提供基于个人的特别优待，如 VIP 服务、专案专办、特事特办等，可以让员工在办理事务和流程的过程中，感受到自己与别人不一样，比别人更优秀；在过程中开阔视野、学习新知识、了解新消息，甚至是小道消息，从而带来个性差异化的体验。当然，最基本的原则是要在保证公平公正、保持基本平等的条件下进行差异化。

以上的体验设计可能会存在目标上的冲突。例如，为了给特殊人群提供特殊待遇，可能会损害其他人的一定利益，虽然一部分人或者少部分人的体验提升了，但是多数人的体验可能会因此而变差。这时要考虑综合效率和效益，从企业的角度出发，对这种收益、损失的衡量进行细致的研究，确保整体利益、长远利益、公共利益的最大化。

员工体验一般分为 3 个层面：功能体验、情感体验、文化体验。员工体验设计是将员工视为内部客户来关心他们的工作感受和体验，设计新的服务流程，重塑组织背后的角色、职能，从而提高员工的敬业度与忠诚度。员工体验设计是从员工视角出发、具有整体全局观的旅程设计。

蒙牛一直在探索如何为员工创造更好的工作体验。蒙牛参考用户服务设计的逻辑和框架，通过不断地进行用户洞察，让员工体系化地感受到"HR 品牌价值"。让员工体验成为一个可以驱动员工、驱动组织的战略性工作，以实现蒙牛的员工体验设计目标。下面具体介绍蒙牛的人力资源服务产品。

在设计产品前，蒙牛深知不能做"自嗨"型的服务，洞察用户需求是非常关键的步骤。同时，"90 后"乃至"00 后"已经在职场中崭露头角，不同年龄段的员工在不同场景下的需求一定是不一样的，因此，蒙牛建立了用户研究矩阵，通过调研，深入到员工中，切实了解员工的需求和体验旅程，有的放矢地进行产品设计。

蒙牛采用普适性的调研方式，例如问卷调研、行业数据研究、无察觉观察等进行大范围的研究；同时，辅以有针对性的数字化调研，通过员工线上的行为表现及数据分析，发现以下用户特征。

①"60后""70后"的员工更注重情怀，更关注信息的全面性与便捷性。

②"80后"的员工会更看重仪式感，更希望增加与组织的情感连接并获得关注。

③"90后"的员工喜欢贴标签，比如自称为"设计大拿""健身达人"，更关注互动性和娱乐性。

④"00后"的员工尝试新事物的意愿强烈，悦己主义和个体意识也会更强。

因此，蒙牛的人力资源服务产品是根据不同的用户需求进行设计的，有针对性地触及员工的痛点与爽点，增强用户黏性，全方位提升员工体验。

根据调研的结论，蒙牛在产品设计环节打造了员工全生命周期体验地图，从招聘端开始一直到员工的离退，每个关键节点都通过员工的视角设计产品，在为用户提供全面、深入的服务体验的同时，也将企业的雇主品牌形象、企业文化融入其中，从而达到最佳的用户体验。

因此，在了解用户需求的基础上，蒙牛站在员工视角，把人力资源管理的服务定义成不同的产品，选择最合适的产品、服务、触点，来解决用户的痛点，触达用户爽点，并传播企业品牌。

在蒙牛，员工的职场全生命周期离不开数字技术，如面试环节，这是求职者与公司接触的第一窗口，蒙牛通过数字化技术与人性化设计让求职者对公司有良好的第一印象。例如，通过RPA和AI技术，让简历投递的流程更便捷；通过流程优化，给求职者打造良好的求职体验。

在整个应聘入职的过程中，蒙牛提供的服务包括有形的服务大厅、现场服务人员、招聘、预入职、电子签平台等，也包括无形的文化价值观和雇主品牌的传递。蒙牛不仅追求顺畅的体验，更精心设计惊喜点和记忆点。更重要的是，要让员工为能在这里上班感到骄傲，助力员工尽快融入组织，建立和团队的连接感、贡献感及事业上的成就感。

蒙牛认为，提升员工体验已经从趋势逐渐演变为基本战略，全球化的商业环境带来更加激烈的竞争，良好的体验有助于提高员工的满意度、忠诚度，吸引优质人才，这种转变使员工体验成为关键的战略要素；所以在提升员工体验的同时，蒙牛也时刻关注和探索与企业组织变革的结合方式，使两者融合，形成合力，达成企业的战略目标。

蒙牛用市场调研的方法挖掘员工体验的需求，在产品交付方面按照产品研发的思路严格要求自己。在互联网时代，物质和精神资源极大丰富，要提升员工的满意度已经不再是通过几张海报或者几段文字就可以实现的，更需要能够为员工和组织带来确定性与全面提升的举措。所以，企业对于员工体验这个岗位所需要具备的能力有着更高的要求：需要不断提升创新能力、顶层设计能力、分析能力，以及商业敏感度等；另外，产品交付团队要有针对性地满足不同用户的需求，解决痛点。这个认知使员工体验的推行和服务成为打破壁垒的关键，蒙牛不仅在人力资源内部去打通合作，还要与市场部、IT、工会、后勤等团队紧密合作，持续拉通前后台的协同和流程的优化。蒙牛通过不断地迭代和改进，让前台体验更加优化和便捷，从而得到更好的支持和保障。

战略目标可以作为指导员工体验战略决策的方向，而组织变革则有助于企业实现更完善、统一的员工体验，如打造与员工开放透明的沟通渠道，让他们了解变革的原因、目标和进程，减少不确定性给员工带来的不安。积极邀请员工参与企业的规划和决策，倾听他们的意见和建议，使他们感受到被尊重和重视，增强其对组织的认同感和责任感，这样可以更加切实地提升员工的体验。反过来，根据员工的反馈也可以不断改进变革举措，以实现更好的落地。因此，员工体验需与组织变革深度融合，如此则有助于将员工体验真正融入企业战略、业务发展与人才管理的方方面面，才能确保企业在发展进程中保持竞争优势。

总而言之，蒙牛的员工体验提升是通过将用户洞察、品牌体验和组织变革融合，并不断地优化和提升来实现的。蒙牛相信，只有让员工感受到自己的价值和成长，才能够助力企业不断地发展和进步。

3. 第三个目标是快速响应的目标设定

快速响应的目标设定可能会与提升效率中涉及的时效重复，这里更强调的是响应需求、响应变化的速度，是从整个流程环节或者业务场景的视角综合考量的。

特别是在人力共享服务中心的业务中，存在大量需要响应业务部门的事务，人力资源管理部门要站在是否可以更快地完成，或者以更快的方式来完成的视角考虑数字化的变革目标。

从完成相关事项所需要的时间维度来量化"快速响应"的目标时，需运用"重构"思维来思考,而不是仅考虑量变。比如,原来办理员工入职手续需要 1 小时,如果仅仅是取得量变,则只需要考虑是否可以用 30 分钟或者 20 分钟来完成,但要想取得质变,就要直接考虑是否在 3 分钟内来完成:人力资源管理部门事前在人力共享服务中心平台上提交工单,匹配员工的姓名、身份证号码和手机号码;员工用手机号码登录平台,完成线上签约,领取员工电子证件,自动实现入职,并发送电子版签约的劳动合同等。

要想实现快速响应业务,需要从各种事项的做法、流程上进行重构。

目标的提出是为数字化转型定义思考的高度,这个目标越有创意性、突破性,就越容易从质变的视角探索新的业务场景模式和流程组织方式。

4. 第四个目标是科学决策

在业务流程的众多环节中,决策环节占据重要地位。传统上,企业普遍依赖人工决策,这种方式不仅效率低下,耗费大量人力资源,还可能对员工体验造成负面影响,使员工感受到"求人办事"的不便。为了提升决策效率与员工满意度,企业应积极探索减少人工决策的途径,转而采用算法决策。算法决策能够基于数据分析,使决策过程更加科学、客观,从而提升决策质量。同时,在需要人工介入的决策环节,应确保决策过程有充分的数据支持,以确保决策的准确性和公正性。

企业要实现科学决策,一般有两种方法。

一种方法是建立数据驱动的人工决策机制。为了确保决策的科学性和合理性,需要确保决策者能够实时接收推送的数据信息。具体而言,当会签流程被提交至某一岗位人员进行审批时,应同时提供与审批决策相关的数据支持,以便数据能够为人员决策提供有力支撑。

另一种方法是采用数智化的自动决策方式。该方法基于业务决策逻辑模型和系统中的数据,通过数据、算法和系统的协同作用,在各个流程环节中自动完成相关决策,从而实现流程的自动化流转或工单的自动处理。

此外,关于科学决策这一目标,其难以直接通过具体的指标维度进行量化评估,而更多是从决策失误率和决策时效性这两个侧面进行间接衡量。例如,在决策岗位上,人员处理会签流程的效率显著提升,以往平均需要耗费一天的时间,而现在,在工作时段内提交的审批会签流程,通常仅需 3~5 分钟即可完成。这一变化充分表明,通过会签审批流程中推送的决策支持数据流,有效提升了决策效率。

5. 第五个目标是模式创新

模式创新，即实现既定事项的方式发生根本性的转变，具体体现为采用截然不同的理念、途径与手段来达成原有的任务或工作。在数字技术的赋能下，企业迎来了实现颠覆性创新流程的契机。环顾四周，此类流程创新的案例比比皆是，以铁路出行为例，其整体流程已发生显著变革。如今，乘客仅需通过 12306 App 购票，随后凭身份证即可顺畅进站乘车。尽管在进站与乘车环节均存在刷身份证验证的重复性流程（这提示了存在进一步优化流程的潜在空间），但当前流程已彻底摒弃了往昔手持纸质车票、剪票进站的旧有模式，实现了质的飞跃。

同样，众多人力资源管理体系下的场景与流程亦需借助重构的思维方式进行创新。鉴于数字技术的迅猛进步，我们已具备重新审视并优化这些场景与流程的技术基础，现在正是启动创新思维之际。针对人力资源管理领域的各项业务与流程，我们可运用"第五个目标"进行深度思考：是否存在一种与过去截然不同的方式，来更有效地执行这些业务与流程？

第 5 章

人力资源数字化之流程数字化再造

企业在完成组织架构设计之后，就需要制定流程的梳理、优化和再造方案了。

组织架构和业务架构必须是一致的。组织架构的本质是为了以更好的人员组织来完成业务目标，执行业务活动，创造业务价值。而每一项业务活动都是按照流程来执行的。对于常规的、重复的业务活动，为了更好地管理、更标准化地操作、更有效地执行，企业需要规范流程，从而实现效率最大化。

任何的流程都是由组织和人来执行的，哪怕采用数智化的方案，采用机器人来执行，还是要回归到组织和人才的管理上。所以，流程的设计、优化和再造，都离不开组织和人。另外，流程是为了达成业务目标，所以，任何流程都必须是为了达成业务目标和创造业务价值而存在的。如果某一个流程不创造业务价值，对达成业务目标没有帮助，那么这个流程就可以被取消。图 5.1 是业务目标、组织目标和流程目标之间的关系示意图。

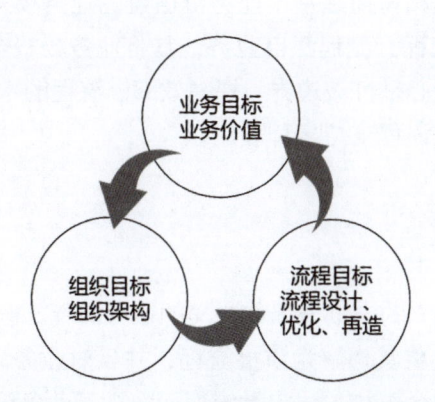

图 5.1 业务目标、组织目标和流程目标之间的关系示意图

在前面的章节中曾系统地梳理了组织架构和业务架构，并介绍了两者之间的关系，接着我们需要结合业务目标和组织目标，从价值创造的视角来设计流程、优化流程和再造流程。

5.1 人力资源业务流程梳理

许多传统企业的流程管理相对于管理领先的企业或者国外知名的企业来说是薄弱的。过去由于我国经济在快速发展，很多企业的管理还是粗放式、不精细化的，基于机会发展起来的企业有很多。笔者在过去十五年的咨询服务过程中所见到的某些在行业内领先的大企业，相比笔者曾经就职过的宝洁、惠氏制药、摩立特、乐金电子等世界五百强或者国际知名企业，在流程管理上是比较落后的，甚至可以说是没有管理的。

5.1.1 传统企业在流程管理方面存在的误区

传统企业在流程管理方面都存在一定的误区：业务好的时候没有人重视流程，业务差的时候就会觉得流程冗余、复杂，要做流程的优化和梳理。而大多数业务的落脚点会落到流程上，比如新产品研发流程、供应链流程，但是企业往往又忽略了流程价值链、流程政策来源等，更关注流程图和审批流程——认为砍掉审批流程就是流程优化，把流程固定在流程图上就万事大吉了。

实际上，流程优化和再造是基于业务价值链的业务模式重组或变革，一般是先有业务，然后才有流程。流程源自业务，其将业务场景全都串联起来，最后又回归到组织。流程的核心是打破边界、提高效率。流程的本质是实现业务的畅通。流程的应用原则是一个流程支持多种应用。

5.1.2 流程的定义

流程可以被分为狭义的审批流程和广义的业务流程。但在我们的常规认知中，一说到流程，大家都会将其理解为审批流程，并且对业务流程的理解并不是很深入。一般情况下，企业会更加关注审批流程而忽视了业务流程。

下面先介绍一下业务流程的定义。

业务流程是以产出产品和服务为目标的一系列连贯的、有序的企业活动的组合。业务流程能将输入的信息、资金、技术和管控要求等要素转化为对接收者更为有效的输出结果。业务流程的输出结果是企业内部或外部的客户所需要的，并为客户所接受的产品或服务。

大多数企业都缺乏或不重视流程管理，故不能从流程全生命周期管理的视角发现问题和分析问题。

5.1.3 流程的数字化再造

企业数字化转型的起点是流程的数字化再造，一般是先有流程再造，才有数据采集，而后才有数字技术的应用和对管理的改善。对人力资源数字化转型来讲，其中最重要的一环就是用数字化方式重构人力资源业务的架构和流程。但很多时候，企业在做流程优化或者再造的时候并没有从管理视角、业务视角、技术视角出发，用链条思维重构企业的流程，而是把线下的操作搬到线上，都是业务流程跟着审批流程跑，并没有形成真正的业务流程场景。

流程本身应该体现业务的模式和业务的状态。流程再造的目的就是实现极致的自动化，其本质就是把流程优化、业务模式的递进迭代，以及技术落地无缝地结合在一起。

流程的作用是将例行的工作规范化，让员工对业务规则达成共识，降低在工作中沟通、协调的难度。

在流程管理中，我们首先需要将高阶流程按照业务逻辑纵向逐级向下分解成具有可操作性的低阶流程，然后以流程的标准化为基础，根据具体业务场景将不同的流程以"动态积木块"的形式组合装配在一起，从而满足不同场景下的业务需求，实现业务流程横向和纵向的贯通。例如，对于社会招聘和内部招聘流程，社会招聘流程是招聘流程+入职流程，内部招聘流程是招聘流程+调动流程。

笔者在实践中发现，很多企业的流程管理基本都到了第四层（Level 4，岗位级）。在粗放式的管理模式下，有的企业只在生产部门中设置了操作标准，在职能和管理部门中并没有设置具体的管理标准。因为企业并不太关心员工到底怎么工作的，只关心这些岗位所能够创造的价值。这种以结果为导向的管理模式，在不具备精细化管理的条件下，基本上靠员工的个人能力来创造应有的岗位价值。

比如对于招聘，企业只需要雇用一个有经验的招聘专员，由他来负责人员的招聘，对于具体招聘的流程是什么，怎么招募到合适的人才，通过什么渠道招募人才，甚至需要付出多少成本打招聘广告，在哪里打广告等这些细节，都不太关心。企业只关心他能否招聘到企业需要的人，而不关心他到底是怎么招聘到的。如果他做得不好，企业就换人，这是过去很多企业常规的操作模式，也是一种粗放式的管理模式。

人力资源数字化转型会让企业从基于人的才智的粗放式的管理模式，逐步走向精细化的数字化管理模式。这种数字化管理模式更强调基于过程和数据模型的精细化管理，强调在良好的过程管理中获得优秀的结果。所以，企业在人力资源数字化转型的过程中，要对过程管理，特别是每项事务或者任务的流程进行精细化的梳理，并通过信息化、在线化和数字化技术来实现流程再造，从而为数智化的算法模型采集数据并提供反馈。

人力资源业务的流程建设和再造必须依托于系统。如果流程再造没有伴随系统建设或再造，就等同于做了一场没有成效的运动，相当于纸上谈兵：很多时候只是在纸上画了一堆漂亮的流程图。

流程再造的本质是对业务模式等的再造，是把业务建在管理上、把管理建在制度上、把制度建在流程上、把流程建在系统上、把系统建在数据上。只有把流程建在系统上，才能推动员工行为习惯的改变，以及通过流程的优化与改善，缩短审批流程，提高工作效率与规范性，统一方法与工具，提升员工的流程优化能力，解决企业中的流程痛点，提升企业的运行效率。

5.1.4　流程再造与制度调整

对于制度与流程的建设顺序，就像"先有鸡还是先有蛋"这个问题，我们始终无法给出准确的答案。企业在不同的发展阶段，可以根据制度和流程的成熟程度，选择不同的建设顺序。就目前来讲，一般企业的制度管理的成熟度要远远大于流程管理的成熟度，蒙牛也存在同样的情况。所以，在这样的背景下，蒙牛搭建了"制度—流程—系统"的一体化人力资源管理方案。图 5.2 为蒙牛人力资源管理制度、流程和系统的关系示意图。

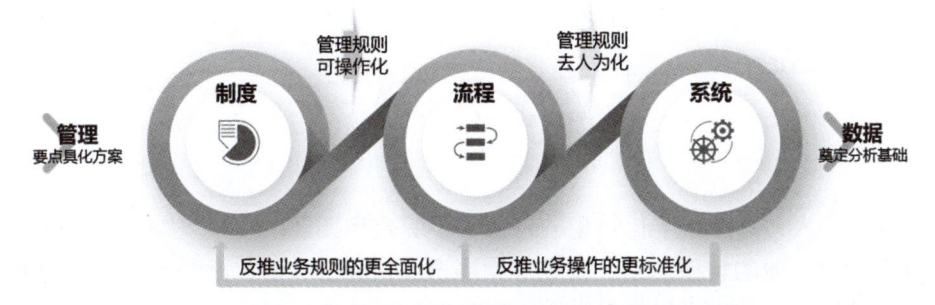

图 5.2　蒙牛人力资源管理制度、流程和系统的关系示意图

制度来源于对业务管理实践的持续总结与反复验证，蒙牛通过分析管理规则，提炼业务中的关键控制点，梳理可能涉及的流程清单，明确制度管理要点、管控方式及管控措施，实现了管理的显性化；通过将制度管理要点和管控措施融入流程中，实现了管理规则的可操作化、可控化；通过将流程中的管理规则固化到系统上，实现了管理执行的固化、去人为化，并在流程的信息化过程中反哺业务规则的一体化模式，将"把管理建在制度上、把制度建在流程上、把流程建在系统上，把系统建在数据上"变为现实，最终推动了员工行为与企业战略达成一致。

蒙牛在人力资源数字化转型过程中，其管理方式就经历了从依靠个人的责任心和经验到依靠制度和流程的转变过程。在进行人力资源数字化转型前，由于人力资源管理部门对于流程的定义和特征识别并不明显，在进行系统功能建设的时候，他们提出的更多的是碎片化的功能需求，其中的风险管控更多的是依赖人的经验，缺乏体系化的人力资源管理机制，以及延续性、可控性及稳定性。

企业的流程设计通常是从人力资源的视角出发的，管理的是资源、权限、风险。按照组织岗位设计的流程，会导致人力资源业务高度割裂。随着企业数字化转型的不断深入，企业开始需要实现人力资源业务的流程化管理。此时，企业需要从全局的视角出发，从价值链、业务域到流程再到活动，更加关注客户价值，实现闭环流程。

另外，人力资源管理系统也是很多企业较晚实施上线的，而且这些人力资源管理系统往往是以模块化的功能为主。传统的人力资源管理理念认为，人力资源数据中需要保密的内容比较多，所以各个模块化的功能也没有被直接打通。大部分企业在人力资源管理系统建设初期，都没有以流程为主来建设，很多人力资源管理专业人士认为这是一项系统的功能实现工作，与人力资源业务流程关联并不大，甚至很多企业的人力资源管理部门会把这项工作全权交给IT部门来做，人力资源管理部门的人并没有深度参与，没有主导整个系统的业务设计，从而导致系统上线后，很多功能和自己预想的不一致，以致后期为了满足业务管理的需要，在系统上不断地"打补丁"。

所以，蒙牛在推动人力资源数字化转型的时候，进行了人力资源业务流程再造。

蒙牛在人力资源数字化转型的过程中，综合市场环境所带来的全新挑战，以及众多优秀企业的转型实践，并结合蒙牛自身的业务特性，对与人力资源业务相关的流程框架和流程进行了系统的梳理和优化，具体包括以下内容。

- 秉承"控风险、提效率、促协同、落执行"的原则，聚焦于流程断点、审批重复、审批链冗长、流程缺位这四大类重点问题，确定一级框架 1 个，二级框架 13 个，三级框架 98 个，对集团各业务板块实现了全覆盖。
- 组织大型流程会议 3 次，高层会议 6 次，输出流程决议项 49 项。
- 在授权体系中系统梳理 18 类管理矩阵，并进行了全面调整，在组织 4 次反馈会议后定稿。
- 优化并固化审批流程节点 109 个，精简流程 26 个，创新流程 10 个。

蒙牛对流程的梳理和优化，不仅仅为其人力资源数字化转型构建了业务流程基础，更让蒙牛的人力资源业务流程真正从粗放式的管理模式，走向了精细化、科学化、正规化的管理模式。

蒙牛在流程框架梳理和流程再造的过程中更加突出以客户为中心的导向，以提升人力资源管理的敏捷度，以及与业务的一致性。

例如，蒙牛对于员工离职流程实现了 PS 系统（PeopleSoft 系统，一种人力资源管理系统）与电子签系统等的对接，打通了人力资源管理、工会、职业健康管理等部门的业务联动，并系统化管理黑名单及佐证材料的合规性、及时性，确保离职员工从发起流程直至流程结束均可自动获取指引信息，将离职业务进行线上闭环管理，更好地提供业务洞察与管控潜在的劳动风险。

下面通过对比原有的员工离职流程和新流程来具体介绍。

在原有的员工离职流程中，涉及的各个审批环节的关联性较弱，仅员工发起离职申请，以及按照各层级审批矩阵的逐级审批操作能在电脑端处理，其他审批均是在线下操作的。例如，对于员工被动离职流程，按照法律规定必须经过工会审批，在优化流程前，必须先由 HRBP 给工会发起相关审批文件，等文件审批通过后，才能发起员工被动离职流程。在优化此流程后，通过将业务规则内化，定位需要工会审批的场景,以及将工会审批环节植入流程中,并自动保存文件,减少了线下人工传递的信息量,以及避免了文件归档不统一、不集中。

原流程中涉及最为显著的 8 个场景如下。

(1)线下场景一:对于被动离职人员,需要由 HRBP 在线下拟定"工会告知书",并申请工会用章,然后到工会或邮寄至工会盖章。在相关人员签字后 HRBP 再将"工会告知书"回传或邮寄给工会,由工会归档。

(2)线下场景二:当涉及职业病风险岗位的员工离职时,员工或 HR 需单独联系职业病管理部门,之后员工需要到职业病管理部门指定的医院体检。在员工拿到职业病体检报告后,由 HR 告知员工或由 HR 继续下一个流程。

(3)线下场景三:当涉及补偿金时,需要由 HR 在线下核算金额,在与员工协商达成一致后,HR 拟定协议并在线下与员工签署离职协议。然后由财务核算税金,再逐级审批,最后由 HRBP 在财务系统中手动操作付款。

(4)线下场景四:黑名单采用的是手工报表管理,管理不规范,会为离职员工的管控和未来重新雇用带来一定的风险。

(5)现场场景五:在员工办理离职流程后,系统无任何关爱产品推送。如果员工需要开具离职证明,则需要在离职流程审批完毕后由员工申请,由 HR 拟定离职证明,经申请文件用印、审批文件、现场盖章后,再由员工到现场领取离职证明或由 HR 邮寄给员工。

(6)线下场景六:HR 通过邮件或电话回访离职员工以进行离职调研。对于邮件回访,HR 需要提前拟定调研模板并发送给离职员工;对于电话回访,HR 需要编辑调研记录,形成专题报告。

(7)线下场景七:离职协议、保密协议、解除合同通知书等均需要员工在现场签订,之后由 HRBP 手工扫描纸质文件并保存至影像系统中进行归档。

(8)线下场景八:员工离职流程不关联社保管理,相关人员需要在线下根据离职员工名单逐一核对并停缴离职员工的社保,并且不会及时通知员工本人。员工存在疑虑时需要反复咨询。

通过对原有流程的梳理,蒙牛对流程进行了数字化、线上化的再造,并打通了端到端的数据,进行了多流程的集成。图 5.3 为员工离职流程数字化再造示意图。

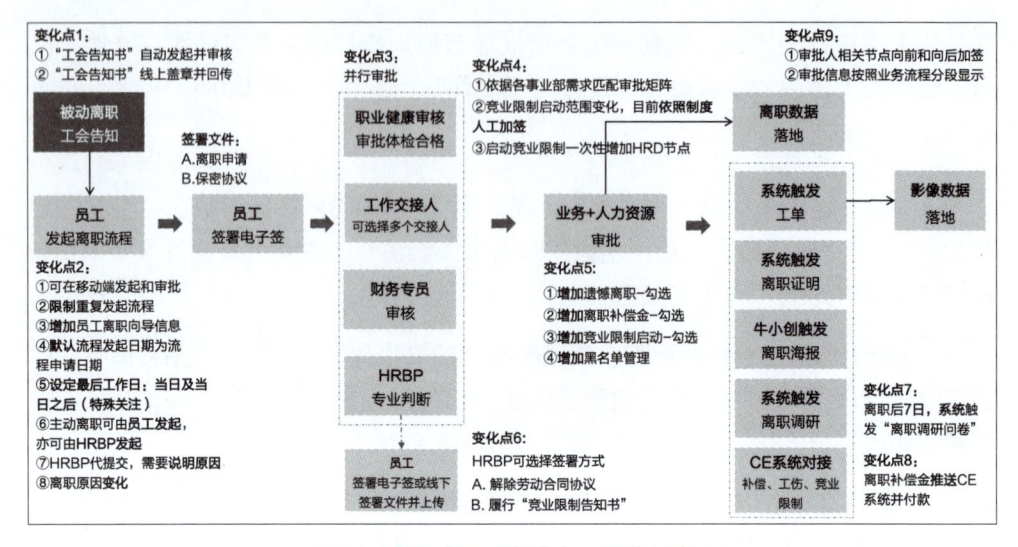

图 5.3 员工离职流程数字化再造示意图

新的员工离职流程具体介绍如下。

（1）员工可通过移动端/PC 端发起离职流程并在线签署相关文件（涉及职业病风险岗位的员工需要在离职前做职业病体检，出具体检报告原件后再发起离职申请。如果员工已做职业病体检并且未超过 90 天，则无须再做）。签署的文件使用的是系统中配置的模板（在离职流程发起时系统自动发送给员工）。其中主要包括以下变化点：

① 限制重复发起流程。

② 增加员工离职向导信息，提示离职注意事项和关键信息。

③ 默认流程发起日期为流程申请日期。

④ 设定最后工作日：当日及当日之后（特殊关注）。

⑤ 员工主动离职流程可由员工发起，也可由 HRBP 发起，以确保流程的畅通及合规性。

⑥ 在办理离职流程审批时，相关节点可发起向前一个节点、后一个节点的加签，审批信息按照业务流程分段显示，让员工更加清楚流程审批进度。

（2）各部门可通过移动端/PC 端两种方式进行离职流程的审批。并且蒙牛对各业务的审核需求全部实现线上管理，并在流程中植入电子签技术。在系统中匹配了"工会告知书"标准模板，在员工被动离职时，系统可自动触发"工会告知书"，并通过电子签盖章，然后将其回传至影像系统中。职业病管理部门根据员工的体检情况进行线上审核，对于未按时参加职业病体检的员工可自动推送"体检通知书"给员工本人。HRBP 在进行员工离职管理时，能够根据具体业务需求，在系统中灵活选择不同的选项进行定制化管理。例如，HRBP 可以选择增加离职补偿金、竞业限制、黑名单管理等选项。对于这些选项可以通过系统实现在线管理，比如，对于离职补偿金可以进行在线计算并推送到财务系统中，对于绩优人才的离职信息可以进行统筹管理。这种管理模式能够满足企业对员工离职管理的个性化需求。

（3）流程审批结束后可自动触发社保工单、相关数据、离职文件线上签署归档，并回传至影像系统中。员工可在手机端获取离职证明，并可以及时收到职业病体检和社保减员的温馨提醒。在员工离职 7 日后，系统自动发送"离职调研问卷"给离职员工，相关人员可在线查阅调研结果，为业务需求洞察提供依据。

通过新的员工离职流程，企业规避了以下风险点。

（1）员工离职流程中各类文件签署及时且高效，减少多项人工操作带来的文件遗失、签订不及时的隐患。

（2）对于员工离职工作交接、审计、竞业限制启动等，依据集团的制度要求进行线上提示，防止因遗漏而带来的各类损失。

（3）植入各类员工离职补偿金核算逻辑，为相关业务人员提供参照标准；员工离职协议在线上签署并回传至系统中，确保协议合法合规。

（4）制定黑名单入池、出池管理标准，对企业重新雇用黑名单中的人员的情况进行重点监控。

（5）对离职员工的职业病体检进行线上管控，针对未及时参加体检的人员，按照职业病管理标准在线向其推送"体检通知书"，规避存在的风险。

（6）关联社保减员信息，确保社保管理的及时性，避免给企业及员工带来经济损失。

蒙牛在社保管理方面实现了全流程的自动化闭环管理。具体来说，从社保工单的派发、社保基数的获取、数据的处理，到 HRSSC 根据社保账单核算社保金额并进行财务入账，这一系列流程都通过 PS 系统实现了自动化。蒙牛的 PS 系统重构项目对所有与社保相关的模块都进行了升级，形成了一个一站式的社保流程管理体系。这个系统提高了社保管理的效率，减少了人工操作可能带来的错误，实现了更加精确和高效的社保管理。图 5.4 是蒙牛员工社保一体化管理流程示例图，具体包括以下内容。

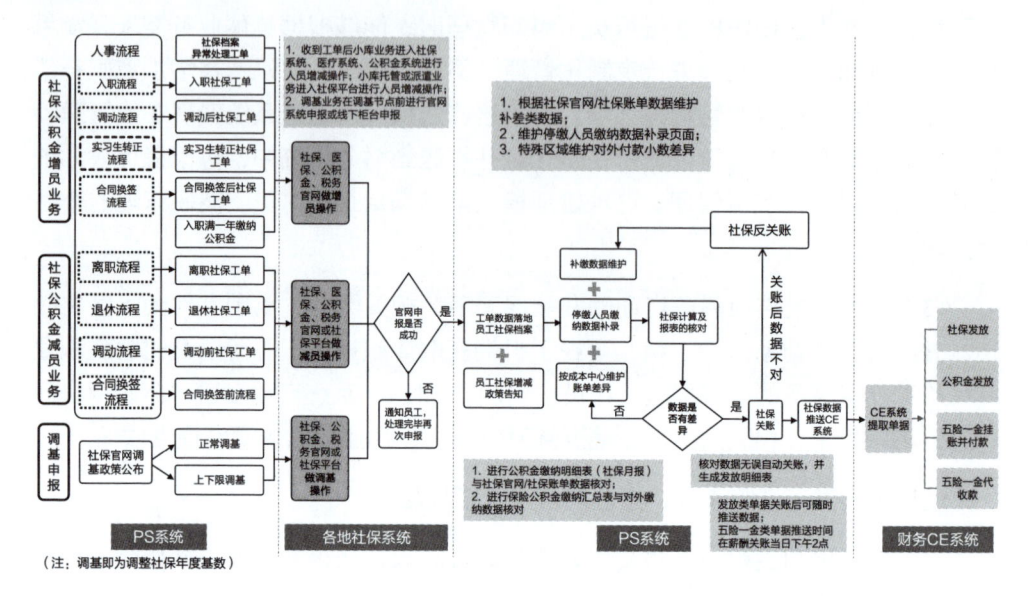

图 5.4　蒙牛员工社保一体化管理流程示例图

（1）社保 SSC（共享中心）在人力资源业务流程关闭后，可自动获取全量社保工单，核查各地社保、医保、公积金增/减员业务的及时性，以及核查漏参保的员工。

（2）社保 SSC 关账后所有数据实时落地，并且数据入口统一，减少了人为操作，提升了数据的精准性。在系统数据与官方数据核对无误后，社保 SSC 可自行把控社保关账时间。关账完毕后，社保 SSC 即可实现人力资源管理系统中的社保数据与 CE 系统中的数据的传递，以及实现自动获取入账数据，省去人工分析数据所花费的时间与精力。

为了让读者对人力资源业务流程数字化再造有更加直观的理解，下面简单介绍一下蒙牛是如何实现社保业务的自动化提效的。

1. 社保年度基数调整功能

原流程：社保专员需要向薪酬专员索要调整社保年度基数人员的花名册，以及基数核算口径，然后向薪酬 SSC 申请协助核算社保年度基数，在薪酬专员配合其逐一核算后提交员工的社保年度基数初稿。社保专员在数据源头获取数据后，按照员工在职月份及员工是否有特殊情况（休产假、休长期病假等）手工核算数据并校准，然后进行社保年度基数调整申报。在社保官网出具账单后由人工调整新基数并导入人事系统，实现入账操作。整个环节由人事、社保、薪酬三方 SSC 共同配合完成基数的核算，其中人工操作很多，导致业务准确性低、操作效率低、成本高，且数据的保密性无法得到保障等一系列问题。

现流程：蒙牛利用流程重塑和信息技术，实现了自动化的数据分析与获取、社保年度基数申报与落地等。具体流程介绍如下。

（1）自动化的数据分析与获取：社保专员可以根据官方发布的社保年度基数调整通知，自主选择需要的取值期间（如发薪期间），并根据员工在岗月份、年终奖发放年度等条件，在系统中设置各社保险种的上下限金额、员工产假天数的折算金额等取值逻辑。这些设置可以帮助系统自动核算并生成社保年度基数。

（2）自动化的社保年度基数申报与落地：在核算完成后，社保专员可以将数据导出并进行社保年度基数调整申报。经过社保官方审核并出具账单后，人事 SSC 在新社保年度基数落地后，会自动通知员工完成社保年度基数调整，从而提升员工体验。

（3）自动化的关账与财务处理：在确认数据无误后，社保专员可以手动或自动关闭账单，并将调整后的社保年度基数推送给财务系统，以完成报销入账。

这项功能大大提高了社保年度基数调整的效率和准确性，同时也提高了员工的体验。

2. 新增社保公积金入账数据自动对接功能

原流程：社保 SSC 根据社保官网的账单进行手工入账的数据分析及入账操作，入账完毕后，财务人员根据薪酬中实际扣除的个人部分费用，进行人员扣款差异的处理及提交结果。整个环节需要人工操作较多，导致入账准确性低、效率低，财务账目不相符等一系列问题。

现流程：社保 SSC 根据社保官网账单核对完系统数据后进行社保数据关账动作。关账即代表数据锁定。关账后可实时进行社保和公积金数据的推送。在将自动化数据对接功能升级迭代后，社保 SSC 可灵活设定关账及推送数据时间。数据推送提交完毕后，财务系统实时获取同步推送的社保数据，即可提交入账。待薪酬发放完毕，对于扣款有差异的部分，系统也会自动推送数据。在整个环节中，人力资源管理系统与 CE 系统全程实时对接，大大提升了入账的正确性及时效性，以及社保 SSC 的工作效率。图 5.5 为蒙牛社保月度入账流程图。

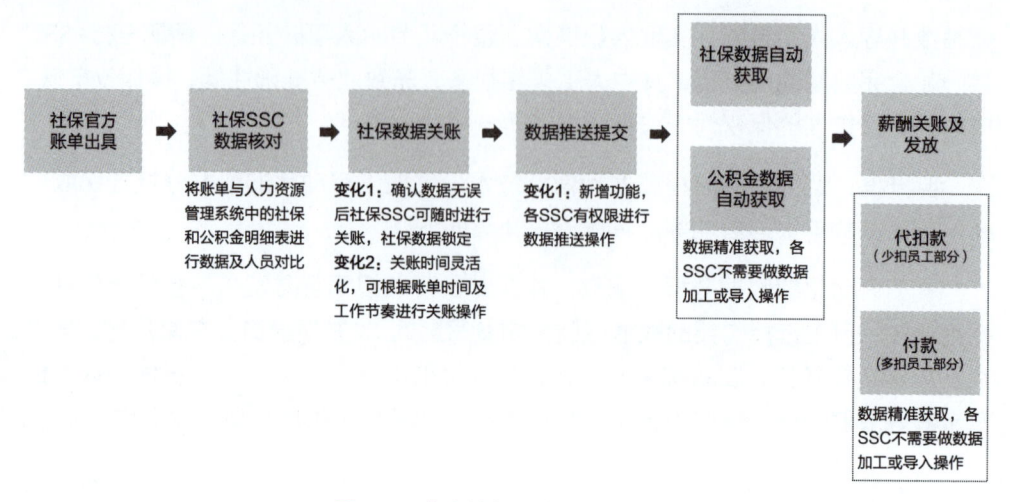

图 5.5 蒙牛社保月度入账流程图

3. 风险规避社保管理

（1）社保 SSC 根据系统设置好的算法自动获取每年根据各地社保年度基数调整维护到系统中的数据，不需要手工核算社保年度基数，降低社保年度基数提交错误的可能性。

（2）通过在社保管理流程中增加"社保异常工单"，可避免因员工状态发生变化（如新员工入职、员工离职、员工岗位调整等）而未及时触发相关社保工单，导致某些员工未被正确纳入社保 SSC 的情况。

（3）通过后台监察报表的运行，可查看社保 SSC 的"入、转、调、离"数据是否与集团的增/减员原则统一，排查人为操作失误，实现对社保 SSC 中的数据操作的监控。

（4）通过设置社保 SSC 自动关账时间，可实现在规定节点内让社保 SSC 自动关账，规避因社保 SSC 忘记操作导致员工薪酬扣款异常。

（5）社保 SSC 的自动推送数据功能可提高财务账务的准确性。

5.2 人力资源业务流程数字化再造方法

"流程"在解决企业的经营管理问题中发挥着重要作用。优化业务流程，将有效提高员工的工作效率与规范性，以及提升企业的运行效率。企业在设计数字化转型方案之前，对业务流程进行体系化的梳理和优化，并尽可能地将其规范化和标准化，可以大幅度提升企业数字化转型的成功率。

在数字化时代，传统企业要想梳理流程、优化流程和再造流程，就需要在流程优化或再造的过程中，融入数字化的新理念、新思路、新方法和新技术。蒙牛在梳理、优化和再造流程的过程中，在传统 BPR（业务流程再造）理论和方法的基础上，又引入了几套新方法：

- ECRS（Eliminate，Combine，Rearrange，Simplify）：消除、合并、重组、简化。
- NGP（New Generation Process）：新一代流程。
- Employee Journey Maps：员工体验地图。
- KCP（Key Control Points）：关键控制点。
- SOD（Separation of Duty）：职责分离设计。
- 5W1H（Why，What，Where，When，Who，How）：一种流程要素分析法。
- ASME（American Society of Mechanical Engineers）标准：流程分析标准化工具。
- RASIC（Responsible，Approve，Support，Inform，Consult）模型：研发流程中的关键角色配置模型。
- CBA（Current Best Approach）：目前最佳实践研究方法。
- RPA（Robotic Process Automation）：机器人流程自动化。

针对以上这些方法或者工具，这里简单介绍一下，供读者参考。如果企业在实际工作中希望引入这些方法，则可以参考专门介绍这些方法和工具的书，也可以引入关于这些方法的培训课程，以保证团队能够更好地掌握和学会使用这些方法和工具。

1. ECRS

ECRS，即 Eliminate（消除）、Combine（合并）、Rearrange（重组）、Simplify（简化），代表流程优化或者再造的四种方法，以提高流程的效率。

传统的 BPR（Business Process Reengineering，业务流程再造）方法仍然是企业重新设计和优化流程的重要基础，特别是 ECRS 原则依然是流程再造的核心理念。然而，在现代企业中，进行流程再造时，除了运用这些传统方法，还需要结合数字技术来进一步优化和创新流程。也就是说，企业在再造流程时，不仅要依靠传统的方法，还要融入数字化工具和技术，以实现更高效、更智能的流程管理。

（1）Eliminate（消除）。

消除，即对无效的流程环节进行审视和审查，消除不创造价值的流程环节。这就需要我们在审视每一个流程环节的时候，要思考为什么需要这个流程环节，这个流程环节创造了什么价值，有什么输出，这些输出是必要的吗等。通过这样的思考，我们可以判断这个流程环节是否需要"消除"。然后再思考，消除这些流程环节之后，原有的流程是否存在断点，是否存在问题，是否能够顺畅地执行，是否存在各种风险等。

（2）Combine（合并）。

对于具有多项流程环节的流程，企业需要一步步地操作，才能完成整个流程。企业需要思考这些流程环节能否一次性完成。因为流程环节过多，会需要很长的执行时间，涉及多项审核和审批，最好能将这些流程环节合并在一起，从而一次性完成。

之前，成立一家企业需要办理三个证件：工商营业执照、组织机构代码证和税务登记证。它们分别是由三个机关单位发放的：工商营业执照是由工商行政管理部门发放的，组织机构代码证是由公安机关发放的，税务登记证是由税务机关发放的。现在通过"一口受理、并联审批、信息共享、结果互认"，可以由一个部门核发加载统一社会信用代码的营业执照。这就是典型的多个流程环节的"合并"，大大提高了办事效率。

同理，在员工办理入职手续的时候，经常需要办理多项手续，包括到人力资源管理部门登记部门归属，到行政部门办理员工证件，到后勤部门办理员工出入证、就餐卡、公司班车乘车卡，到所属部门办理办公物料领用（包括工作服、办公电脑、办公用品和工位），到 IT 部门办理员工登录办公系统的账号等。这些手续繁杂，需要员工跑很多地方才能办理完成。蒙牛将这些员工入职手续"合并"，让员工在入职的时候，在一个地方即可将所有手续一次性办理完成。

（3）Rearrange（重组）。

重组，即对现有的流程进行重新组合，重新思考流程。以前，企业在发展过程中碰到新事物、新情况时，为了解决问题，就会专门生成一个解决方案，从而出现了很多"头疼医头，脚疼医脚"的流程环节，缺少系统性的思考，导致企业中的流程散乱。

（4）Simplify（简化）

简化，即通过流程的模块化，将过去冗长的流程进行简化，从而提升流程的效率，减少流程管理的复杂度。

在人力资源业务中，也会有冗长的流程，这些流程需要进一步简化，可以利用电子化、线上化、系统化、无纸化等新一代流程技术来简化原有的流程。

2. NGP

NGP 是数字技术的应用带来的一种新的流程。

在生活中，有很多的流程改造，相信大多数人已经体验过或者正在体验。比如，以前，企业通过让员工在纸质表格上签到来统计考勤，后来让员工使用带芯片的员工卡打卡，再后来让员工使用指纹打卡机打卡。现在，许多企业都使用人脸识别或 App 远程定位技术让员工打卡：员工进入办公区域，通过自带人脸识别功能的摄像头就可以自动打卡了，或者使用带位置识别功能或 Wi-Fi 识别功能的 App 自动打卡。这些都是技术带来的福利，我们要充分利用这些新一代的数字技术来优化或者再造企业的传统流程。

再举一个例子，对于员工的培训签到，之前都是培训经理准备一张打印好的纸质表格，在培训现场让员工签字，然后培训经理将表格中的数据录入 Excel 表格中，统计受训人员数量，并根据这些数据来跟踪员工的培训经历。现在，可以在企业的 OA 系统中构建一个小程序或者 App，生成一个采集数据的二维码，然后让接受培训的员工扫描二维码签到。这样不仅能够实时采集员工是否参加培训的数据，还可以采集更加精准的数据，包括员工到达培训现场的具体时间，是否真正到达培训现场（定位验证）等。

3. Employee Journey Maps

员工体验地图是一套方法，让企业可以将员工在职期间，甚至入职之前和离职之后的相关流程都聚合在一张"地图"上，按照员工的经历来塑造一体化的、标准化的服务流程体系，并在这个过程中通过一致化的服务标准和服务程序，提升员工体验，同时积累员工全职业生涯的数据，规范员工分析、员工管理、风险管控等相关流程。

图 5.6 是一张相对来说较为典型的员工体验地图示例，涵盖了员工从入职到离职或者退休离开企业的全过程，包含了 108 项员工参与的活动。对这些流程进行

数字蝶变：人力资源数字化标杆实践

优化，将员工体验数字化，并留存线上数据，为人力资源管理部门的员工管理、员工服务，以及人才发展，甚至组织发展，提供了相关标准化的流程和规范化的服务，并且积累了体系化的数据。

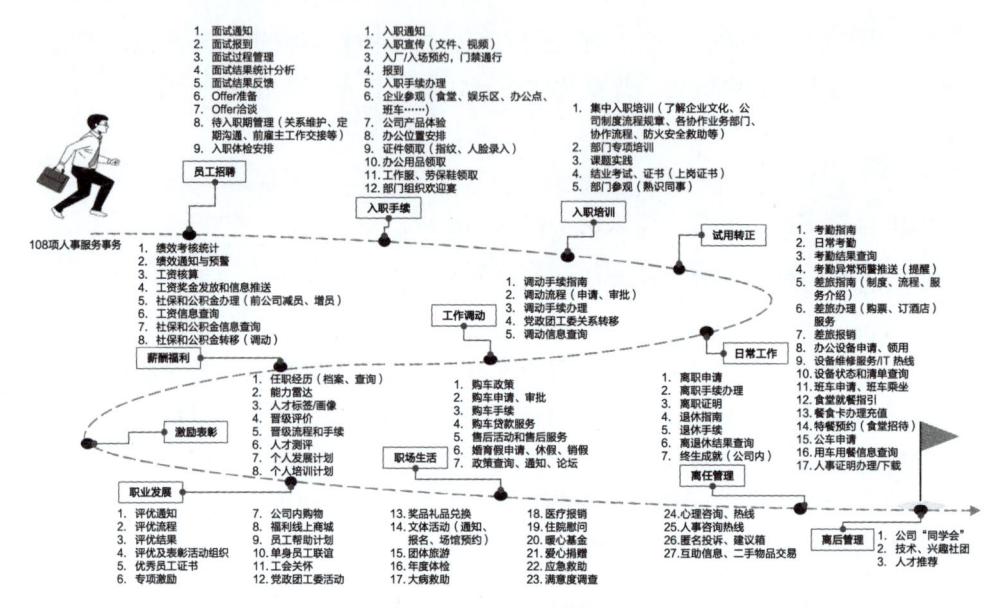

108项人事服务事务

员工招聘
1. 面试通知
2. 面试报到
3. 面试过程管理
4. 面试结果统计分析
5. 面试结果反馈
6. Offer准备
7. Offer洽谈
8. 待入职期管理（关系维护、定期沟通、前雇主工作交接等）
9. 入职体检安排

入职手续
1. 入职通知
2. 入职宣传（文件、视频）
3. 入厂/入场预约，门禁通行
4. 报到
5. 入职手续办理
6. 企业参观（食堂、娱乐区、办公点、班车……）
7. 公司产品体验
8. 办公位安排
9. 证件领取（指纹、人像录入）
10. 办公用品领取
11. 工作服、劳保鞋领取
12. 部门组织欢迎宴

入职培训
1. 集中入职培训（了解企业文化、公司制度流程规章、各岗作业务部门、协作流程、防火安全救助等）
2. 部门专项培训
3. 课题实践
4. 结业考试、证书（上岗证书）
5. 部门参观（熟识同事）

试用转正

日常工作
1. 考勤指南
2. 考勤申请
3. 考勤异常预警推送（提醒）
4. 差旅指南（制度、流程、服务介绍）
5. 差旅办理（购票、订酒店）服务
6. 差旅报销
7. 名片申请、领用
8. 设备维修服务/IT热线
9. 设备状态和清单查询
10. 班车申请、班车乘坐
11. 食堂就餐指引
12. 餐食卡办理费
13. 特餐预约（食堂招待）
14. 公车申请
15. 用车用餐信息查询
16. 匿名投诉、建议箱
17. 人事证明办理/下载

薪酬福利
1. 绩效考核统计
2. 绩效通知与预期
3. 工资核算
4. 工资奖金发放和信息推送
5. 社保和公积金办理（前公司减员、增员）
6. 工资信息查询
7. 社保和公积金信息查询
8. 社保和公积金转移（调动）

工作调动
1. 调动手续指南
2. 调动流程（申请、审批）
3. 调动手续办理
4. 党政团工委关系转移
5. 调动信息查询

离任管理
1. 离职申请
2. 离职手续办理
3. 退休指南
4. 退休手续
5. 离退休结果查询
6. 离退休结果查询（公司内）

离后管理
1. 公司"同学会"
2. 技术、兴趣社团
3. 人才推荐

职业发展
1. 任职经历（档案、查询）
2. 能力匹配
3. 人才标签/画像
4. 晋级评价
5. 晋级流程和手续
6. 人才测评
7. 个人发展计划
8. 个人培训计划

职场生活
1. 购车政策
2. 购车申请、审批
3. 购车手续
4. 购车贷款服务
5. 售后活动和售后服务
6. 婚育假申请、休假、销假
7. 政策查询、通知、论坛
13. 奖品礼品兑换
14. 文体活动（通知、报名、活动预约）
15. 团体旅游
16. 年度体检
17. 大病救助
18. 医疗报销
19. 住院顾问
20. 爱心基金
21. 爱心捐赠
22. 应急救援
23. 满意度调查

激励表彰
1. 评优通知
2. 评优流程
3. 评优审核
4. 评优及表彰活动组织
5. 优秀员工证书
6. 专项激励
7. 公司内购物
8. 福利线上商城
9. 员工帮助计划
10. 单身员工联谊
11. 工会关怀
12. 党政团工委活动
24. 心理咨询、热线
25. 人事咨询热线
26. 匿名投诉、建议箱
27. 招聘信息、二手物品交易

图5.6 员工体验地图示例

基于以上的员工体验地图，我们可以针对每一项活动，具体梳理该项活动的关键时刻、互动关系，明确提升员工体验的关键点，并定义衡量提升员工体验的关键指标标准。图5.7为员工体验地图中提升员工体验的关键点设计示意图。

示例	入职前	入职培训	入职日	入职首周
关键时刻	• 确定入职安排 • 联系新员工并向团队成员介绍新员工	• 欢迎新员工入职 • 向领导团队及同事介绍新员工 • 与新员工开展一对一会谈，确定其绩效目标	• 向新员工提供专业培训 • 定期与新员工沟通，解答新员工疑问 • 向领导团队及同事介绍新员工	• 为新员工分配工作任务，检查其工作进度 • 帮助新员工建立工作目标及发展计划 • 定期与新员工沟通，解答新员工疑问
互动关系	入职门户，新员工，入职专员	入职门户，同事，业务经理	入职门户，业务经理	员工门户，人力资源业务合作伙伴，新员工
高阶影响	✓	✓	—	✓
提升员工体验关键点	• 提供入职活动清单及沟通建议 • 提供新员工信息及入职日期 • 协调新员工入职时间，确保业务经理可参与入职日活动 • 与候选人沟通邮件抄送业务经理	• 新员工被告知具体的入职活动 • 提供工具及材料，帮助经理与新员工开展一对一面谈 • 安排入职专员解答新员工疑问	• 设定正式的工作目标并经理提供开展会谈的工具及材料 • 由企业统一或人力资源部门向全体同事介绍新员工 • 开展员工活动	• 设定正式的工作目标并经理提供开展会谈的工具及材料 • 人力资源业务合作伙伴就新员工职业发展提供建议及支持
衡量标准	• 入职满意度调研 • 待入职员工的咨询电话减少	• 入职满意度调研	• 入职满意度调研 • 待入职员工的咨询电话减少	• 入职满意度调研 • 新员工满意度调研

图5.7 员工体验地图中提升员工体验的关键点设计示意图

4. KCP

通过构建关键控制点可以在流程中构建风险控制机制和关键决策机制，从而确保流程的效率和安全。每个流程环节都要明确关键控制点和关键控制点的逻辑，并且在每个流程环节的价值输出上，都要通过关键控制要素和关键指标数据量化这个关键流程环节能否达成业务目标。

比如，在员工面试流程中有两个关键控制点：

- 第一个关键控制点是面试的考察项和考察项的评估标准，用于对面试流程进行标准控制。如果面试官随意问问题，根据自己的认知和对岗位的理解来问问题，考核评分无标准，只是凭感觉，就很难保证这个面试流程能真正"考察"候选人。
- 第二个关键控制点是候选人通过面试的标准，即满足什么标准才能通过面试，例如笔试达到多少分才能通过初试，具备什么样的基本条件才能发放 Offer，必须有明确的控制方法，不能因为一个候选人长得漂亮或者帅，面试官喜欢就通过了面试。图 5.8 为面试流程中的关键控制点示例。

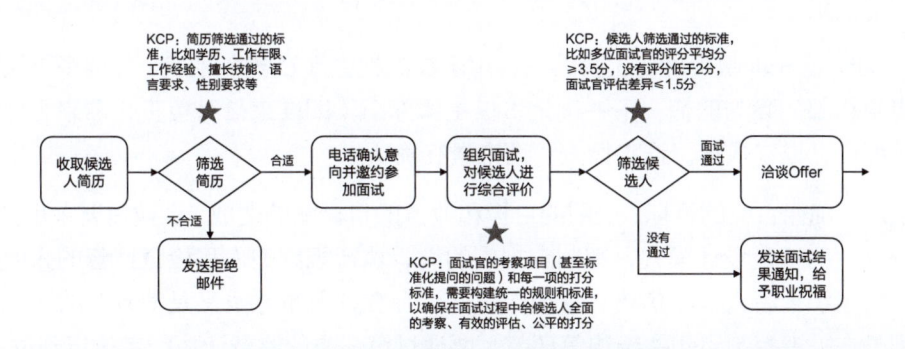

图 5.8　面试流程中的关键控制点示例

使用 KCP 方法可以帮助我们针对流程中的关键决策和关键决策逻辑标示关键控制点，从而为我们的数据采集、数据模型建立，以及决策逻辑算法设计提供指引。采用 KCP 方法标出的点都是关键控制点，这些点需要有对应的数据，因此，我们需要采集各项流程中的数据。另外，我们还需要在这些点上设计决策逻辑算法，并确保这些算法符合业务决策逻辑。

企业在确立关键控制点时要注意以下两点：

- 防止出现不必要的/过多的关键控制点，关键控制点不是越多越好。
- 定期检查和完善关键控制点，确保关键控制点可以有效地实现控制目标。

以下是判断关键控制点的标准：

- 是否对财务报表产生重要影响？
- 是否给企业经营活动带来损失？
- 是否对企业信誉造成重大影响？
- 是否为企业带来违规风险？
- 是否会导致该流程其他控制点失效？
- 是否会导致其他流程控制点失效？

以下是关键控制点中的具体关键控制要素的说明示例：

- 审核员工提交的材料或填写的"入职信息采集表"是否齐全有效。
- 如果员工的入职材料不完整，则签署入职资料延期交付承诺单。
- 在员工离职证明中从原单位离职的时间应早于入职企业的时间。
- 在员工离职证明中需要有原单位有效印章。
- 对于应届毕业生入职，需要确认"三方协议"或"两方协议"、毕业日期。

5. SOD

SOD 是一种职责确认工具，主要用于在流程中涉及多个环节，需要多个岗位或者组织部门参与的情况下，确定责任主体部门（即谁来最终负责，谁来主导，谁来配合，谁来执行，谁来检查，谁来最终确认）。

为了确保企业的目标、组织的目标和业务的目标能够达成，企业需要采用"三权分立"的权责设计模式，即制定规则的人、执行规则的人和检查监督的人要由不同的组织或者人员来负责，从而保证不会存在"既是球员又是裁判"的现象，特别是在关键控制点和关键决策环节，要通过第三方的监督让执行者执行到位。

在企业管理中，这种"三权分立"的权责设计模式是非常普遍的，特别是对于关键控制点。

对于存在高风险的流程，要识别可能导致企业资产损失或滥用且被合并的任务或权限，并将这些存在冲突的任务或权限进行分离，遵循 SOD 原则。

对于业务中的审批活动，如果需要分层审批，则要明确分层审批的业务规则，并在流程中清晰体现，确保路径清晰。

6. 5W1H

5W1H，又称六何流程要素分析法，其对特定的目标流程，从原因（何因，Why）、对象（何事，What）、地点（何地，Where）、时间（何时，When）、人员（何人，Who）、方法（何法，How）六个方面提出问题，重新梳理和思考流程的要素，为后续详细设计流程奠定基础，如图5.9所示。

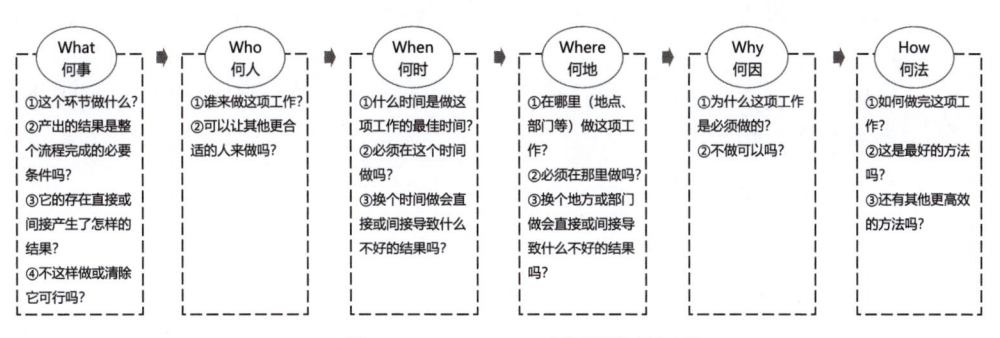

What 何事	Who 何人	When 何时	Where 何地	Why 何因	How 何法
①这个环节做什么？ ②产出的结果是整个流程完成的必要条件吗？ ③它的存在直接或间接产生了怎样的结果？ ④不这样做或清除它可行吗？	①谁来做这项工作？ ②可以让其他更合适的人来做吗？	①什么时间是做这项工作的最佳时间？ ②必须在这个时间做吗？ ③换个时间做会直接或间接导致什么不好的结果吗？	①在哪里（地点、部门等）做这项工作？ ②必须在那里做吗？ ③换个地方或部门做会直接或间接导致什么不好的结果吗？	①为什么这项工作是必须做的？ ②不做可以吗？	①如何做完这项工作？ ②这是最好的方法吗？ ③还有其他更高效的方法吗？

图 5.9　5W1H——流程要素分析法

通过对流程要素的分析，企业可以针对流程中的关键活动，确定各个要素，从而更好地理顺流程中的各种协作或者配合关系，以及更好地管控流程。图5.10所示为流程要素分析法的输出表示例。

活动描述	流程设置目的	适用范围			流程痛点与改进建议描述	该活动可否删除	是否新增活动	活动输入	流程活动说明			活动输出	表单样式	关键控制点	关键时刻	信息技术的应用	KPI/SLA	待提供支持性资料
		客户	角色	参与部门/组织					时间	地点	如何操作							
提交咨询需求（通过电话或邮件联系SSC）																		
接收客户信息																		
确认信息完整性																		
联系客户补充信息																		
在系统中录入事件信息。进入事件分配流程																		
接受需求并判断业务性质																		
解答客户问题																		
在系统中关闭事件																		
判断投诉性质																		
任务分派，并进行工单管理 1.分配至投诉问题处理人（若人员投诉） 2.分配至相关业务处理人（若业务咨询）																		
向相应人员发出邮件提醒，进入事件处理流程																		
响应事件																		

图 5.10　流程要素分析法的输出表示例

7. ASME 标准

ASME 标准是美国机械工程学会发布的一个流程分析标准。ASME 标准最大的优点是可以清晰地表述流程中各个活动是否是增值活动，以及清楚地显示非增值活动所在的环节。ASME 标准给使用者指出了四种在流程中可能不增值的活动：检查、输送、耽搁（或等待）、存储，即在流程中需要对这四种活动进行必要性的分析。

- 检查：代表对节点数量和质量进行检查，例如"BP 审核信息或附件"节点。
- 输送：代表人员、物资、文件及信息的移动，例如"部门负责人确认"节点。
- 耽搁：代表在相继的操作之间暂时的存放或停滞，例如"薪酬—HRBP 维护薪酬信息"节点。
- 存储：代表受控存储，如"入职文件归档"节点。

对于活动是否增值的判断可以分为以下两大类。

（1）客户增值，判断标准如下：

- 该任务是否为产品/服务提供了新的功能？
- 该任务具备竞争优势吗？
- 客户愿意为此支付更多的时间、金钱成本等吗？

（2）业务增值，判断标准如下：

- 该任务是法律或法规要求的吗？
- 该任务是否降低了风险？
- 如果取消该任务，则流程会终止吗？

针对流程中的每一项活动或者每一个环节，我们都可以通过填写 ASME 流程分析表来分析是否可以采用流程优化工具对它们进行优化。图 5.11 为 ASME 流程分析表示例表。

序号	活动	活动描述	增值活动	不增值活动	活动类型			
					检查	传递	耽误	贮存
1								
2								

图 5.11　ASME 流程分析表示例表

基于 ASME 流程分析表，我们可以利用 ECRS 方法或者新型的 ESEIAR 方法进行流程优化。ESEIAR：Eliminate，即清除；Simplify，即简化；Establish，即增加；Integrate，即整合；Automate，即自动化；Recombination，即重组。ESEIAR 是在 ECRS 方法上增加了自动化、整合的方法，它们的核心思想是一样的。下面具体介绍一下。

（1）Eliminate，清除不增值的活动或者环节，比如：

- 不必要的延误。
- 不完全或冗余的审查活动。
- 等待和传递时间。
- 不必要的协调、检查、监督、审核、审批。
- 信息格式重排或转换。
- 根据发生错误的概率决定检查、监控、评审的必要性。
- 取消重复的审批环节。
- 无附加价值的步骤，如过度控制、重叠环节、等待时间、过度沟通。

（2）Simplify，在清除不必要的活动后，对必要的活动进行简化，如：

- 过于复杂的表格或表单。
- 过于复杂的业务管控逻辑。
- 过于复杂的系统操作程序。
- 过于复杂的沟通形式。

（3）Establish，根据客户/管理需求增加创造价值的活动，如：

- 缺少的业务活动中的关键步骤。
- 必要的、用以规避风险的、强化控制的、有利于提升客户满意度的业务关键点。
- 在这个过程中，也要注意合理设置关键决策评审点，以减少资源的投入和浪费。
- 每类相关工作都应规定截止时间，进行时间控制。

（4）Integrate，对简化后的活动进行整合，使之流畅、连贯并满足客户要求，如：

- 整合工作、团队、供应商、顾客的接触点。
- 合并相似或连续的作业，或者调整、归并工作职责。

（5）Automate，充分利用信息技术和数字技术，将各项流程或者业务自动化，提升流程处理速度与质量，如：

- 数据采集：将所有的数据记录和数据采集通过自动化的方式来完成。
- 数据传送：由服务器中的程序来实现数据的自动转换和传送。
- 数据分析：将手工统计报表变为自动统计报表，由算法来实现数据分析。
- 重复作业：用机器人来完成重复性的作业。
- 人工智能：用机器人等取代人工服务或者作为人工服务的补充。
- 人工验证：将由人验证的流程环节通过系统、数据和算法进行校验。

（6）Recombination，通过改变工作程序，改变各项工作开展的先后次序，从而缩短工作时间，如：

- 调整活动的逻辑顺序，提升效率。
- 充分考虑通过并行工程来缩短流程运行时间。

8. RASIC 模型

RASIC 模型用于在流程的数字化再造之后进行权责分析，从而针对新流程设定"责、权、利"关系，以及对每个环节进行权责分析和划分（SOD，Separation of Duty）。

在蒙牛的人力资源数字化转型中，其流程的权责分析也采用 RASIC 模型，用于明确各相关角色的权责划分，如图 5.12 所示。

- **Responsible**
  负责某流程活动，主要承担**提议**、**提案**、**推荐和执行**职责，具体负责操控项目、解决问题。

- **Accountable**
  对任务负全责的角色，流程的最终审批人，只有经其同意之后，项目才能得以进行；主要承担**决定**、**批准**、**裁决**、**否决**的职责。

- **Support**
  负责配合"R"完成指定的工作，达到既定的目标。对于同一任务，可以针对"R"指定多个"S"。

- **Informed**
  主要承担**备案**、**通报**的职责；需要被告知决策结果或活动结果，并在无异议的情况下对活动结果进行**存档**。

- **Consulted**
  在做出最终决策前出具专业意见，并影响最终决策/活动产出（无否决权）。

目标
- 明确关键任务的职责、责任，以及合作与信息共享方式
- 消除角色混淆、孤立和重叠的任务
- 为高层的岗位分类和描述奠定基础
- 为标准作业流程提供输入

图 5.12　蒙牛的 RASIC 模型

下面具体介绍 RASIC 模型的含义。

- R：Responsible，即该流程活动的责任人。
- A：Accountable，审核人；A 表示审核人，可用数字代表审核次序，AF 表示最终审核人，有且只有一个 AF 角色，以确保有主体对最终产出负责。
- S：Support，该流程活动的支持者。
- I：Informed，该流程活动状态必须通知到的角色。
- C：Consulted，咨询专家或者出具技术评价/意见的角色。

原则上，每一个流程活动要尽量保证仅有一个 R 角色，可以有多个 S、I 或 C 角色，在工作中尽量使 S、I 和 C 角色的数量最小化，每个主体尽可能只承担一个角色。

例如，在通过 RASIC 模型对人力资源业务流程进行识别时，除要识别主要人力资源角色外，还要识别人力资源工作中相关的、重要的非人力资源角色/外部角色（如员工、供应商等利益相关方），并将其共同纳入权责划分研讨范围，如图 5.13 所示。

主要人力资源角色

- 人力资源管理层
  人力资源领导、决策团队，主要服务对象为公司高层管理者。
- 人力资源专家
  提供员工体验导向、业务需求导向的创新人才解决方案。
- 人力资源业务合作伙伴
  充分利用数据与洞察，主导差异化的人力资源解决方案落地，以支撑业务发展。
- 人力资源共享中心
  聚焦于人力资源工作的集中交付，提升服务效能与质量，释放人力资源管理团队整体的精力与活力。

人力资源流程活动

非人力资源角色/外部角色

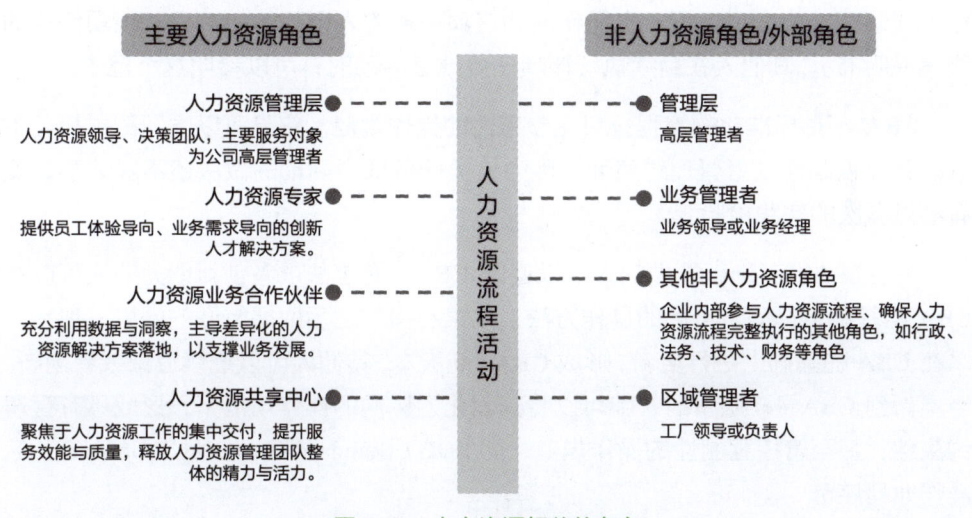

- 管理层
  高层管理者
- 业务管理者
  业务领导或业务经理
- 其他非人力资源角色
  企业内部参与人力资源流程、确保人力资源流程完整执行的其他角色，如行政、法务、技术、财务等角色
- 区域管理者
  工厂领导或负责人

图 5.13　人力资源相关的角色

图 5.14 所示为某业务活动的 RASIC 模型识别案例（示意图）。

人力资源关键工作		业务管理层/人力资源管理层		集团COE		事业部COE		集团职能HRBP		事业部HRBP		区域HRBP		HRSSC	
		角色	职责	角色	职责	角色	职责	角色	职责	角色	职责	角色	职责	角色	职责
人力资源战略	人力资源战略	A	审批人力资源战略	R	制定人力资源战略	C	参与制定事业部人力资源战略，提供建议	—	—	—	—	—	—	—	—
人力资源规划	人力资源规划	A	审批人力资源规划	R	制定人力资源规划	R	制定事业部人力资源规划，执行相关计划	C	参与制定总部的人力资源规划，提供业务意见	C	参与制定事业部的规划，提供业务意见	C	参与制定城市的规划，提供业务意见	C	提供基础数据
人力资源制度管理	人力资源制度管理	A	审核	R	制定人力资源管理制度	R	制定事业部人力资源管理制度	C	提供总部相关制度优化建议	C	提供事业部相关制度优化建议	C	提供城市相关制度优化建议	C	提供制度优化建议
组织关系	组织架构管理	A	审批组织架构方案	R	设计总部组织架构	R	设计事业部组织架构	C	参与设计总部组织架构，反馈业务需求	C	参与设计事业部组织架构，反馈业务需求	C	参与设计城市组织架构，反馈业务需求	I	知悉，配合调整
	岗位及编制管理	A	审批岗位编制方案	R/C	设计岗位、编制管理方案/提供专业意见	C	参与方案设计	R/C	发起总部岗位调整需求/对总部的岗位及编制管理提出建议	R/C	发起事业部岗位调整需求/对事业部的岗位及编制管理提出建议	R/C	发起城市岗位调整需求/对城市的岗位及编制管理提出建议	I	知悉，在系统中进行调整
人才获取	招聘管理	A	审批招聘相关方案	R	设计总部招聘相关方案	R	设计事业部招聘相关方案	C/I	反馈总部业务需求/执行方案	C/I	反馈事业部业务需求/执行方案	C/I	反馈城市业务需求/执行方案	I	知悉，执行并配合调整
	招聘渠道	A	审批招聘渠道方案/招聘结果	C	设计内部招聘、内部推荐方案	—	—	C	根据总部需求，选择某一渠道发起招聘活动	C	根据事业部需求，选择某一渠道发起招聘活动	C	根据城市需求，选择某一渠道发起招聘活动	R	协助发布内部招聘信息
	招聘执行	A	审批录用结果	A	审核招聘信息的规范性和有效性	—	—	C	根据总部需求进行候选人面试筛选	C	根据事业部需求进行候选人面试筛选	R	根据城市需求进行候选人面试筛选	R	发放录用通知/发布招聘信息

图 5.14 某业务活动的 RASIC 模型识别案例（示意图）

9. CBA

在流程相对模糊、不知道如何标准化某项操作时，可以参照 CBA（即目前最佳实践研究方法，也指第一次操作成功这项任务的人撰写的如何完成该项任务的流程说明书）。其他人在后续执行该项任务或者活动时，可以参照这个范本。

CBA 不是标准化的流程，只是参考性的操作规范。它是可以学习的样板，不具有管控强制性或者管理约束性。因为这类任务或者活动的做法还不够成熟，没有经过多次的实践检验。

没有想法或者创新能力的人可以遵循 CBA，有想法或者创新能力的人可以在 CBA 的基础上，测试自己的操作方法。如果在操作之后取得较好的效果，那么可以在 CBA 的基础上进行更新，形成 CBA 2.0 版本。其他人可以继续遵循或者创新。当更新到 CBA 4.0 版本时，就可以将其固化为标准的操作规范了，形成具有管理约束性，甚至管控强制性的操作规范，即 SOP（Standard Operating Procedure，标准作业程序）。

10. RPA

RPA 是数字技术发展给企业的流程优化或者再造带来的新机会，所以，在企业对现有的流程进行梳理、探寻优化机会时，要用 RPA 思想对现有的流程进行技术审视，对于一些业务活动或者流程环节可以进行 RPA 再造。图 5.15 为在关键流程环节用 RPA 思想探寻 RPA 机会的示例。

子流程/业务活动	RPA 机会
入职工作准备	• 员工在入职前在线上填报自己的信息，RPA 可自动传输新员工数据至人力资源管理系统中； • RPA 可以自动设置公司网络和系统访问权限； • RPA 可以自动推送新员工数据给相关入职接待人员，通知其做好员工入职报到准备； • RPA 可以给员工自动提供提醒：入职报到日需要到达的地点、即将进行的活动； • RPA 可以给入职报到的员工办理入厂手续（二维码或者人脸识别）
入职报到和手续办理	• RPA 可用于完成员工背景调查及资质验证，如通过外部数据库验证身份信息； • RPA 可监控新员工数据录入，并自动安排下一轮线上培训，包括发放培训通知及培训前材料； • RPA 可以帮助员工办理入职手续，远程预排队（如果需要）； • RPA 可以校验员工入职手续是否办理完成，在午餐时间提醒员工用餐，并为其导航到就餐地点
入职日活动管理	• RPA 可以收集、发送及监控与公司财产资源相关的沟通信息； • RPA 可以在自定义时间内发送关于新员工活动及新员工团队的信息

图 5.15 在关键流程环节用 RPA 思想探寻 RPA 机会示例

RPA 在提升员工体验、提高流程效率、降低流程环节的复杂度等方面，能够带来创新性的变革。根据蒙牛的实践经验，对于相同的流程环节，特别是在员工入职阶段，相比采用人工模式，员工认为采用 RPA 模式的体验更好，这让他们觉得自己进入了一家技术先进的企业。

在对人力资源相关事务和工作进行体系化的梳理，并用 RPA 思想探寻优化机会时，蒙牛发现，在人力资源三支柱架构模式下，HRSSC 中的绝大多数事务性的工作都有采用 RPA 进行再造的机会，只要搭建好了技术平台，通过数据梳理和治理，就很容易对 HRSSC 中的大量工作进行无人化、线上化和数字化的再造。

通过以上方法，在企业中可以梳理出几百项甚至上千项需要改善或者优化的流程节点或者业务活动。这个时候企业可以通过流程价值/改进矩阵来设定优先权，优先调整和优化价值高、改进机会大、容易改善的流程节点或者业务活动。图 5.16 是流程价值/改进矩阵示意图。

在人力资源领域，有大量的流程环节或者业务活动。在前文介绍员工体验地图时，列举了 108 项员工（从入职到离职或退休）在企业中涉及的相关工作，有的企业将行政类的工作也纳入人力资源的范畴，比如安保设置、门禁设置、访客设置、就餐设置、班车设置、宿舍设置等。对于有国际业务的企业，涉及的工作更多，例如员工国外出差等相关事务的办理。

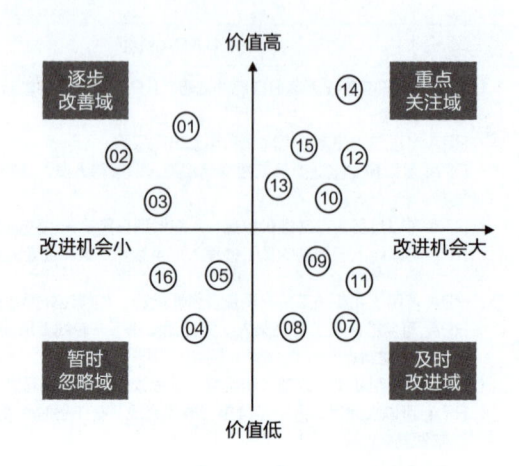

图 5.16 流程价值/改进矩阵示意图

蒙牛以企业流程管理为导向，搭建了流程健康度 CHEER 模型，从协调性、体验性、效率性、风险性 4 个维度对流程进行健康度诊断，如图 5.17 所示。

图 5.17 流程健康度 CHEER 模型

市面上通用的流程管理工具繁多，但是使用者需要具有丰富的业务经验才能驾驭这些工具。为了提升所有员工的流程管理意识，蒙牛采用员工"易懂"的语言，以流程健康度 CHEER 模型为基础，开发了流程健康度自检项目清单，如图 5.18 所示。

关于新建或优化流程的工具和方法也有很多，我们只要找到适合企业的工具即可，但需要注意，流程体系建设不是大而全才算好。流程体系建设是一个长期的、持续迭代的、不断创新的过程，不要追求一劳永逸。

维度	检查项目	优化手段	备注
1.协调性	1.1.是否充分考虑前后端关联流程或接触点连接问题	流程打通	
	1.2.是否业务间存在交叉或重复工作，例如一个业务多次审批	清除、简化、整合	
	1.3.是否存在流程必要性信息或数据不能共享的情况	打通信息、数据关联	
	1.4 是否在进行数据分析时，存在缺少必要的数据支撑的情况	预埋数据	
	1.5.是否存在跨部门业务协作不顺畅的情况	沟通、协调、拉通	
2.体验性	2.1.是否存在系统易用性差的情况，例如经常发生卡顿、上传不了文件等情况	系统优化	
	2.2.是否提供某些附加服务或产品，会让用户更有"爽感"或帮助感	增加活动	
	2.3.是否在某个环节加入预警信息、提示信息等会提升效率或降低风险	增加活动	
	2.4.是否在某个环节存在无意义的预警、提示、海报等，让人感觉厌烦	删除活动	
3.效率性	3.1.流程活动是否必须有，如果没有，则是否对流程价值或下游活动产生影响	删除非增值活动	
	3.2.流程活动顺序是否可以调整，是否可以并行	调整顺序或串行改并行	
	3.3.流程活动操作人是否最优，是否可以与前后端活动整合	合并流程角色	
	3.4.需要提交的见证性材料是否有必要，如果不提交是否对流程结果产生影响	简化、自动化、验证等，规则内化	
	3.5.填写的表单是否符合流程表单设计规则	表单优化	
	3.6.流程链条中是否存在某个环节等待时间长的现象	缩短等待时间、自动化	
	3.7.是否存在大量的人工操作	自动化	
4.风险性	4.1.是否存在与法律、法规相冲突的情况或漏洞	评估法律风险后调整	
	4.2.是否存在流程与制度规定不一致，或对于同一业务，制度和规则不一致的情况	制度保持一致，以矛盾点推动制度完善	
	4.3.是否存在流程稳定性差、较多情景缺失的情况	评估缺失场景合理性，补充场景或规范管理	
	4.4.人力资源业务流程管理是否存在盲区，是否存在无流程可依或有流程不执行的情况	分析原因，建立/优化流程	
	4.5.是否存在关键流程环节没有形成闭环的情况，即有头无尾，有始无终	关键环节闭环管理	

图 5.18 蒙牛流程健康度自检项目清单

流程数字化再造不仅是将线下表单"搬到"线上，更不仅是将线下审批"搬到"线上。参与流程数字化的组织成员也不是越多越好，更不要追求"全员参与"。组织成员在精不在多，但是必须要有"业务专家型"人才参与整个流程数字化再造的工作。

5.3 人力资源业务流程数字化监控

在对人力资源业务流程进行数字化再造的时候，企业不能忘记流程再造的初心，更不能丢失既定的目标。

本书 4.4 节探讨了人力资源数字化转型的目标体系，从降本增效、提升员工体验和模式创新的角度梳理了人力资源数字化转型的目标。人力资源业务流程的数字化再造也要秉承人力资源数字化转型的目标体系，并要落实到具体的流程环节和业务活动的数字化再造过程中。但是，在实践中，人力资源管理部门属于职能部门，其不像业务部门，可以非常简单地使用业务活动数据来量化相关的目标。职能部门的目标设定往往依赖定性的评价，难以量化为具体的数值，有时候还需要通过调研、反馈或者人工评价来设定某些业务活动或者流程环节的目标。

在人力资源领域的流程优化目标设定方面，一般要考虑 5 个维度：风险、时间、质量、成本和客户（内部）满意度。企业可以通过这 5 个维度来思考、设计人力资源业务流程环节和业务活动的关键绩效指标体系。表 5.1 为人力资源业务相关流程指标示例（此处只列举了 3 个维度）。

表 5.1　人力资源业务相关流程指标示例

维　度	流程指标	定　　义
质量	手续办理及时性	评估各类与人事服务相关的手续办理的及时性
	人事操作合规性	衡量人事操作过程是否按照 SOP（标准作业程序）和 SLA（服务等级协议）的标准交付服务
	员工入职培训完成率	完成入职培训的员工数量/总员工数量
	员工档案完整率	员工档案完整与准确的比例
	新员工数据完成率	新员工在入职过程中需要完成的数据采集与维护准确的比例。通过数据质量抽查来获得结果
成本	单位入职成本占比	入职活动总费用/新员工数量
客户（内部）满意度	候选人满意度	在调研中，对入职流程给予积极反馈的候选人的比例
	业务经理满意度	在调研中，对入职流程给予积极反馈的业务经理的比例

5.3.1　流程数字化监控体系

企业可以基于以上 5 个维度，用具体的指标来量化流程优化目标，并对流程的实际执行进行线上化数据采集和实时、动态的监控。

大部分企业在做流程优化时，到最后更多地是对审批流程的优化，而忽略了对业务流程的优化，以及业务流程优化导向不明确、对业务流程的监控不足。只有很少的企业能够建立客观的业务流程数据化监控体系。大多数企业不仅缺少业务流程数据化监控体系，还缺少数据化的分析，并且动态量化监控及敏态驱动业务改善的能力也较差：很多人只是在认真做事，没有思考为什么这么做，能否换一种方法做；也不敢"违反"原有的操作方法和流程——只要按照前人设定的流程做，就不会错，即使错了也不是自己的错，但是自己要创新，如果做对了或做好了则还好，如果出现错误，则会影响自己的业绩，甚至会影响自己的职业发展。

企业的流程监控重点要从当下的审批流程监控逐步向业务流程监控"倾斜"，以及从审批流程的基础化监控向业务流程的 KPI 监控过渡，"两手都要抓，两手都要硬"，从而搭建可落地化、多维度化、多视角化、数字化、线上化（"五化"）的人力资源业务流程监控体系。图 5.19 为从审批流程到业务流程的流程监控"天平"示意图。

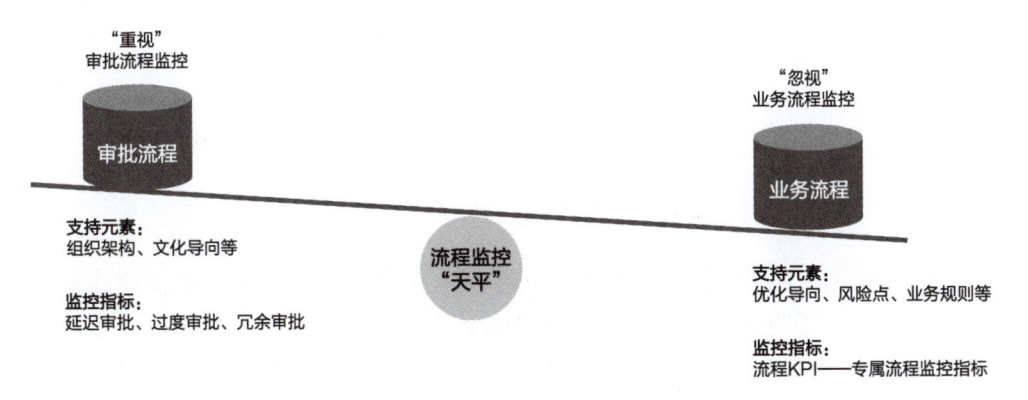

图 5.19　从审批流程到业务流程的流程监控"天平"示意图

通过人力资源业务流程监控体系，蒙牛让业务中存在浪费、错误或者延迟、滞后、低质量等问题的流程环节或者业务活动暴露在管理团队面前，让问题能够被及时发现、及时修正，从而实现对流程的实时动态的敏捷管理和管控。

秉承着"双管齐下"的理念，蒙牛在不断的探索中搭建了"监控模型–指标地图–监控报告"层层落地的流程监控模型，即 COST 模型。COST 模型是以流程审批效能与流程运营质量为着力点的流程监控模型。

COST 模型分为两大部分（见图 5.20）：审批流程监控和业务流程监控。

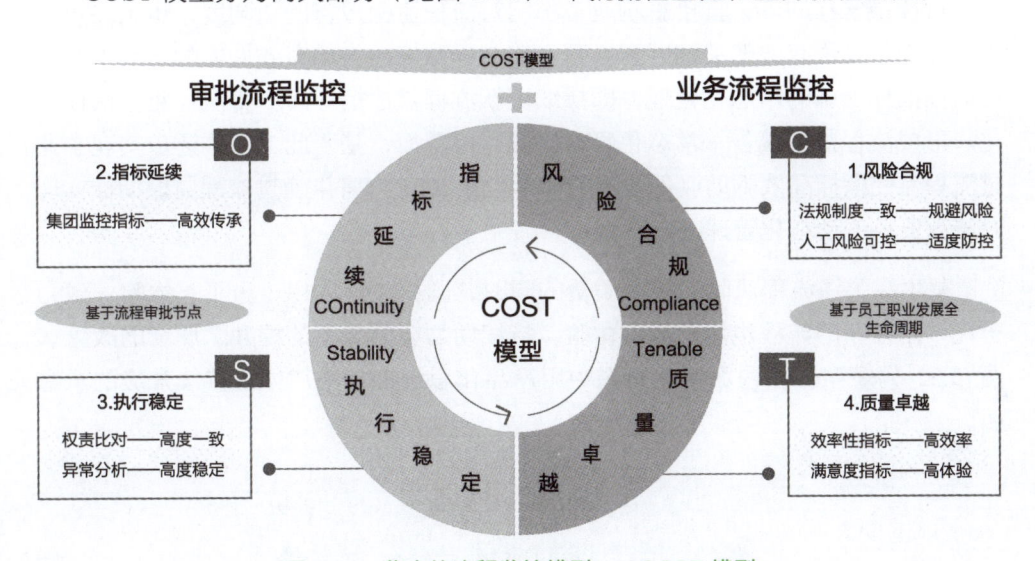

图 5.20　蒙牛的流程监控模型——COST 模型

- "审批流程监控"基于审批节点，延续集团流程委员会审批的流程监控指标，同时关注审批流程执行的一致性和稳定性。
- "业务流程监控"基于员工职业发展全生命周期，关注风险合规和质量卓越，提炼员工职业发展全生命周期内的关键控制点、关键体验点，保证流程的零风险和高品质运营。

5.3.2 流程数字化的产品化思维

COST 模型为企业流程监控提供方向性指导，而流程监控指标才是流程监控落地的关键。为了保证流程监控指标的全面性和有效性，蒙牛围绕员工职业发展全生命周期挖掘流程监控指标，并在运营机制的作用下持续迭代、更新流程监控指标库，保证流程监控指标库向全面化、信息化，管理逐步常规化的方向发展，并持续驱动业务的改善。

对业务而言，流程监控最直接的输出结果是流程监控报告。流程监控报告通过对流程监控指标系统化、多元化地分析，建立了从洞察问题、分析问题、解决问题、落地追踪、反馈效果到树立标杆的良性循环机制，直击业务痛点，推动业务的快速改善。企业可以将各单位的优秀实践案例快速推广到整个企业中，促进企业整体战略目标的达成。

在流程监控过程中，各部门是否对流程监控指标的口径达成共识、数据收集的可行性是怎样的等，直接影响业务部门对流程监控报告的认同度，也是决定流程监控报告是否有效的关键因素。蒙牛的流程监控报告的有效性依赖于蒙牛对流程监控指标实施的常态化管理，即持续更新流程监控指标库—将流程监控指标固化—形成流程监控报告—常态化管理流程监控看板，基于此，蒙牛逐步实现了通过流程监控指标高效驱动业务改善的目标。图 5.21 为蒙牛通过流程监控指标实现对流程监控的动态化管理的示意图。

蒙牛在关注流程风险、流程质量的同时，同样关注用户（员工）体验，致力于让"刚性"的流程也注重用户体验，持续助力业务效率的提升、质量的改善。图 5.22 为蒙牛在流程数字化再造中用产品化思维推动用户体验持续升级的示意图。

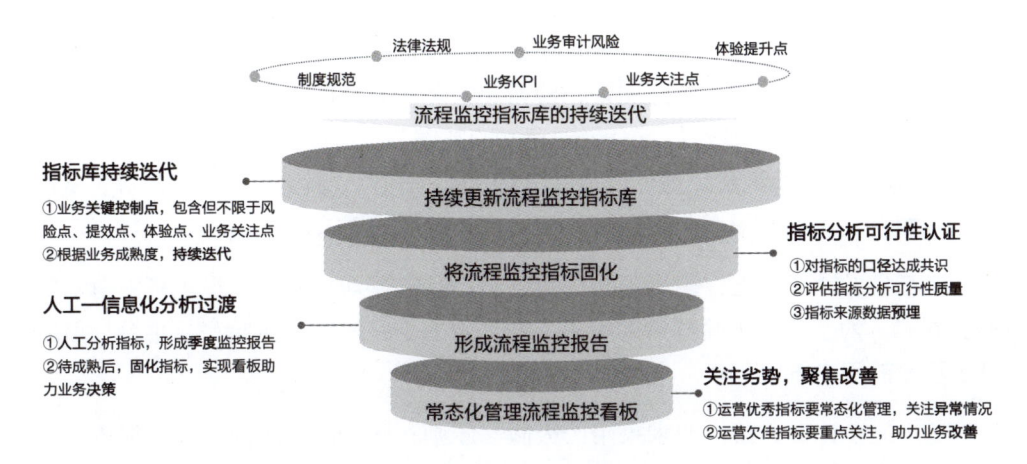

图 5.21 蒙牛通过流程监控指标实现对流程监控的动态化管理的示意图

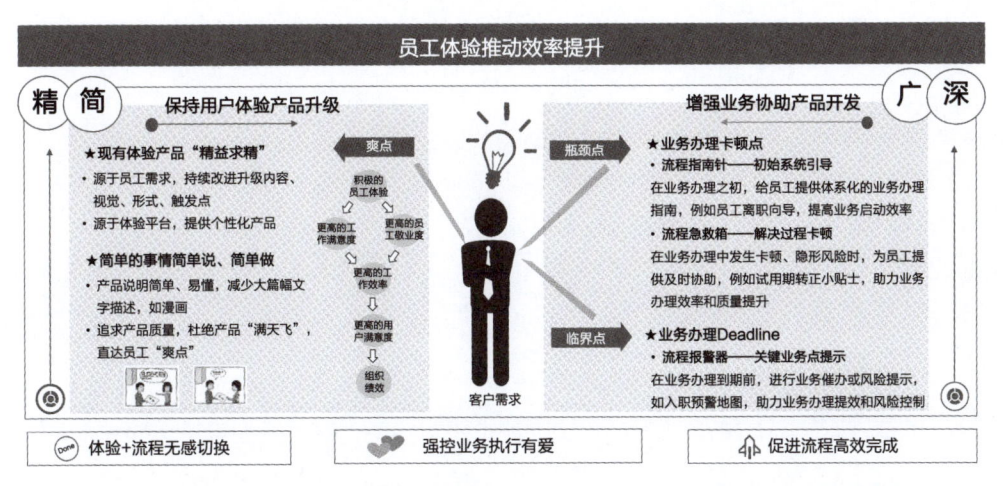

图 5.22 蒙牛在流程数字化再造中用产品化思维推动用户体验持续升级的示意图

蒙牛将产品化思维贯穿于流程数字化再造的全过程，在不同的流程环节中，开发了"应景"的产品，具体介绍如下。

- 流程指南针：在业务办理之初，给员工提供体系化的业务办理指南，例如员工离职向导，可以让员工知道在什么时间、什么地点、提前准备什么、找什么人、办理什么事情，从而大大提高业务启动效率。
- 流程急救箱：在业务办理过程中，当存在隐形风险或者业务发生卡顿时，有针对性地及时为员工提供协助，并将协助资源（如试用期转正小贴士）固定放在"加油站"中。员工可以按照需求随时进行"能量"补充，避免找不到"加油站"或"加油站"中无"油"不能及时补充"能量"的问题，从而助力业务办理效率和质量提升。

- 流程报警器：在业务办理到期前或风险点来临前，进行业务风险提示或业务催办，如入职预警地图等，助力业务办理提效和风险控制。
- 流程"爽点"：在对员工有重要意义的关键节点，推送深入人心的产品，如"蒙牛岁月系列员工退休产品""员工转正贺信""员工晋升贺信"等，从而提升员工的荣誉感与敬业度，最终提升组织的绩效。

在产品设计形式上，蒙牛不断拓展各类产品的展现形式，让员工不断有新鲜感。同时，为了满足不同群体的需求，蒙牛致力于开发用户体验产品平台，鼓励一定程度的用户体验创新。

在产品设计上，蒙牛要求采用"极简"原则：即产品说明要简单、易懂，减少大篇幅文字描述，并且追求不断提高产品质量。

第 6 章

人力资源数字化之数据治理

一些传统企业对于数据不重视、不管理、不治理，导致企业中的数据不全面、不标准、不联通。企业因为不使用数据，所以不重视数据质量管理；因为不重视数据质量管理，所以数据质量不高；因为数据质量不高，所以无法分析数据；因为无法分析数据，所以不做数据分析；因为不做数据分析，所以不重视数据质量管理……从而形成了恶性循环，如图6.1所示。

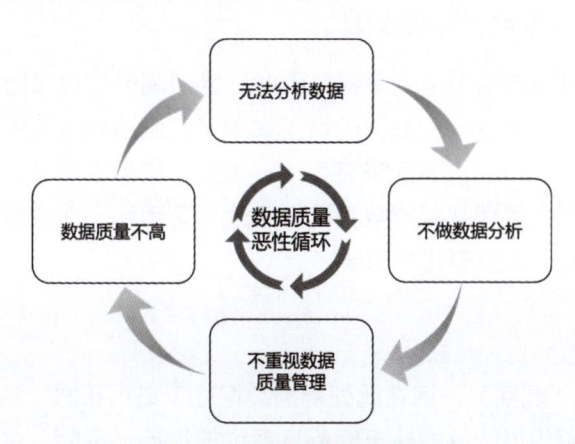

图 6.1 数据质量恶性循环

数据质量是人力资源数字化转型的关键基石。在没有高质量数据的支撑下，要构建自动化的流程是不可能的，而这又进一步影响了企业使用人力资源数据进行决策优化和提供在线人事服务的能力。

错误或低质量的数据不仅无助于决策优化，反而可能会导致管理评估不准确和决策失误。因此，有时候，"错误的数据还不如没有数据"。相比之下，即便没有数据，管理者在某些情况下依靠直觉和经验也可能做出正确的决策。因此，确保数据的准确性、一致性和时效性是实现人力资源数字化转型成功的先决条件。

企业的数据通常存在如下问题：散、乱、差、孤、闲，如图 6.2 所示。

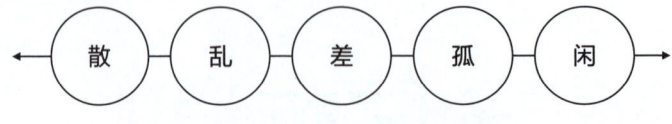

图 6.2 企业数据质量问题表现

1. 散

散是指数据被分散存储在各个业务系统的服务器中，或者被存储在员工的电脑中，特别是用来做关键业务决策和分析的数据。这些数据没有被集中化存储，很容易丢失；或者数据更新不能同步，大家传来传去，导致数据不一致的现象非常普遍。

若数据被分散存储，则其管理的难度也将增大。具体而言，对于此类数据既难以实现同步更新，也难以验证各数据项之间的一致性。在做决策的过程中，由于各部门所依据的数据源各异，可能导致形成的观点与结论多元化，进而在管理层面会引发难以达成决策共识的问题。

此外，当数据被存储于个人电脑之中时，其面临的丢失风险将急剧上升。即便数据未丢失，一旦负责保管数据的员工离职了，则这些数据的存在及其内容往往也将无人知晓，实质上也等同于丢失了。因此，任何未被共享或记录的数据均存在丢失的风险。为了切实保障数据的完整性与可用性，在企业中构建集中化的数据管理系统就显得尤为迫切与重要了。

2. 乱

乱，即混乱。"混乱"一词在此处特指数据处于无序状态，具体表现为对于在管理决策过程中所使用的数据缺乏明确且系统的规范，例如，这些数据在来源追溯、计算方法及访问与查看权限等方面均存在显著的缺陷。此种状况极易导致在实际应用数据时难以有效判断数据的准确性与权威性。例如，对于每一份用于管理决策的数据，其统计汇总的具体路径与来源往往模糊不清，难以实现有效的溯源；同时，在计算数据的过程中，也缺乏统一且规范的算法标准，使得计算结果的可信度大打折扣；此外，在数据的访问与查看权限方面，同样缺乏明确的标准与规范，导致权限模糊，难以有效管理数据的访问与使用。

综上所述，当数据呈现明显的无序与混乱状态时，企业亟须采取有效的措施加以改善，以确保数据的准确性、权威性与安全性。

数据的混乱，会导致管理层在缺乏确凿信息支持的情况下，只能依据主观判断做出决策。在这种环境下，数据的真实性和准确性往往被质疑，从而导致一些人出于各种目的而故意制造虚假数据。这种现象在很多组织中成了一种常态。这不仅破坏了数据的真实性，也严重损害了组织内部的信任基础，以及降低了决策质量。

当数据呈现混乱的状态时，数据的可用性也将受到严重制约。管理层难以分辨哪些数据是准确无误的，哪些数据是可信赖的，这直接导致数据分析结果的不精确，进而对管理决策产生不利影响。此外，数据混乱还会显著降低工作效率，迫使员工将宝贵的时间耗费在基础数据的整理与鉴别上，而非专注于更具价值的业务分析与洞察工作。这种本末倒置的现象，无疑是对企业资源的一种极大浪费。

因此，建立清晰的数据治理框架，包括将数据来源标准化、计算方法规范化及访问权限明确化，对于确保数据的准确性、提升管理决策的质量及减少数据滥用的现象至关重要。企业通过建立统一和规范的数据标准，可以有效地保证数据统一，避免数据混乱。

3. 差

差指的是数据质量差。数据质量差一般体现在多个方面：

（1）原始数据本身存在质量问题，如数据不全、不完整，以及记录错误等。

（2）数据统计汇总的过程混乱，导致数据出现不一致、不准确的情况，进而引发数据使用者质疑数据的真实性。

当数据无法真实反映业务状况，甚至存在人为操纵数据以掩盖真相的情况时，数据的公信力将会受到损害，从而使得企业所采集的数据失去应有的价值。

（3）在企业中缺乏相关的数据标准，即在数据的采集、加工处理的过程中，缺乏统一、规范的标准，这进一步提高了数据质量问题的复杂性。

（4）在企业中缺乏规范化的数据采集和处理流程。例如，以采集企业客户信息为例，其中包括企业客户的名称和地址，如果在业务系统中只保留一个文本框让业务人员填写，则无法保证数据的质量。如果企业将业务系统接入工商企业信息数据库，并提供自动查询功能和下拉菜单让业务人员填报企业客户名称，而不是让业务人员手工填报，就可以确保数据的规范性和准确性。同理，企业可以将业务系统接入地图地址数据库，让业务人员通过选择的方式录入企业客户所在的省/市/区域、街道和大厦，并且只让业务人员手工填写门牌号，那么这样的地址信息就是相对规范的，从而可以进一步确保企业客户的地址信息的标准性和一致性。如果企业缺乏类似的规范化的数据采集和处理流程，则会直接影响数据的可信度及其在管理决策中的应用价值，同时也会影响大家使用数据的积极性。

因此，建立和维护统一的数据标准、规范化的数据采集和处理流程，对于保障数据质量、提升数据在管理决策中的影响力至关重要。这不仅能增强数据使用者的信心，也能促进数据在企业运营和战略规划中得到有效的应用。

4. 孤

孤是指数据不能联通，即前序流程和后序流程中的数据不连贯、数据不一致，数据如同"孤岛"一般。

数据不联通、数据不一致是企业在数据管理中面临的最大挑战。在这种数据被分散管理的环境中，由于采用了不同的标准对数据进行统计和加工，即使是相同的数据集，也会因为处理方式的不同而呈现不一致的结果。

在过去，企业的业务系统都是由不同的部门主导规划，由不同的厂商提供产品，由不同的项目团队来实施的。这种做法加剧了数据孤岛的形成。例如，相同的物料在不同的系统中的编码和名称可能不同，相同的客户被赋予不同的编码，以及各类事项被采用不同的记录方法，在这些因素共同的作用下，即便是分析相同的数据，也会产生不一样的结果。

想要解决数据孤岛问题，首先要解决业务系统孤岛问题，确立跨部门、跨系统的数据共享与通信机制。然后解决数据标准和规范的问题，尤其要对关键业务要素（如人员、物料等业务实体）建立规范的编码规则；对于原始数据要统一入口，采取单点采集、多点共享的原则；对于用于管理决策和统计汇总的数据也应制定统一的输出规范，确保在整个数据生命周期中，输出出口的唯一性，并保持动态的同步更新。

通过这样的数据治理方法和实践，企业不仅可以克服数据孤岛带来的数据分析与管理障碍，还能在企业内部培养数据驱动决策的文化，提高数据的利用率及决策的精确性，为企业的持续成长与创新提供坚实的数据基础。

5. 闲

闲是指数据被闲置,无人使用。当数据被采集后,无人使用也是导致数据质量不高的原因,甚至是核心原因。

当数据处于闲置状态,未被充分利用时,企业便缺乏对这些数据进行规范和质量监控的动力。换言之,如果数据未被应用于实际业务中,那么对其进行规范化处理的意义也会大打折扣。

数据被闲置的原因不一定是业务需求问题,也可能是数据质量问题。数据质量差属于数据管理问题,而数据管理问题属于数据使用问题:不使用数据则不管理数据,不管理数据则数据质量不高,数据质量不高则无法使用数据。这是一个"先有鸡还是先有蛋"的问题。

让闲置的数据用起来是提高数据质量的关键措施,只要有人使用数据,数据的质量就会被关注,就有必要提升该数据的质量,从而该数据的质量才有可能被提升。

为了打破数据质量低下与数据未被使用之间的恶性循环,激活闲置的数据成为提升数据质量的关键。一旦数据被使用,其质量便会受到重视,随之而被提升。事实上,即便是质量较高的数据,如果长时间无人问津,则其质量也会因为缺乏维护而逐渐下降。因此,确保数据可以在实际中被应用,不仅可以提升数据本身的价值,还能让企业长期维护数据质量,促进数据管理流程的持续改进和优化。这种策略不仅提高了数据的可用性,也优化了数据治理的整体框架,为企业用数据驱动决策提供了坚实的基础。

6.1 数据质量与数据规范管理

在企业数字化转型的过程中,人力资源数据的质量相对于财务数据和业务数据,往往是最差的,其中一个主要的原因是大家维护人力资源数据的积极性不足。

另外,很多企业较晚才实施上线与人力资源相关的系统,这些企业最先上线的系统往往是财务系统,其次是业务系统。因为涉及钱和物的问题,企业对于业务数据和财务数据的完整性和规范性的要求极高,在管理上几乎不留弹性,所以,业务系统和财务系统中记录的数据往往比较完整和规范。

相比之下，人力资源管理系统的部署和优化则相对滞后。其中一部分原因在于有一些人不愿意透露太多的个人信息，也不愿意将自己的所有行为数据都留存下来，从而导致与人力资源相关的数据规范性差、标准化程度低、记录不全面。另外，也会存在一些人超越组织管理范围的情况，比如组织内部的某些高层管理人员或处于特殊职位的人员可能不受常规数据管理规范的约束，这些情况也阻碍了企业采集全面、完整的人力资源数据，进一步加大了企业管理人力资源数据的难度。

因此，在企业推动人力资源数字化转型的时候，对人力资源数据的治理是第一步，也是基础。如果没有相对较好的数据集，则人力资源数字化转型的所有措施都将流产，或者达不到预期的效果。对人力资源数据进行综合治理，需要一套完整的体系和方法，从而才能保证有持续、高质量的数据可用。因此，企业在推进人力资源数字化转型的过程中，不仅要重视数据的采集和更新，还要加强对数据的规范化管理，提升相关人员对数据质量重要性的认识，确保人力资源数据的完整性和准确性。

6.1.1 数据质量与数据治理问题

在人力资源数字化转型的过程中，高质量的数据成为构筑数字化转型基石的核心要素。回顾过往，企业在推进信息化建设时，往往侧重于满足业务功能需求而对数据与数据质量问题未给予充分的重视，导致企业内部积累了多种数据难题。然而，随着企业的人力资源业务向全面、深入的数字化迈进，即从传统的手工操作模式彻底转变为系统驱动的高效模式，数据与数据质量的重要性便日益凸显，并且成为推动流程自动化，以及实现管理智能化、精细化不可或缺的关键因素。

在正常情况下，在企业的数字化转型过程中，数据治理和数据质量标准管控应该先行。但实际上，很多企业在数字化转型过程中并没有意识到数据的重要性，直到在此过程中发现问题时才开始重视数据，然后采取措施来进行数据治理。

蒙牛在人力资源数字化转型初期并没有进行数据治理，这也间接导致其很多数据质量较低。并且在数据的使用过程中，因为数据不标准、不规范、不准确等问题给业务带来了很多困扰。随着流程数字化和业务线上化、自动化、智能化，数据质量问题也日渐凸显。

在进行数字化转型的过程中，蒙牛对自己的数据现状进行了调研，发现在数据方面面临的挑战较多，数据管理成熟度亟待提升，具体表现在如下几个方面。

1. 数据文化和数据意识薄弱

很多员工认识不到数据的重要性，把主要的精力和时间都放到业务上，只重视业务目标的达成。而员工为了达成业务目标，就会出现"萝卜快了不洗泥"的现象。在生产过程中经常会有员工发出类似"活儿都干不完呢，还要录入数据"等抱怨。

而各层级的管理人员也经常容忍这种现象的存在，因为他们也都忙于业务，不重视数据采集，更不会重视数据采集是否标准和规范。对很多业务部门来说，这些数据录入操作都被当作额外的负担，他们只愿意将时间花在业务上，不愿意将时间花在数据采集和数据加工处理上。

而高层管理者对于数据资产的价值认识也不足，他们认为"不管黑猫白猫，捉到老鼠就是好猫"，只要达成业务目标就可以了，不在乎系统中的数据质量。

因此，在企业中，从上到下以结果为导向，不重视过程，也是数据质量难以得到保障的根源之一。

2. 无数据质量责任人

在企业的目标管理体系下，每个管理者的压力都很大，他们对数据质量的责任感也被削弱了。企业的各系统中是否记录了完整的数据不重要，也没人管、没人问。企业中没有设置数据质量责任人，也是导致企业中的数据长期处于无管理状态的根本原因。

当数据出现"多点录入"的情况时，很容易出现无人负责数据的质量和动态维护的现象。例如，同样是客户信息，财务部门要开发票、记账，需要在 ERP 系统中录入客户信息；销售部门为了跟踪客户订单和客户绩效，需要在 CRM 系统中录入客户信息；采购部门为了确保客户或者供应商符合企业的管理管控标准，需要在合同管理系统中录入客户信息；物流部门为了跟踪整个物流过程中的物权转移，确保资产安全，需要在物流管理系统中录入客户信息，等等。每个部门都会在不同的系统中录入客户信息，但是没有一个部门对客户信息的质量和动态维护负责。只要不出现风险和事故，就没有人会站出来对这些数据的准确性进行校验，以及对这些数据进行实时、动态的维护，也没有部门对这几个系统中的客户信息进行同步更新。

在企业中，员工对于数据质量问题的抱怨很多，但推动数据清洗和数据治理的动力不足。大家都希望提升数据质量，确保数据的一致性，但在进行数据治理时又找不到具体的责任人。例如，当数据不一致时，业务人员对客户信息进行了变更和维护，但是又不会主动同步到其他系统中，其中不仅仅是因为他们没有相关权限，更重要的是他们没有责任和义务。

3. 无数据统一入口和统一出口

数据治理的一个原则就是"原始数据入口唯一，确保数据的一致性；指标数据出口唯一，确保规则统一"。但是，在过去企业的信息化建设过程中，每个系统都是独立建设完成的：由各个厂商实施，由各个业务部门独立推进；一个部门在建设系统的时候，并没有对其他系统中的数据提出要求，也没有义务满足其他部门的数据需求，这就导致各个部门都在录入数据，甚至在多个系统中录入了相同的数据。

比如，同样是员工信息采集，人力资源管理部门只考虑自己需要的员工信息，并不考虑业务部门所需要的与业务相关的员工信息，其所采集的员工信息就是人口统计学所要求的信息；而研发部门可能更关注员工在学术上取得的成就；营销部门可能更关注员工在营销上取得的成就；高层管理者可能更关注员工在团队管理和业务上取得的成就。在采集这些数据时，企业并没有设置标准的信息采集字段，导致对员工信息的维护并不健全。

再比如，当企业缺少规范化的指标体系时，各个业务部门会根据自己业务系统中产生的指标数据进行统计，导致大家得到的数据不一样，做出的决策判断不一致，从而导致形成的观点和意见也不统一。当企业建立规范的指标体系之后，要为指标数据设置唯一的出口，由统一的部门或者岗位出具该指标数据的统计结果，并发布给大家使用，这样可以保证大家对决策判断、业务分析和内外部环境的认知是一致的。

4. 缺少数据规范和标准

此问题主要是指对原始数据的采集缺少规范，以及对指标数据的统计汇总缺少标准规则，导致很多人采集到的数据不同，采用的指标数据统计口径和计算规则也不同。

企业在对数据质量进行维护时，如果缺失相关的标准和规范，就无法针对数据质量问题进行"有的放矢"的改善和提升，对指标数据也无法进行体系化管理，各单位各自为政，不同业务单元的指标数据统计口径差异较大，无法对比。

蒙牛在人力资源数字化转型过程中，在数据标准建立和规范管理上也走了比较长的路。在人力共享信息化平台建设项目一期中，由于项目团队对数据标准和规范的重视度不够，导致各个业务系统中的数据标准和规范不一致，无法打通各个业务系统。

比如，集团业务系统中的部门设置与人力资源管理系统中的部门设置不统一，业务部门和人力资源管理部门根据实际情况录入数据或延续前期导入的数据，没有实现数据源头唯一化。虽然在人力资源组织制度中有部门命名规则，但是没有细化、量化的规范要求，尤其对于部门层级设置没有要求，这就导致各部门根据各自的理解录入数据，使得数据的命名参差不齐。

在系统建设中，企业在对系统进行配置时要考虑角色、职位和岗位三类要素。比如在配置人力资源数字化平台时，可以使用角色来配置，也可以使用职位来配置，还可以使用岗位来配置，但是要避免根据具体的"人员"进行配置。如果选择的配置要素不合理，就会导致数据传递路线混乱，在调整人员、岗位后会出现数据错配等问题。比如，当人员的岗位和角色发生变化时，出现在人力资源数字化平台中的同一个岗位的名称代码就会不同；当有人员发生变动时，会出现流程的变化，就需要重新配置审批节点；对于集团的人力资源数据报表，有些子公司无法统一导出。

在蒙牛的人力共享信息化平台建设项目一期，项目团队由于缺乏经验，没有意识到数据规范和标准的重要性，也没有意识到数据质量问题的严重性。针对这些问题，在人力共享信息化平台建设项目二期中，项目团队做的第一项工作就是进行主数据的梳理和数据治理，包括对系统的主数据进行梳理，对基于主数据发现的问题进行深入调研，制定数据标准和规则并由系统自动进行稽核，建立统一的数据管理规范，确保在数据发生异动时进行动态的一致性更新。

5. 缺少数据常态化维护机制和流程

此问题主要是指企业缺少对数据进行常态化维护的机制和流程，即当一个部门或者一个系统中的数据发生更新时，并没有对其他部门或者其他系统中的数据进行实时的更新和维护。比如，财务部门在给客户开具发票时，发现客户的名称和地址发生了变更，他们只是在财务系统中对客户信息进行了变更，并没有对合同管理系统、物流系统、OA系统中的客户信息进行实时的更新。这就造成了各系统中的数据不一致、不统一。因为缺少数据维护日志，大家也不知道客户信息是什么时候变更的，从而导致其他部门的同事在打通数据时，并不知道谁的数据才是最新、最准确的。

特别是员工信息的维护，无论是员工个人信息发生了变更，还是员工的在职状态发生了变更，信息的同步更新是非常有必要的。但遗憾的是，大多数企业缺少数据常态化维护机制和流程，以及对应的机制，每个部门只对自己维护的数据进行了更新。

笔者在给企业提供咨询服务时曾经遇到过一个可笑的例子。在一家生产制造企业中，有一位员工因为违反正常的操作规范，生产部门的车间主任直接口头将其开除了。这位员工一气之下直接离开了工厂，再也没有回来过。之后厂里的数据统计员没有再统计该员工的计件工资和计时工资，但是人力资源管理部门在连续给该员工发了 3 个月的基本工资、交了 3 个月的社保和公积金之后，才发现此员工没有绩效工资，经询问才发现此员工已经离职了，并且没有办理离职手续。这就是数据常态化维护机制和流程不健全导致的。当一个业务部门发生数据变更时，相关的流程就应该自动进行处理和维护数据，才能避免这种现象的发生。

6. 缺少数据工具和资源支撑

虽然，如今大多数企业的信息化程度越来越高，但其中仍然存在大量的业务场景需要人工维护数据，而数据校验、数据质量的定期评估、数据的定期盘点等都需要借助数据技术和软件来实现，想靠人工来对企业内部所有的数据进行管理是不现实的。

当企业中的系统超过 5 个时，对数据的动态维护就是一项非常复杂的工作了。此时，企业需要通过搭建数据资产管理平台来管理和维护数据，否则由此产生的数据孤岛、数据质量问题就会影响大家使用数据，就会成为企业数字化转型的瓶颈。

笔者根据自己多年的咨询服务经历发现，即使是一些规模非常大的集团企业（其所具有的系统数量已经超过几十个了），在企业内部仍然缺失数据资产管理平台，在开发相关的数据应用的时候，比如在搭建 BI 系统的时候，还是让 BI 系统直接从业务系统中提取数据，而不是从统一的数据资产管理平台中提取数据。企业对数据管理的重视程度很低，这是一个普遍的现象。

在蒙牛的数字化转型实践中，也存在以下问题：

- 数据获取及加工工作量大，部分组织未上线业务系统，仍然通过人工提取数据。
- 数据分析全靠 Excel 完成，工作量巨大。
- 数据共享难，需要多次从不同系统、不同报表中获取数据。
- 数据分析过程不透明，"黑匣子"需要由专人打开等。

后来，蒙牛将数据治理作为人力资源数字化转型必不可少的环节纳入其项目管理和日常管理工作中。

7. 缺失数据专业人才

随着企业不断推进数字化转型的进程，企业对于专业的数据管理人才的需求也在上升。过去，大家并不重视数据管理，导致高等院校中没有相关的专业，企业中也缺乏这样的专业人才。而数据管理又是一个非常专业的领域，无论是其中涉及的制度、流程、规范，还是其中涉及的技术、工具，都是新事物、新知识、新学科，这也导致很多企业的数据管理能力薄弱。

引入数据管理人才，培养数据管理人才，是企业在数字化转型过程中必须要采取的措施。在数据建模、元数据管理、主数据管理、数据资产管理平台建设和运维等方面，尤其要强化人才的专业性，只有培养一支专业的数据管理团队，才能满足企业数字化转型的需要。

在蒙牛的人力资源数字化转型初期，蒙牛的 HRSSC 在数据管理方面的经验匮乏，HRCOE 和技术部门对此也都没有清晰的思路和步骤。在进行业务流程梳理时，由于对主数据梳理这项工作没有清晰的逻辑，业务部门和技术部门之间存在"扯皮"的现象。业务部门虽然意识到主数据梳理的重要性，但由于缺乏系统建设经验，以致不能以强有力的理由说服技术部门在项目初期就提前进行主数据梳理。由于主数据建设滞后，对整个系统建设产生了较大影响，导致蒙牛在项目建设过程中走了很多弯路。

随着项目的深入开展，业务部门意识到这个问题的严重性，开始让员工学习数据管理和信息系统方面的知识，并与技术顾问、外部技术专家交流与学习，逐步培养了一批既懂业务，又懂技术，还懂数据的复合型专业人才，这才解决了后续的数据、技术、业务一体化的问题。

6.1.2 数据资产管理

如今，数据资产的概念已经深入人心，国家在政策和法律法规层面都在逐步确定数据的"资产"地位。

2022 年 4 月，我国发布了《中共中央 国务院关于加快建设全国统一大市场的意见》。接着 2022 年 12 月 19 日，《中共中央 国务院关于构建数据基础制度更好发挥数据要素作用的意见》(以下简称"数据二十条")对外发布，其从数据产权、流通交易、收益分配、安全治理等方面构建数据基础制度，提出二十条政策举措。"数据二十条"的出台，将充分发挥我国海量数据规模和丰富应用场景优势，激活数据要素潜能，做强做优做大数字经济，增强经济发展新动能。

通过以上国家出台的一系列政策，可见我国将数据作为资产进行管理和发挥数据价值的信心和决心。为规范企业数据管理与信息披露，财政部于 2023 年正式对外发布《企业数据资源相关会计处理暂行规定》(以下简称"《暂行规定》")。在《暂行规定》中，根据企业使用、对外提供服务、日常持有以备出售等不同业务模式，明确了相关会计处理适用的具体准则，并进一步明确了不满足资产确认条件而未予确认的数据资源的相关会计处理。

《暂行规定》要求，企业在编制资产负债表时，应当遵循重要性原则并结合企业的实际情况，在"存货"项目下增设"其中：数据资源"项目，反映资产负债表日确认为存货的数据资源的期末账面价值；在"无形资产"项目下增设"其中：数据资源"子目，反映资产负债表日确认为无形资产的数据资源的期末账面价值；在"开发支出"项目下增设"其中：数据资源"子目，反映资产负债表日正在进行的数据资源研究开发项目中满足资本化条件的支出金额。

从财政部出台的规定中可以看出，企业需要将数据作为企业的资产来管理，但是很多企业对数据的认知还没有达到资产的层面，更难谈数据资产管理了。企业该如何将数据作为资产来管理呢？企业可以像管理实物资产一样来管理数据资产，如图 6.3 所示。

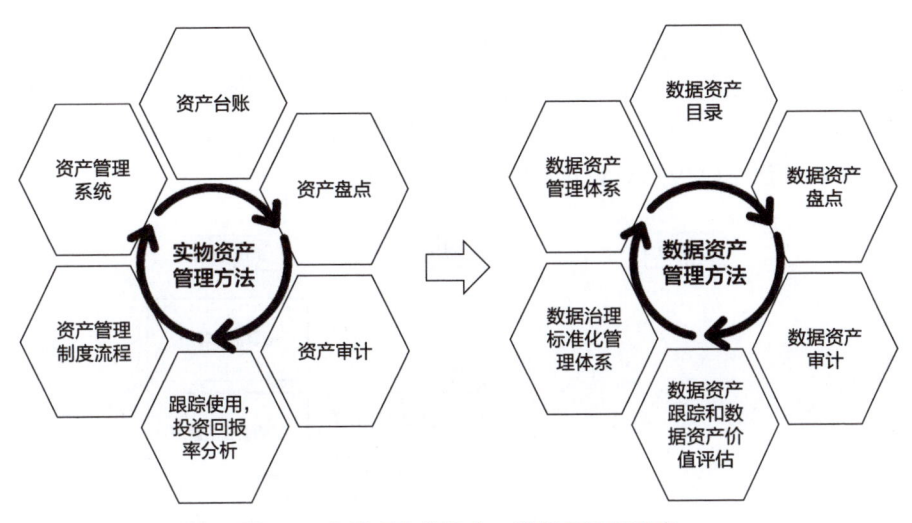

图 6.3　像管理实物资产一样管理数据资产

1. 数据资产目录

一般企业在管理实物资产的时候，会通过财务部门构建一个资产台账，记录企业中有哪些资产，这些资产的初始价值、折旧方案，以及目前的净值等，并对实物资产进行编码管理，以便查询。

随着企业中的系统越来越多，企业中的数据也会越来越多。企业不仅需要在业务一线采集数据、记录业务活动，还需要对这些数据进行加工处理，形成指标、报表和各种报告。对于这些数据，企业也要构建一个目录来进行体系化和规范化的管理，从而让各业务团队和管理团队清楚地知道企业到底有多少数据，可以使用哪些数据。

数据资产目录的构建，一般会采用三级或者四级分类目录的方式。图 6.4 所示为三级分类目录的构建示例。

（1）第一级目录为业务域。例如，人力资源管理可以作为第一级目录，与之并列的主题域包括财务管理、营销管理、生产管理、采购管理、物流仓储管理、行政后勤管理等。

（2）第二级目录为主题域。企业可以根据自己的管理模式来构建业务域的二级目录，即主题域。比如，在六模块管理模式下，企业可以将人力资源管理业务域的六大模块当作主题域，包括人力资源规划与组织管理、招聘与配置管理、培训开发与发展管理、薪酬福利管理、绩效激励管理、员工关系管理。

（3）第三级目录为子主题域，在每一个主题域下都可以构建不同的子主题域，比如在招聘与配置管理主题域下，可以构建更多的子主题域，如招聘需求管理、招聘供应商管理、招聘简历管理、面试数据管理、Offer 管理等，针对不同子主题域的数据集，都可以被归类到对应的子主题域下。

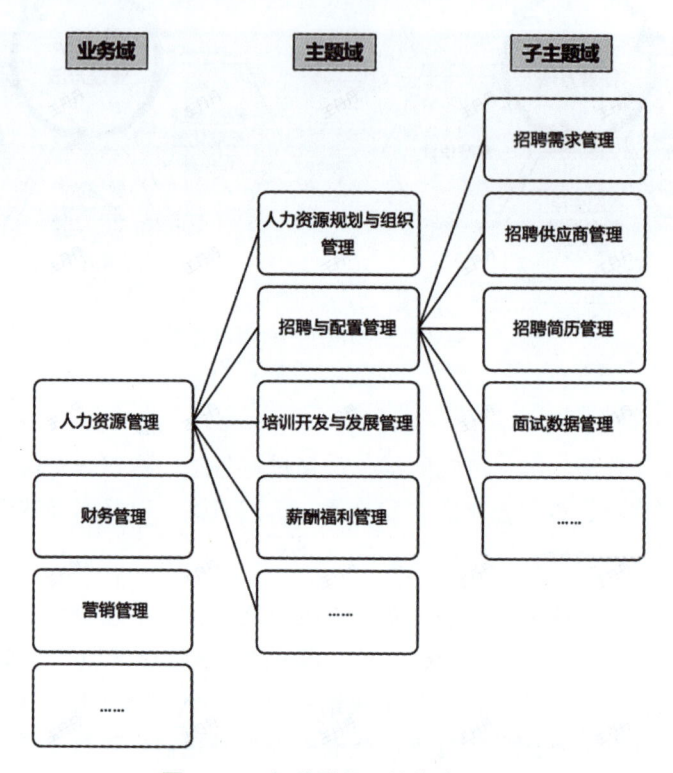

图 6.4　三级分类目录的构建示例

在三支柱架构模式下，企业也可以利用这种三级分类目录管理数据。一般对于业务和职能领域的数据集，使用三级分类目录就已经足够简洁且可以让企业细致地对数据进行编目管理了，除非企业的数据集足够丰富，才会考虑再构建四级分类目录。

构建三级分类目录的一般原则是：在每个分类目录下需要有 20~30 个数据集，以确保可以进行大量同类数据的归类检索和查阅；目录级别不要过于细致，如果每个分类目录下只有几个数据集，就没有必要设置此级分类目录了，因为这样反而会加大定位和查找数据的复杂度。

2. 数据资产盘点

在实物资产的管理中，为了保证"账实相符"，企业经常会进行定期的盘点，特别是对物料、固定资产，以及金融资产等进行盘点，以确保企业真正管好了实物资产。同理，对于数据资产，也要定期盘点，确保"账面"（数据资产目录）上有的数据，在现实工作中进行了采集和记录，以及加工（数据应用与统计分析）。

当企业中的数据资产已经入表，即进入企业的资产负债表中时，数据资产盘点这项工作就成为必需的工作了。如果没有定期的数据资产盘点，就不能在每个月的财务报表中更新"数据资源"项目。

在进行数据资产盘点的时候需要注意以下三点。

（1）不仅要盘点原始数据，还要盘点加工处理后的统计数据，包括指标数据、报表数据和分析数据等。

（2）不仅要对存量数据进行盘点，还要对实时产生的增量数据进行盘点，这一点与实物资产盘点是不同的。数据资产盘点更多的是针对实时产生的增量数据，而非仅仅针对存量数据。

（3）要对数据的质量进行评估，确保增量采集和加工的数据符合既定的数据质量标准和规范，确保数据具有可用性。比如，对于员工基本信息，要评估新增的员工基本信息是否填报完整，还要评估已经发生变更的员工信息是否及时得到了维护和更新，并且在更新的时候是否维护了更新日志，以确保企业能够对历史数据进行留存，而不是将历史数据进行覆盖，导致历史数据流失。

3. 数据资产审计

企业对实物资产要定期进行审计，确保实物资产的"采、管、用"符合企业的管理规范，没有违规的情况，没有管理上的漏洞。对于数据资产，企业也要定期或者不定期地进行审计，审查数据的使用情况，确保没有违规使用数据、越权使用数据、买卖数据，或者数据被泄露等情况。

对数据资产的"采、管、用"进行审计时，还要审计是否存在数据作假的情况，例如，在数据处理的过程中瞒报数据、使用虚假数据，或者在统计分析数据的过程中，出于某种目的粉饰数据。数据资产审计工作要比实物资产审计工作复杂得多，对负责数据资产审计工作的人员的专业能力和技术能力的要求要高很多。

在数据资产审计工作中，还包含对企业各运营和管理流程中存在的 RPA 或者数智化决策的算法进行审计和审查，确保这些算法的准确性、合理性或者合规性。对于违反公平公正原则的算法，以及违反国家法律法规的算法要进行审查，并制定整改措施。

另外，随着企业通过算法驱动业务流程的情况越来越普遍，一些对外服务的算法，如果存在违反国家法律法规的情况，则可能导致企业产生违法行为。目前，基于《中华人民共和国数据安全法》和《中华人民共和国个人信息保护法》，以及其他相关法律法规，一些对外提供算法服务的企业，针对其使用的算法，一方面，要在政府相关部门备案；另一方面，要接受第三方机构的监督和检查、接受政府相关部门的管理。为了保证企业中使用的算法符合相关法律法规，企业要对自己所使用的算法进行审查和审计，以避免可能产生的风险。

4. 数据资产跟踪和数据资产价值评估

在实物资产管理方面，企业要对实物资产，特别是高净值资产进行定期的跟踪与管理，包括对重大投资的固定资产进行跟踪与分析等，即分析这些占用了大量资金的资产是否得到较好的管理，是否具有较高的利用率，是否给企业创造了预期的价值。对于数据资产，企业也要跟踪与分析，例如跟踪与分析企业花费了大量的资金和精力采集的数据，是否得到利用，是谁在使用这些数据，这些数据创造了什么价值，是否有长周期的投资回报，是否存在数据采集后无人使用、无人管理的情况。

企业通过跟踪与分析数据资产，可以动态地监控数据资产的"采、管、用"全流程情况，从而建立动态的监控指标体系。利用这些动态的监控指标体系，企业可以实时、动态地监控存量数据和增量数据的情况，数据采集和加工处理后的访问情况，是否存在越权、临时授权、超期授权和超量使用数据的情况。

企业通过跟踪与分析数据资产，也可以为数据资产提供实时、动态的安全保障体系。例如，某个人虽然有权访问某个数据集，但是如果他在短期内超量使用数据集，那么企业可以动态对其进行跟踪，以避免数据泄露、员工在离职前进行数据备份等潜在的数据安全风险。

5. 数据治理标准化管理体系与数据资产管理体系

在企业的实物资产管理中,对于实物资产从购入、使用到报废的全生命周期,都有具体的规定:谁负责采购,谁负责管理,谁负责保管,谁负责使用,谁负责监督,以及有一套合规合法的制度和流程。

对于数据资产,企业也要有一套符合国家法律法规,满足企业资产管理规定的制度和流程,以确保在数据资产管理方面,没有监守自盗、各自为政、无人管理、无人监督的情况。因此,企业需要构建数据治理标准化管理体系。

建议企业采用 DAMA 的数据治理框架来构建数据治理标准化管理体系,也可以采用数据管理能力成熟度模型 DCMM 来构建数据治理标准化管理体系,这些内容在后文中会有较为具体的介绍,读者也可以参考具体的专业书籍或者相关的资料文档。

6.2 数据全生命周期管理

要充分理解数据全生命周期管理,就需要从概念上来理解什么是数据。下面通过拆解"数据"这个词的方式来理解其概念。

(1)数:指的是"数字"或"以二进制形式存在的电子化记录"。数据是以电子形式被存储在计算机或服务器中的信息。如果数据只是被写在纸上,它就无法被直接统计、计算或使用,必须先转录到计算机中。

(2)"据"有两层含义。

第一层含义是指"证据",代表作为"证据"的原始数据。数据是在发生业务活动的时候产生的,是对业务活动的记录,留存的"证据"。

第二层含义是指管理上经常提及的数据,例如"用数据说话",作为管理判断、业务分析、科学决策的"依据"。

本书所说的数据就是第二类数据,即作为管理判断、业务分析、科学决策的"依据"的数据。这类数据是经过加工处理之后的数据。所以,企业在进行数据管理时也要管理这一类数据。甚至说,对第二类数据的管理比第一类数据还要重要,还要复杂。

所以，企业对于内部使用的数据要从数据全生命周期的视角进行管理。一般来讲，数据全生命周期管理包含数据采集端或数据生产端所产生的原始数据管理、数据传输和转换管理、数据存储管理、数据提取管理、数据处理和分析管理、数据应用管理、数据废弃管理，以及数据标准和规范管理、数据权属管理、数据安全管理等。图 6.5 是数据全生命周期示意图。

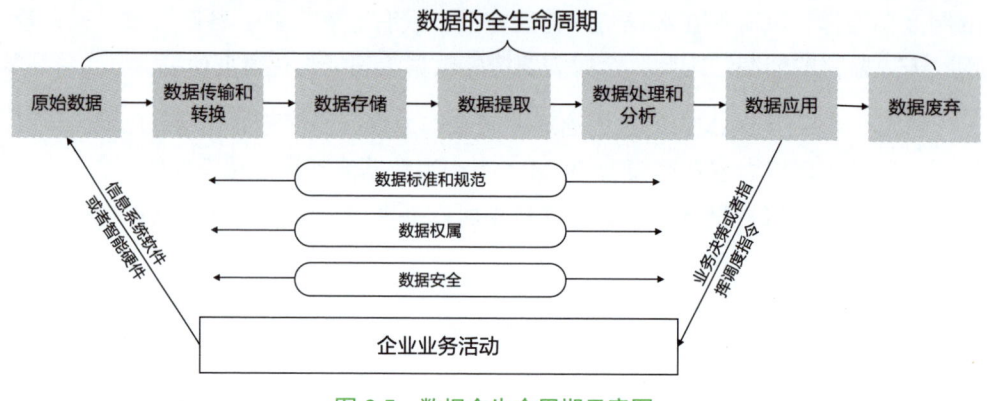

图 6.5　数据全生命周期示意图

6.2.1　数据全生命周期管理介绍

不同的业务体系，对于数据管理的关注点可能不同，我们经常听说的数据的"入、存、管、出"或数据的"采、传、存、管、享、用"，这些都是基于数据全生命周期的。

虽然保留长期的历史数据会为企业未来的数据建模或者构建组织内部的大模型打下数据基础，但是，如果一家企业的数据规模很大，则可以在提取新的数据之后，对历史数据进行抛弃，例如摄像头中存储的数据、智能仪器仪表中存储的数据。因为这些设备中的数据量太大，而价值密度较低，长期存储会给企业带来成本压力。例如，对于摄像头中存储的数据，可以对其中的视频数据进行提取，比如对于没有物体移动的录像片段，只留存快照（截取照片），将原始视频数据抛弃；对于智能仪器仪表中存储的数据，可以只留存统计数据，或者某个时间间隔内的数据，丢掉实时的数据。

蒙牛在人力资源数字化转型的过程中，将数据管理分成了四个阶段：数据生产、数据整合、数据服务和数据消费。

1. 数据生产

在数据治理过程中，很多企业都不太关注数据埋点。所谓的数据埋点，就是在数据管理过程中，企业需要从未来数据应用的实际需求出发，逆向思考并确定当前所需采集的数据，提前进行数据采集和日常管理布局。因为只有站在未来数据应用的角度看现在的数据采集，或者站在未来数据应用的角度看未来的数据采集，企业所采集的数据才能够被应用，才能实现"采有所用"。因此，企业在采集数据的时候就得提前把未来需要分析的数据"埋"到系统中。

比如，未来企业要构建组织内部的大模型，现在就需要开始采集业务活动的相关数据，包括在什么样的外部环境下，组织内部进行了什么业务活动，得到了什么效果；在什么条件下，员工采取了什么行为，从而让企业未来如何发展。这些数据都是未来企业构建大模型的基础数据。这就是站在未来数据应用的角度开始积累现在的数据。

企业在采集数据的时候，要尽可能记录能表示所有业务活动过程和业务活动结果的数据，这是数据采集的一个基本原则。因为，现在的数据存储成本相对较低，从未来使用数据的角度来看，现在不采集数据，未来就没有机会再返回来采集这些历史数据了，错过的采集数据的机会永远不会回来。所以，建议企业对于数据采集要遵循"能采尽采，应采必采，需采要采"的原则。

企业可以通过梳理业务流程和业务活动，在整个业务流程（特别是关键业务流程）中确定数据埋点，并确保数据采集符合数据治理的标准和规范。为了降低数据采集的成本，减少一线员工花费的时间和精力，如果企业能够采用智能硬件和各种智能传感器来采集数据，则尽可能使用这些设备来采集数据。在数据采集过程中，最大的成本不是硬件和软件的投入成本，而是在持续采集数据过程中投入的人工成本。

在采集数据的时候要梳理并建立数据标准，这个标准要成体系，并且标准化，即形成数据标准体系，从而才能具有对历史数据的兼容性，以及较长时间的稳定性。

数据标准体系要结合企业现在的数据应用需求和未来的潜在数据应用需求来构建。

完整的数据标准体系应该涵盖业务属性、技术属性和管理属性，详见图6.6。

① 业务属性：描述数据与业务关联特性，用于统一业务内部对数据的相关定义、规则等。通过规范业务属性，可以避免在分析、应用数据的过程中产生歧义，避免名称相同的业务数据，最后应用的标准不一致。

② 技术属性：描述数据与信息技术关联特性，用于确保不同系统中的数据对接及共享使用的规范统一。

③ 管理属性：描述数据标准管理相关特性，用于定义数据管理的权责，明确数据管理的权限。

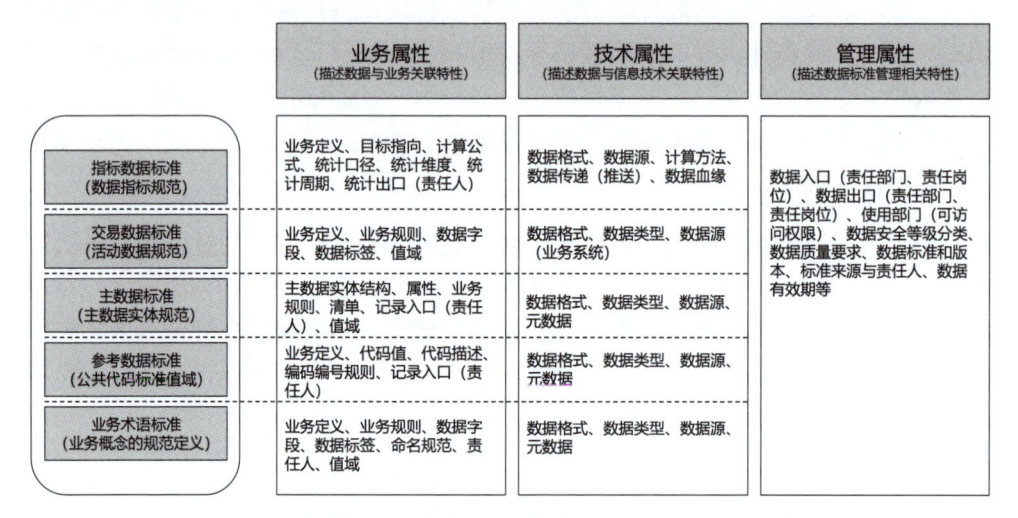

	业务属性 (描述数据与业务关联特性)	技术属性 (描述数据与信息技术关联特性)	管理属性 (描述数据标准管理相关特性)
指标数据标准 (数据指标规范)	业务定义、目标指向、计算公式、统计口径、统计维度、统计周期、统计出口（责任人）	数据格式、数据源、计算方法、数据传递（推送）、数据血缘	数据入口（责任部门、责任岗位）、数据出口（责任部门、责任岗位）、使用部门（可访问权限）、数据安全等级分类、数据质量要求、数据标准和版本、标准来源与责任人、数据有效期等
交易数据标准 (活动数据规范)	业务定义、业务规则、数据字段、数据标签、值域	数据格式、数据类型、数据源（业务系统）	
主数据标准 (主数据实体规范)	主数据实体结构、属性、业务规则、清单、记录入口（责任人）、值域	数据格式、数据类型、数据源、元数据	
参考数据标准 (公共代码标准值域)	业务定义、代码值、代码描述、编码编号规则、记录入口（责任人）	数据格式、数据类型、数据源、元数据	
业务术语标准 (业务概念的规范定义)	业务定义、业务规则、数据字段、数据标签、命名规范、责任人、值域	数据格式、数据类型、数据源、元数据	

图 6.6　数据标准体系下的业务属性、技术属性和管理属性

在企业中，数据标准体系通常是由技术部门负责建设的，然而，在这个过程中通常会忽略管理属性标准的建立，特别是在企业还没有建立数据资产管理体系的时候，没有人会意识到还需要建设管理属性标准。

2. 数据整合

传统的业务系统中所采集和记录的数据往往是为了满足业务流程的流转，并没有为数据的使用和分析建立统一的标准，这就导致业务系统中的数据不规范、不标准。在将这些数据导入数据仓库时，要进行数据清洗和数据转换，以满足数据标准体系的要求：无论是业务属性、技术属性标准要求，还是管理属性标准要求。

比如，在业务系统中记录的员工家庭住址信息是人工填报的，会存在省份缺失，或者地址名称不规范的情况。比如对于北京市，有的记录在"省份"一栏下，有的记录在"城市"一栏下；有的记录的是"北京"，有的记录的是"北 京"（中间有空格），还有的记录的是"北京市"。这个时候就要对这些数据进行转换：将其都记录到"省份"一栏下，统一清洗为"北京市"。有一些常见的数据错误可以通过建立数据清洗规则，由系统自动进行数据清洗，比如将"乌市"统一转换为"乌鲁木齐市"。

业务系统中产生的数据需要被传输到数据平台中进行集中管理。在传输的过程中就要同步进行数据的转换和清洗。在将数据入库时，需要考虑到业务逻辑、管理逻辑，进行规范性的入库：对数据进行安全分类，并按照一定的规范进行整合，构建数据与数据之间的关联关系。对原始数据进行稽核后再入库，可以确保进入数据仓库的数据都是符合规范和标准的，特别是要符合业务属性、技术属性和管理属性标准。

3. 数据服务

当数据被导入数据平台后，接下来企业就要为业务部门提供相关的数据服务了，如数据查询、数据处理、指标数据统计和指标数据推送等，为业务赋能，支撑业务管理和决策。

对于数据服务的输出，不同的企业所采用的模式也会不同：有的企业通过员工主动查询、订阅的模式提供数据服务；有的企业通过提供定制化的数据服务开发来满足业务部门的需要；有的企业则根据数据的使用情况，开发相应的数据产品供业务部门使用；有的企业甚至采取付费使用数据产品的模式来对外提供数据服务，比如某银行集团的信用卡部门把与信用卡相关的数据加工形成客户画像，为保险销售部门提供高质量的潜在客户信息，满足保险销售部门获取销售线索的需求，而保险销售部门按使用的数据条数向信用卡部门付费。

蒙牛在人力资源数据服务方面采取了双轨制模式：

- 一方面提供标准化的指标和报表订阅服务。
- 另一方面提供个性化服务，满足各部门的个性化需求。

在订阅服务方面，蒙牛人力资源团队开发了名为"才报"的工具，通过可视化的方式向业务部门提供数据服务。业务部门可以根据自身的管理需求订阅"才报"，定期查看动态更新的人才报表。

在个性化服务方面，蒙牛利用整合后的数据，提供了一个数据在线DIY（Do It Yourself，自助式服务）模式的可视化看板制作平台。业务部门可以根据自己的统计分析需求，通过拖曳的方式组合数据，生成所需的报表或可视化看板。

这种双轨制模式的数据服务不仅提高了数据的可用性和实用性，还促进了业务部门主动使用数据，从而加强了数据在业务决策和管理中所起的作用。通过实践，蒙牛有效地提升了人力资源数据管理的成熟度，为企业的数字化转型和人力资源管理创新提供了有力的支持。

4. 数据消费

企业要让业务部门养成数据消费的习惯，也就是通过不断提供数据服务，以及创新的数据分析维度，让业务部门能够洞察数据背后的含义，激发他们使用数据、解读数据、分析数据的兴趣，让他们觉得数据为他们的工作带来了价值及深刻的业务洞察，然后引发他们提出更多维度的数据需求、数据分析需求和数据服务需求，从而养成数据消费的习惯，以及在业务部门中形成数据文化，让系统中的数据能够发挥更多的价值。

当业务部门养成数据消费的习惯后，就会产生更多的数据需求，然后会向负责管理数据的部门提出更多的数据采集、数据管理、数据应用的需求，让数据的"采、管、用"形成一个良性的闭环，从而形成数据网络效应，如图6.7所示。

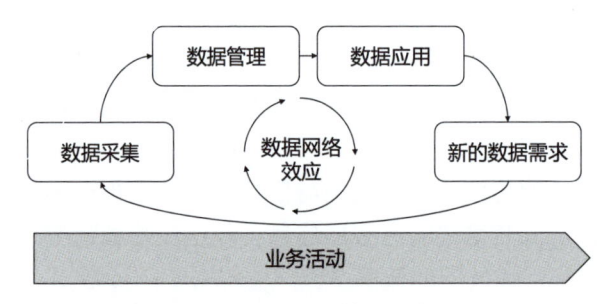

图 6.7　数据网络效应示意图

数据网络效应是企业数字化转型过程中一个常见的现象。在笔者长期提供咨询服务的企业中，经常会有高层管理者与笔者开玩笑："赵总，你们为我们做数据治理这么多年了，为什么现在我们的数据越来越少了？"笔者说："不是你们使用的数据少了，而是你们需要的数据多了。"

数据网络效应会推动企业健全其数据管理体系，提高数据运营效率，改善企业的数据环境，为企业数据管理全流程的完善带来驱动力，并为未来企业数字化建模、创建企业大模型构建基础底座。

6.2.2 数据质量管理框架

一般企业在其数字化转型初期都会忽视数据管理体系的重要性，不会把数据管理体系建设放在规划中，也不会认为这是一项非常重要的工作。蒙牛在其人力资源数字化转型初期也没有把这项工作放到重点工作的日程上。后来，在不断推进数字化转型的过程中，他们逐渐发现如果没有数据，则决策寸步难行。而人力资源管理也一样，要用数据说话，要用数据来决策判断，而不是定性判断、感性决策。蒙牛逐渐认识到在数据管理上定规则、定标尺，建立明确的数据管理制度是非常重要的，是不得不做的基础措施。

于是，蒙牛建立了数据管理制度及健全了数据管理体系，打造了无处不在的数据文化。同时，他们通过建设"数据百科"和数据地图，统一了人力资源管理度量标准和数据管辖范围标准，从而实现了统一人力资源数据概念+算法+取值口径+数据归口的目标，并通过报表使用情况、数据治理情况等进行数据运营监控。

为了保证数据管理体系的可持续和可发展，蒙牛构建了完善的数据管理体系，包括责任体系、流程体系和制度体系，在持续的运营过程中进行实时的动态监控，保证数据的安全、合规，并在整个闭环管理过程中持续为业务赋能，为企业的数字化转型构建基础底座。

对数据质量进行管理不仅仅要在数据采集端，还要到最终的数据消费端。其实在数据质量管理中，对业务使用的、经过加工处理过的数据进行质量管理更加重要。所以，企业要站在数据全生命周期的视角管理数据质量，既要保证源头数据的质量，也要保证数据在整个流转、加工、使用的过程中的质量，从而实现端到端的管理。

蒙牛为了保证人力资源数字化转型的成功，将其数据质量管理分为4个阶段，分别是数据生产、数据整合、数据服务和数据消费，并采用数据治理的稽核模型——CLEAN 模型（数据全生命周期质量管理的五大原则模型），进行数据全生命周期的质量管理，如图 6.8 所示。

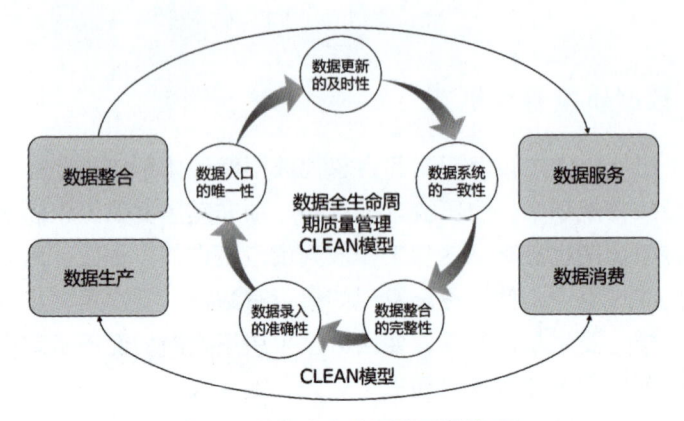

图 6.8　数据全生命周期质量管理

1. 数据入口的唯一性

"单点录入，多点共享"是原始数据采集的原则，即使企业中存在多套系统，也要由一套系统作为数据的"唯一入口"，其他的系统则需要通过访问这套系统来获得相关数据，这样可以保证数据录入的一致性。如果存在数据录入错误或者需要动态更新的情况，则直接更新作为"唯一入口"的这套系统中的数据即可，这样其他系统中所获得的数据也都是被修订或者更新过的了。

如果存在多点录入同一类数据的情况，就会导致数据不一致。例如有 A、B、C 三套系统都在录入同一类数据（如员工信息、组织架构信息、客户信息、产品信息、物料信息、供应商信息等），当一套系统中的数据被动态更新之后，其他系统中的数据没有被更新，就会导致各个系统中的数据不一致。

蒙牛在进行系统优化之前，对员工学历信息的维护存在一定的复杂性和不便。例如，员工学历信息需要在人力资源管理系统的两个不同的界面（员工个人信息界面和教育经历界面）中更新。这意味着，为了保证从系统中导出的员工花名册中的员工学历信息准确，就需要在这两个界面中都进行更新操作，这种设计不仅增加了工作量，也加大了出错的可能性。

为了解决这个问题，蒙牛采取了系统优化措施：对员工个人信息进行集中管理和展示。在优化系统后，员工的基本信息、教育经历、任职经历、主要社会关系、职业资格证书等信息被统一整合到一个导航栏展示界面中。这一优化不仅解决了之前需要在多个界面中更新信息的问题，还使得信息查阅更加方便、快速，极大地提高了员工的工作效率。

此外，经过优化的系统对于员工离职办理和员工合同续签等流程，也能够提供更为高效的支持。某家企业曾经出现一名员工离职一个月后，其上级领导仍收到该员工合同到期续签提醒的笑话，究其原因就是员工离职办理流程和合同终止办理流程需要在人力资源管理系统的两个界面中操作。也就是说，如果员工离职了，人力资源管理部门需要在两个界面中都进行操作才能同步数据，否则就会出现前面所说的笑话。所以，企业在重新设计流程的时候要对数据入口的唯一性进行排查。当原有系统中的数据更新不同步、数据之间的关系没有被打通时，虽然数据都在一个系统中，但是也会存在"数据孤岛"。

通过对数据的集中化管理和一体化展示，人力资源管理部门能够更快地处理这些任务，同时减少因数据更新不一致而导致的错误。这种对系统的优化和对数据的整合打通，不仅增强了人力资源管理部门的工作效率，也为员工提供了更好的服务体验，有助于提升企业整体的管理水平和运营效率。

设定数据录入的唯一性原则可以有效保证原始数据的一致性，以及动态更新后数据的一致性。这一原则要求通过集中录入和更新数据，从而有效避免了多源数据造成的混乱，是实现数据一致性和准确性的关键措施。

2. 数据录入的准确性

数据录入的准确性是指在数据源头端，要准确地录入数据，确保源头数据的质量。只有源头数据准确了，在后续的加工处理流程中使用的数据才是准确的数据。如果源头数据出错了，则后续的清洗、处理、分析中使用的数据都将是错误的数据。

站在数据全生命周期的视角来看，每一个环节都需要保证数据的准确性。在加工处理数据的过程中，也要根据业务逻辑和管理逻辑对数据进行加工处理。在生成指标数据和报表数据的过程中，要确保计算方法、统计规则及数据加工逻辑的准确性。对于指标数据和报表数据，必须设置"唯一出口"，即由唯一的部门或者岗位作为数据的出口，而不是多个业务部门各自为政，自己核算自己的数据。这样要求有助于提高数据录入的准确性，避免不同的出口自行在分析环节"粉饰"数据，导致无法在数据源头端进行数据纠错。

"原始数据统一入口，统计数据统一出口"，是保证数据准确性的基本原则。

3. 数据整合的完整性

对于数据的整合要基于业务逻辑、管理逻辑和分析模型进行，从而才能确保数据整合的完整性，不会在数据整合的过程中丢失太多的数据，导致在后续使用数据时存在数据缺失、数据不全和数据错误的情况。

为了保证数据在整合过程中的完整性，体现业务逻辑和管理逻辑，蒙牛基于公司管理价值链进行了全业务流程链路的数据整合，如图6.9所示。

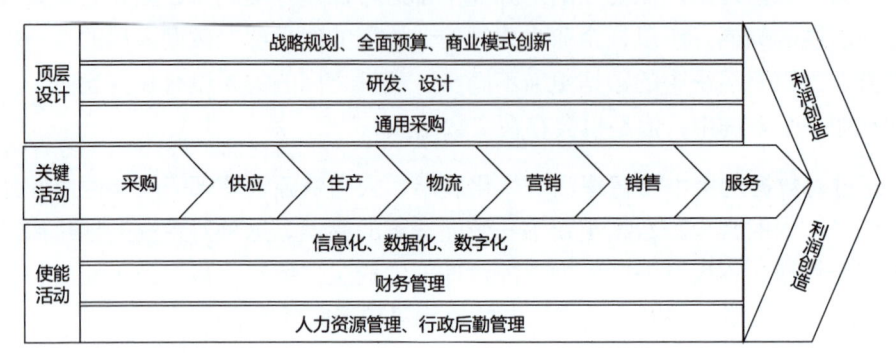

图6.9 蒙牛基于公司管理价值链进行了全业务流程链路的数据整合

4. 数据更新的及时性

数据更新的及时性是指如果业务发生变动，则数据要及时更新，以保证线上数据与线下业务的一致性，比如组织架构调整、人员岗位变更、人员薪资调整等，要有一套数据更新的"工单机制"。

比如，有一位员工发生了平级调动，其工资没有变化，但是入职的公司发生了变化：从上海子公司调动到北京子公司。这个时候，其社保、公积金的代缴纳主体就会发生变化，要在组织架构数据库中进行变更：对于员工的社保、公积金的缴纳，上海子公司要做减员操作，北京子公司要做增员操作，然后动态更新员工工资信息等。企业对于这种由一个节点发生数据变化导致其他节点发生联动变化的情况要梳理清楚，要让整个数据的动态更新由系统自动完成，避免因为人为的失误或者工作滞后导致出现数据不一致的情况。

另外，企业也要在制度和流程方面构建关于及时更新数据的管理规范，比如，规定当员工个人信息发生变化时，要在一定时间内提交个人信息变更申请流程。比如，规定单身员工结婚后，应在登记结婚后一个月内提交个人信息变更申请，从而才能及时享受婚假；或者规定员工在休婚假之前，必须完成个人信息变更，否则延后发放婚庆补贴等。

5. 数据系统的一致性

数据系统的一致性是指在建设系统的过程中，针对一个数据项目，需要明确哪个是录入数据的系统，哪个是管理和共享数据的系统，以及哪个是使用数据的系统，并保证所有采集、存储、管理、使用数据的系统的一致性。数据录入可以是多源的——可以由多套系统采集数据，但是在采集数据之后，这些数据要被集中存储在一个系统中，并在该系统中被有效的管理。以后所有需要使用数据的系统都必须从这个集中管理数据的系统中获取数据，从而有效保证数据的采集、存储、管理、使用的一致性。

对于只进行了传统信息化建设的企业，或者没有建设数据资产管理平台的企业，其数据一般都被留存在各个系统中，这就会导致各个系统中存储的同一类数据存在不一致的情况：当一个系统中更新了相关数据，另外一个系统中不见得会做出及时的变更。比如，在销售部门的客户关系管理系统中客户信息发生了变更，但是在财务开发票的系统中没有及时变更数据，这就会导致开出的发票信息错误，造成重复操作。

如何保证系统中的数据的一致性？这就要采用上文提到过的"单点录入，多点共享"原则，即其他系统都到作为"唯一入口"的系统中访问数据，并禁止留存副本，按需调用数据，而不是采取数据同步模式。数据同步模式虽然可用，但是会让数据同步变得非常复杂，特别是在需要同步更新的数据很多的时候，不便于管理数据。

6.2.3　数据治理体系

以前，绝大多数传统企业中的管理制度和流程很少有针对数据的，大多都是针对资产、人员、财务和业务的。现在，企业需要系统地建立数据治理体系。

数据治理体系的建立可以让企业实现对数据资产的集中化管理，并通过数据转换来统一数据标准，利用统一的编码体系关联数据集，从而消除数据孤岛，打通数据。

数据治理体系的建立还可以让数据资产的投入产出比达到最优，让数据更好地服务于决策，同时提升企业的数据质量，完善数据合规和风险管理，以及提升企业内部数据的运营效率。

数据治理体系的建立涵盖以下几个方面。

1. **数据治理体系要"看得清、理得顺"**

如何构建一套完整的数据治理体系？既然是体系，就必须要遵循一套科学的框架体系。经过多方咨询和团队实践，蒙牛在人力资源数字化转型的过程中，结合数据治理方面的专业理论及行业最佳实践，聚焦内部遇到的数据问题，从数据治理的相关制度、流程、规范和标准建设上，围绕"看得清"和"理得顺"的目标，搭建了一套适合自身的 HR3PC 数据治理体系框架（见图 6.10）：通过构建数据管理标准，实现数据管理有据可依；围绕数据流转流程，对数据质量进行自动监控，以及体系化管理，实现对数据从流入到流出进行端到端管理；围绕数据录入场景，置入规范化管理要求，实现流程驱动；围绕数据输出使用场景，进行体系化管控。该框架全面、系统地将蒙牛人力资源业务的数据管理体系、数据治理体系、数据运营体系串联起来。

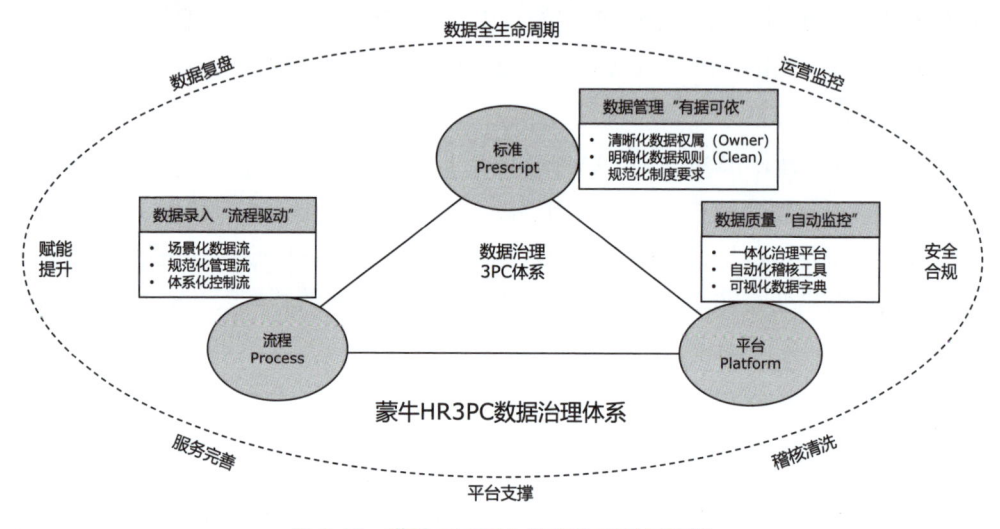

图 6.10　蒙牛 HR3PC 数据治理体系框架

2. 搭建数据治理制度和流程体系，以实现管得好

企业还要搭建相关的数据治理制度和流程体系，具体包括以下内容。

（1）建立数据管理责任体系。

要建立数据治理组织，明确数据质量管理和治理机制，首先要明确各项数据的责任人，以及建立权责机制和数据管理责任体系。数据管理责任体系一般涉及以下 4 类人群。

- 数据所有者（Owner）：对企业的数据资产负责，同时对企业的数据管理政策、标准、规则、流程负责；负责分配数据的使用权，解释数据的业务规则和含义；执行关于数据分类、访问控制和数据管理的最终决策。

- 数据管理者（Steward）：负责落实各方对数据的需求，对数据进行管理，保证数据的完整性、准确性、一致性和隐私安全；负责数据的日常管理与维护。
- 数据提供者（Provider）：负责按相关的数据标准、数据制度和规则、业务流程的要求生产数据；对录入的数据质量负责。数据提供者分为两类角色，一类被称作 P1，负责数据的提报；另外一类被称作 P2，负责数据的录入。
- 数据使用者（User）：需要理解数据标准、数据制度和规则，遵守和执行数据治理相关的流程；根据相关要求使用数据，并提出关于数据质量方面的问题。

（2）建立相关的数据治理制度。

企业还要建立相关的数据治理制度，例如，要为系统产生的数据、人工记录和加工处理的数据制定数据保密等级规范，并进行全面、系统的设定，以及对数据获取权责及流程进行规范，具体包括以下 4 个方面的工作。

- 构建层次鲜明、结构清晰的数据治理制度体系：完善并发布数据标准规则，规范各环节的数据质量管理要求；明确数据录入及日常管理要求、考核要求、数据安全要求等标准；分章程、管理办法、细则/手册等进行详细定义。
- 撰写数据治理章程：对数据治理的原则、组织架构与职责、数据治理包含的专题，以及预期实现的治理目标和价值进行定义与描述。数据治理章程是数据治理专项制度的总结和概括。
- 建立数据治理专项制度：对数据治理章程中定义的范围分专题进行描述，细化规则、流程说明及相关部门的职责等；依据数据的重要性和共享范围，并综合各业务部门对数据质量的诉求，确定监测数据治理范围。
- 完善数据治理操作手册：数据治理操作手册是依据专项制度细化的可落地执行的细则要求，涵盖相关法律法规要求，以便确保数据应用的合规安全。

（3）理顺数据治理相关流程。

企业需要建立标准化的数据治理流程，并对数据治理的日常核心流程进行梳理，确保业务处理机制与相应的权责明确、对应。此外，企业还需要修订数据标准规范流程、数据治理需求流程，以及处理数据质量问题的流程。

图 6.11 所示为数据质量问题整改流程示例，对于核心的数据治理流程均需要形成标准化要求。

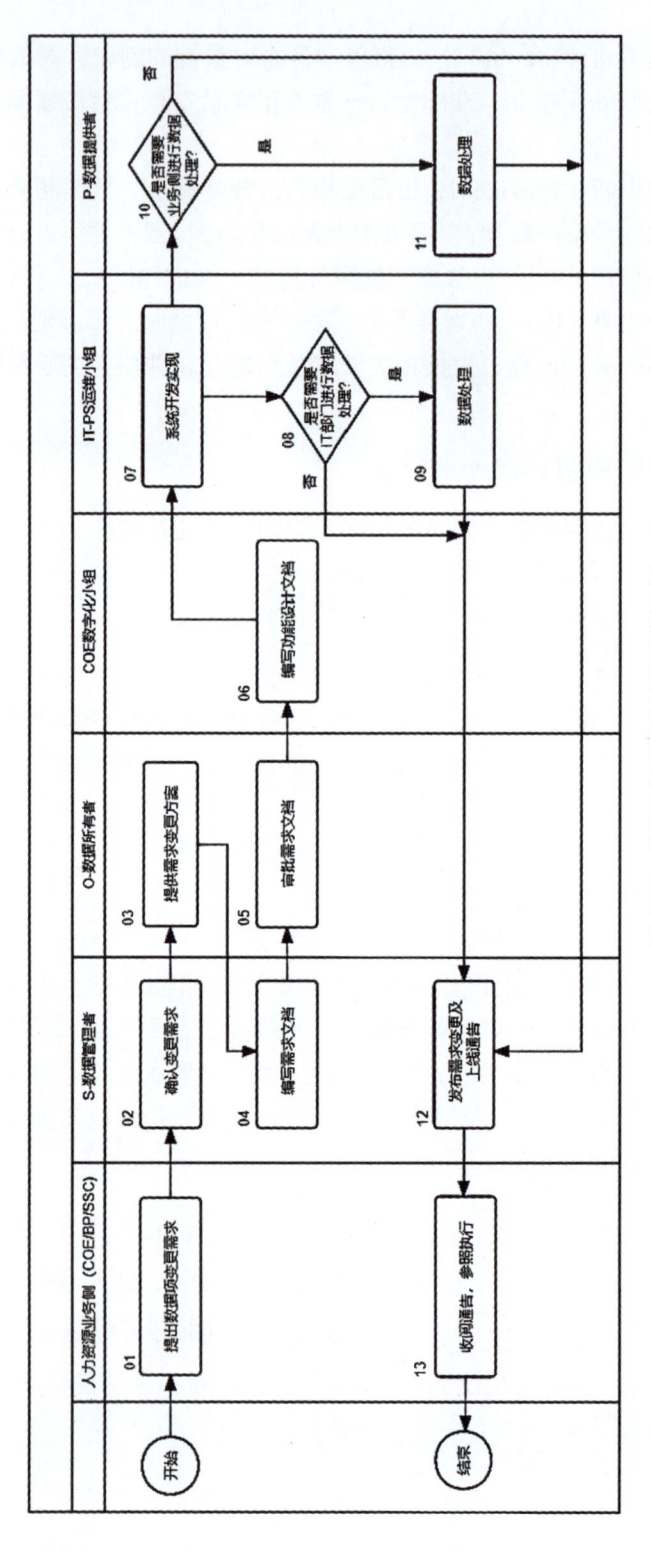

图 6.11 数据质量问题整改流程示例

3. 定期进行数据盘点和稽核

企业要定期进行数据盘点和稽核，具体包括以下内容。

（1）定期进行数据盘点。

就像盘点企业的实物资产一样，企业要对自己的数据进行定期盘点，具体包括以下几个方面。

- 通过定期的数据盘点，开展主题数据治理月活动，如任职数据治理月、合同数据治理月、个人信息类数据治理月。
- 围绕业务分阶段重点开展相关的数据盘点工作。
- 按照不同的数据管理要求，制定数据字典，定期收集数据需求、盘点数据优化事项，不断迭代数据字典。
- 从业务视角自上而下演绎，审视业务价值链、数据使用场景，梳理数据，对业务数据进行盘点。
- 从数据的视角自下而上归纳，通过调研业务数据收集现状、业务系统现状和盘点业务数据，全面、系统地对数据进行管理。

企业每年对所有的数据进行一次全面的盘点可以有效地维护数据质量，保证数据的一致性，以及对数据有清晰的认知。

蒙牛对人力资源业务的年度数据盘点采用"四步法"，即"分类—整合—自动化—估值"，具体介绍如下。

第一步，分类，即找出所有系统中的数据项：界面存储数据项、分析使用数据项、过程流转数据项、接口传递数据项等，并对数据项进行分类，如根据系统来源分为 PS 数据项、北森数据项；根据维护角色分为人力资源专员数据项、员工数据项、管理者数据项；根据业务类别分为组织数据项、人力资源数据项、薪酬数据项；根据填写要求分为必填数据项、非必填数据项；根据数据类型分为结构化数据项、非结构化数据项等。

第二步，整合，即清除无效的数据或因业务变化不再需要、无应用的数据，将非结构化数据转换为结构化数据等。

第三步，自动化，即利用信息技术，提升数据的处理速度与质量，在可行的情况下实现数据的自动转换和数据再造；在数据传递形式上使用更有效率的工具来自动推送数据；在数据采集及数据分析上将原有的手工收集和统计数据的方式，替换成自动化的方式等。

第四步，估值，即鉴于数据采集需要投入大量的人力成本，企业需要定期评估数据应用价值和投入成本，按不同类别定义各类数据，以期实现聚焦重点数据价值管理的目的。

（2）定期进行动态数据监控和稽核。

为了确保数据质量并为企业决策提供精准支持，持续地进行数据运营监控和数据质量管理已成为企业数据管理工作的核心任务之一。蒙牛的动态数据监控和数据稽核包括以下内容。

- 数据监控：即通过制定一系列数据质量检查指标，并利用数据平台将这些评价规则集成到系统中，以实现对数据质量的实时动态监控。蒙牛会在每个季度出具数据质量评估报告，对于报告中指出的数据质量问题，会分析问题产生的原因，根据实际情况提出系统改造或流程优化的具体需求，并对错误数据进行整改和清洗。之后蒙牛将数据的质量监控结果、整改效果均纳入数据质量考核中。
- 数据稽核：数据稽核是数据质量管理中的另一个关键环节，主要工作内容是对历史遗留的录入错误的数据和后续业务中增量产生的错误数据进行处理。在蒙牛的数字化转型过程中，其旧系统中存在大量的录入错误的数据，处理这些数据的操作极为复杂。蒙牛通过数据稽核，诊断相关流程和业务系统，对必须要改善的数据进行有序的改善，并通过持久化的专题数据稽核，持续提升数据质量，形成了一个完整的数据质量管理闭环。
- 数据清洗：即制定数据清洗方案，确定数据清洗流程，对接 SSC 及 BP 在系统中执行数据清洗。蒙牛通过定期组织人力资源数据清洗，完善主数据专题等，打造了干净的数据底座。
- 拓展数据治理服务：蒙牛还积极拓展数据治理服务，挖掘 COE/BP 关注的核心数据，通过与 COE/BP 合作，关注和检查核心数据的合规性；协同进行数据合规检查；强化组织内的数据治理意识；日常对接数据治理需求及服务，提供数据治理服务，如员工履历规则梳理及系统优化、数据清洗；定期举办数据治理培训，同时持续收集和响应数据治理需求，以确保数据治理工作的有效执行和服务质量的持续提升。

4. 确保数据安全合规

企业通过建立具备监控和审计能力的数据安全管理机制，以及数据安全管理的闭环，可以对数据的"生成与获取—存储—使用—共享—归档—销毁"全流程进行安全监控，形成数据安全合规体系。

蒙牛的数据安全合规体系建立步骤如下。

（1）成立数据安全治理组织。

蒙牛成立了专门的数据安全治理组织，以负责数据安全治理工作的正常落实，以及明确由谁长期负责。该组织通常是虚拟机构，一般被称为"数据安全治理委员会"或"数据安全治理小组"，成员由利益相关者和数据专家构成。

（2）完善数据安全管理流程。

蒙牛明确了数据安全管理的策略与流程，并通过各种管理手段和技术手段实现了数据安全策略和流程的执行；发布了《数据安全管理规范》，其所有的工作流程和技术支撑都是围绕此规范来制定和落实的。

（3）定义数据安全密级分类。

① 数据安全密级分类。

一般来讲，数据的安全密级可以分为五大类：公开级、企业级、保密级、机密级和绝密级，具体介绍如下。

- 公开级：企业可以向外发布的各种信息、数据和报表。
- 企业级：仅限企业内部使用，只要是企业内部的员工都有权查阅的数据、信息、文件和资料。
- 保密级：具有保密限定范围的数据、信息、文件和资料。对于保密级的数据要设定保密范围或保密层级，即哪些人可以访问数据，或哪个层级以上的人可以访问数据。一般保密级的数据不允许被转发，必须由发起人或者执笔者发出，以便留存发送记录及跟踪。
- 机密级和绝密级：具有更高敏感度、泄露之后对企业或者企业的合作伙伴有重大影响的数据、信息、文件和资料。这些数据一般被要求加密保存和传输，不允许在服务器的数据库中明文存储。

② 数据安全密级分类的作用。

- 可以让企业对数据使用部门和角色进行梳理；明确数据如何被存储、被哪些对象使用、如何被使用等。
- 可以让企业对数据的存储与分布进行梳理，建立数据存储安全标准及数据存储方式要求；根据数据敏感度分布，明确对何种数据库实现何种安全管控策略，对该数据库的运维人员实现何种管控措施，对该数据库的数据导出实现何种模糊化策略，对该数据库的数据存储采取何种加密要求。
- 可以让企业对数据的使用状况进行梳理，建立数据使用安全标准和数据使用授权管理（内部或第三方机构），明确什么数据可以被什么业务系统访问，从而准确地制定敏感数据的访问权限策略和管控措施。
- 可以让企业对数据传递和数据整合进行安全管理，制定数据传输安全标准、数据加工/融合管理要求、跨境数据传输管理要求等。
- 可以让企业对数据的归档进行安全管理，包括数据归档标准、数据备份、恢复要求等。
- 可以让企业对数据销毁进行安全管理，包括数据销毁标准、数据销毁方式等。

（4）通过数据访问技术控制数据安全。

制定数据访问技术控制规范，是指制定数据使用的原则和控制策略，包括数据访问账号和权限管理、应用系统访问控制管理、传输环境安全控制管理、数据加密管理、数据资产管理、数据使用过程管理、数据库活动监控管理、数据共享（提取）管理、数据存储管理、数据安全删除管理、隐私信息管理等。

蒙牛在定期的数据稽核中，会对数据安全风险的内控策略和合规性进行检查，包括操作监管与稽核、风险分析与发现、数据安全审计等。

5. 搭建数据平台以高效管理数据

蒙牛在数字化转型的过程中，搭建了一套完整的数据中台，实现了数据采集/获取自动化（ETL）、数据管理线上化、数据稽核常态化、数据质量提升智能化，以及数据授权使用和跟踪线上化。

蒙牛的数据架构采用的是"采、管、用"分离的模式（见图6.12）：数据来自人力资源管理系统及各个业务系统，通过ETL工具实现数据的实时同步；数据中台负责对数据进行整合、管理和加工处理，为数据应用层（数据集市）提供数据输出服务；数据应用层提供各种报表、看板和报告，采用自动化和自助化相结合的模式。

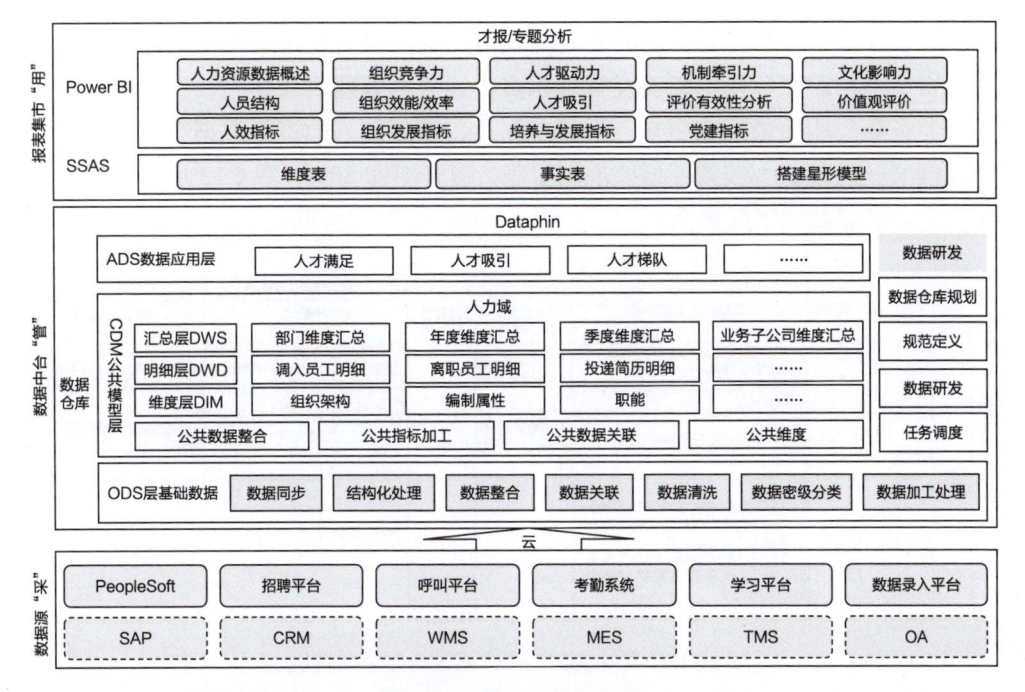

图 6.12　蒙牛的数据架构

蒙牛通过构建数据中台对数据进行了统一的治理，其中强化了三大功能来保障数据的质量，具体介绍如下。

（1）构建数据治理平台，通过平台进行数据治理规范；通过图像识别功能、机器人等实现自动采集数据、数据字典线上化、自动稽核和监控数据，以减少人工维护和集成数据的成本，且打通各系统中的数据。

（2）开发上线数据录入自动化管控规则，落实了关于"事前""事中""事后"的管理要求；开发上线员工档案评分功能及数据质量自动化稽核工具，不仅实现了数据质量管控自动化，同时也让数据质量得以量化；梳理人力资源数据录入规则和稽核规则，其中涉及 31 个自动化需求，1 个批量清洗工具；开发批量清洗等自动化数据治理工具，提升了手工录入数据的效率和准确率；开发系统自动化规则（110 条），比如通过图像识别功能自动填充身份证号码等信息，无须人工输入；形成质量检查规则（216 条），比如身份证号码重复性校验。

（3）生成数据字典，并实现线上可视化；开发数据地图功能，实现线上数据项检索功能。即使企业内已经形成数据标准、自动化规则，蒙牛仍持续完善这些标准和规则，以及提升其全链条覆盖度。

对于数据字典的管理,也需要明确权责、统一标准,即明确每个数据项的定义职责、维护职责、使用职责及管理职责,让数据管理责任到人;明确每个数据项的业务规范和质量稽核要求。到目前为止,蒙牛的人力资源数据字典中的 412 个数据项已经有 50%被数据稽核规则覆盖,覆盖率为 50%。图 6.13 所示为蒙牛构建的人力资源数据字典样例。

序号	类别	字段	必填	值列表	业务规范/制度要求	数据质量稽核规则			
						完整性 Complete	及时性 Timely	一致性 Consistent	准确性/有效性 Accuracy
1	教育经历	入学日期	N	/	1. 教育经历应按照学历顺序起止,起止日期不重叠。2. 保持一定连续性,且与对应学制年份要求一致	【稽核规则】初中及以上学历必填	/	【稽核规则】入学日期与学历教育高低顺序一致,即低学历入学时间早,提醒,不强控	【稽核规则】非同等学历开始和结束日期不允许重复
2		毕业日期	N	/	在读学历需要维护预计毕业日期	【稽核规则】初中及以上学历必填	/	【稽核规则】毕业时间需与对应学历一致,本科≤6年,研究生≤5年,博士≤8年(稽核平台检查)	【稽核规则】毕业日期>入学日期
3 4		教育形式	Y	全日制非全日制	1. 以毕业证中标注的教育形式为准。2. 全日制学历的各阶段学历的起止日期原则上应该是连续的。3. 国外院校毕业判定需结合工作经历,全日制就读国外院校时,应无重叠的工作经历	/	/	【自动化规则】高中、初中教育形式默认为全日制	/

图 6.13 蒙牛构建的人力资源数据字典样例

6.3 数据治理框架和数据管理能力评估

在进行数据治理的时候,企业要遵循一定的规范。蒙牛在进行人力资源数据治理的时候,参考了 3 个现有公开的数据治理规范性框架,以更好地满足蒙牛的现状。

这 3 个框架分别是国际数据资产管理协会(DAMA)框架、信通院数据治理服务商成熟度模型(DGS 模型)和数据管理能力成熟度评估模型(DCMM),具体介绍如下。

6.3.1 国际数据资产管理协会(DAMA)框架

DAMA 认为数据治理的目标有三点:

- 提升企业的数据资产管理能力。
- 确定、审批、传达和实施数据管理的原则、政策、操作流程、标准体系、工具和责任。

- 监控和指导政策的合规性，以及数据使用和管理活动。

可以看出，DAMA 对于数据治理给出了比较全面的解释，但是和企业可落地的数据治理相比还有一定的距离，更像是纲领性的介绍。其中对于如何进行数据标准的制定，以及如何进行数据资产的评估都缺少具体的描述。

DAMA 框架是一个数据治理框架，其中包括 10 个要素（见图 6.14）：数据架构、数据建模和设计、数据存储和操作、数据安全、数据集成和互操作、文件和内容管理、参考数据和主数据、数据仓库和商业智能、元数据、数据质量。在每个维度上，DAMA 框架也给出了一些参考性的原则和规则，让企业在进行数据治理时，可以考虑得更全面，以避免遗漏一些维度或要素。

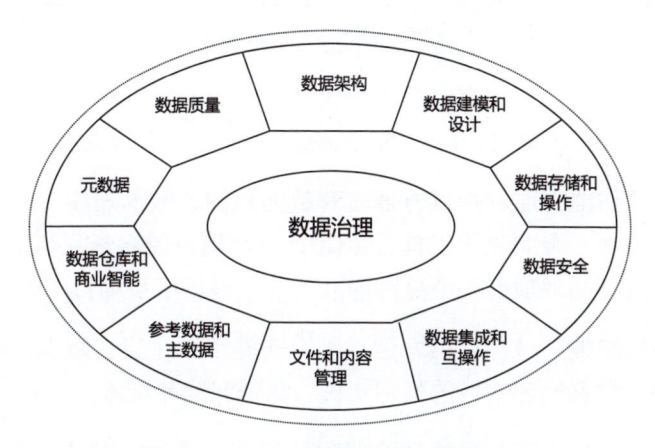

图 6.14　DAMA 框架下的 10 个要素

蒙牛在参考使用 DAMA 框架的过程中，组织员工学习了 DAMA 框架的相关知识。数据资产管理是一门非常专业的、复杂的知识体系，就像人力资源管理、财务管理、物流仓储管理、项目管理等传统管理学一样，员工需要在理论框架的指导下，系统性地掌握这些知识，从而才能够做得更加专业。所以，建议企业在推动人力资源数字化转型的时候，也要组织员工进行系统性的学习。

6.3.2　信通院数据治理服务商成熟度模型（DGS 模型）

信通院数据治理服务商成熟度模型（DGS 模型）由中国信通院（中国信息通信研究院）提出，其以数据治理服务项目实施运维的流程为主线，融合数据治理的核心能力，包括 6 大能力域、21 个能力项，如图 6.15 所示。其中的 6 大能力域遵循一般的数据治理项目流程，具体介绍如下。

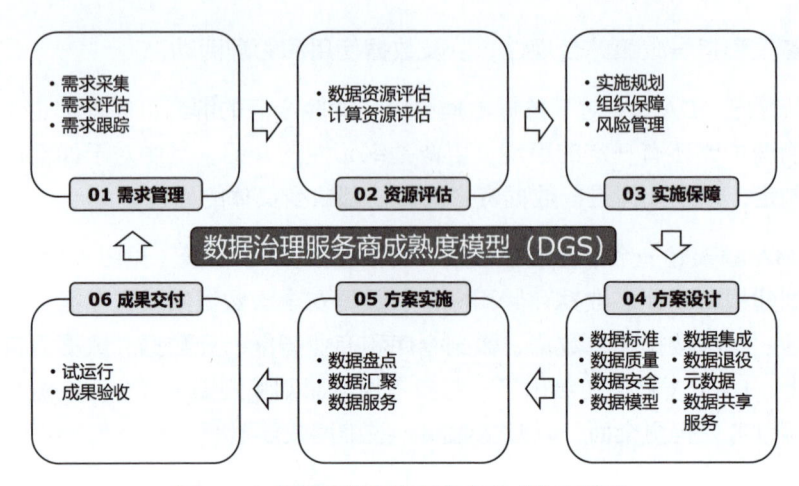

```
┌─────────────────┐      ┌─────────────────┐      ┌─────────────────┐
│ • 需求采集      │      │ • 数据资源评估  │      │ • 实施规划      │
│ • 需求评估      │  ⇒   │ • 计算资源评估  │  ⇒   │ • 组织保障      │
│ • 需求跟踪      │      │                 │      │ • 风险管理      │
│                 │      │                 │      │                 │
│   01 需求管理   │      │   02 资源评估   │      │   03 实施保障   │
└─────────────────┘      └─────────────────┘      └─────────────────┘
         ⇑           ┌───────────────────────────┐         ⇓
                     │ 数据治理服务商成熟度模型(DGS)│
                     └───────────────────────────┘
┌─────────────────┐      ┌─────────────────┐      ┌─────────────────┐
│   06 成果交付   │      │   05 方案实施   │      │   04 方案设计   │
│                 │      │                 │      │ • 数据标准  • 数据集成 │
│ • 试运行        │  ⇐   │ • 数据盘点      │  ⇐   │ • 数据质量  • 数据退役 │
│ • 成果验收      │      │ • 数据汇聚      │      │ • 数据安全  • 元数据   │
│                 │      │ • 数据服务      │      │ • 数据模型  • 数据共享 │
│                 │      │                 │      │              服务    │
└─────────────────┘      └─────────────────┘      └─────────────────┘
```

图 6.15　信通院数据治理服务商成熟度模型

（1）需求管理能力域：提供方（服务商）通过采集需求方的业务需求、数据需求、技术需求等，明确数据治理的目标和范围，并评估实施数据治理的可行性。

（2）资源评估能力域：提供方通过对数据来源、数据规模、数据分类、数据关系、数据时效性、专业软件工具、存储/计算环境及硬件资源等主要影响因素进行分析，提升数据治理项目任务分解的准确性，指导识别项目中的潜在风险。

（3）实施保障能力域：提供方通过制定实施规划，建立组织保障，以及开展风险管理，确保数据治理项目的顺利实施，降低风险和成本。

（4）方案设计能力域：是数据治理项目的核心环节，提供方通过制定相关规范体系和设计文档，形成满足需求方需要的数据治理体系。

（5）方案实施能力域：提供方通过依托相关平台和工具，实现方案的落地。

（6）成果交付能力域：包括试运行、成果验收两个能力项。

不管是企业自己做数据治理，还是通过服务商来实现部分数据治理工作，信通院数据治理服务商成熟度模型都为企业提供了一套相对全面的参考指南。

蒙牛参考信通院数据治理服务商成熟度模型的原因有两个：

一个方面，蒙牛的 HRSSC 在定位上，除为员工提供人力资源共享服务之外，还是一个非常关键的人力资源数据的提供者。HRSSC 本身就是数据服务商，其为内部客户（包括 HRBP 和 HRCOE）提供数据，也为业务部门提供相关的数据服务。

另一个方面，蒙牛是第一次做人力资源数据治理，其要用项目管理的模式来构建一套体系，并且还要保证数据治理项目能成功落地，所以，以数据服务商的视角来理解数据治理，可以为蒙牛的项目管理提供更多的参考，让团队知道在第一次做数据治理的时候，需要管什么、关注什么、怎么管好这个项目。

6.3.3 数据管理能力成熟度评估模型（DCMM）

2018年，我国推出《信息技术服务 治理 第5部分：数据治理规范》（GB/T 34960.5-2018），其从8个维度，28个能力项的角度对企业数据管理体系进行系统性评估。如图6-16所示为其中的数据管理能力成熟度评估模型（DCMM）。通过评估，企业可以知道自己在哪些能力项上还存在偏差或者还是弱项，从而制定相关的改进措施。

认证能力域（8）	认证能力项（28）			
1. 数据战略	1.1 数据战略规划	1.2 数据战略实施	1.3 数据战略评估	
2. 数据治理	2.1 数据治理组织	2.2 数据制度建设	2.3 数据治理沟通	
3. 数据架构	3.1 数据模型	3.2 数据分布	3.3 数据集成与共享	3.4 元数据管理
4. 数据标准	4.1 业务术语	4.2 参考数据与主数据	4.3 数据元	4.4 指标数据
5. 数据质量	5.1 数据质量需求	5.2 数据质量检查	5.3 数据质量分析	5.4 数据质量提升
6. 数据生存周期	6.1 数据需求	6.2 数据设计与开发	6.3 数据运维	6.4 数据退役
7. 数据安全	7.1 数据安全策略	7.2 数据安全管理	7.3 数据安全审计	
8. 数据应用	8.1 数据分析	8.2 数据开放与共享	8.3 数据服务	

图 6.16 数据管理能力成熟度评估模型（DCMM）

蒙牛在实际操作中借鉴了该模型，并对其人力资源管理体系中的数据管理现状进行了自我审视。经过反思，蒙牛意识到尽管自己对数据管理给予了高度重视，但在多个方面仍存在不足。具体而言，无论是在数据管理制度的构建方面，还是在相关流程的整理与建立方面，均有明显的缺失。

在这些维度中，传统企业普遍缺乏的是从战略层面审视数据管理，从组织架构层面实施数据管理，以及从制度和流程层面规范数据管理。众多企业尚未将数据管理视为一项关键的工作。

随着企业规模的持续扩张和管理的日益规范化，数据的重要性逐渐凸显，构建数据管理体系已成为企业管理中不可或缺的一环，尤其对中大型企业而言，这已成为一项必须着手进行的工作。

企业在进行人力资源数据治理的过程中，需要制定数据战略，构建数据治理的组织，建立数据治理的流程和制度体系，搭建数据平台，完善数据标准和规范，从元数据开始管理。在数据安全方面，企业要建立数据安全密级分类管理制度，确保数据安全。然而，在企业推动人力资源数据治理之前，很多中高层领导都没有这方面的意识，这说明，还需要强化中高层领导的数据管理意识。

第 7 章

人力资源数字化之技术应用

在人力资源数字化转型的过程中,无论是通过加工、利用、管理业务数据,以提高人力资源管理的效率和精细化程度,以及决策水平,还是通过开发算法以实现数智化管理,都需要通过相关的数字技术来实现。

想要人力资源数字化转型成功,第一,企业需要有落地的方案,构建一个完整的架构体系;第二,企业需要对相关的数字技术进行整体架构,以及对企业的技术架构进行选型和匹配,第三,还要对技术架构进行体系化的管理。

7.1 人力资源数字化转型的技术架构体系

想要有效地完成应用、算法驱动的流程开发,流程的数字化再造等工作,需要一套管理逻辑(或者叫作管理框架)。在传统的 IT 产品、应用或者业务系统的开发中有一套成熟的框架,这个框架也是绝大多数软件厂商都在使用和遵循的框架:TOGAF(The Open Group Architecture Framework)。这个框架是开源的,由相关的开源组织来维护和管理。

TOGAF 是由国际标准权威组织 The Open Group 制定的。The Open Group 于 1993 年开始应客户要求制定系统架构的标准,并在 1995 年发布 TOGAF。TOGAF 的重点是架构开发方法(Architecture Development Method,ADM):一个可靠、行之有效的方法,让企业能够开发满足商务需求的企业架构。

企业架构框架有很多,但 TOGAF 是最主流的选择之一。在国际上,TOGAF

已经被验证可以灵活、高效地构建企业架构。有许多国际知名的公司都在使用 TOGAF，而且 TOGAF 支持开放、标准的 SOA 架构。TOGAF 已得到国际主流公司的推动，如德国的 SAP，美国的 IBM、HP、Oracle 等，中国的金蝶、北达软等。中国软件企业对 TOGAF 的认可度也比较高。

TOGAF 以需求管理为核心，其中涉及的内容包括从初始阶段的规划设计到实施之后的架构变更管理，是一个闭环结构，代表一个应用、一套软件或者一个 App 的全生命周期的管理体系架构，如图 7.1 所示。

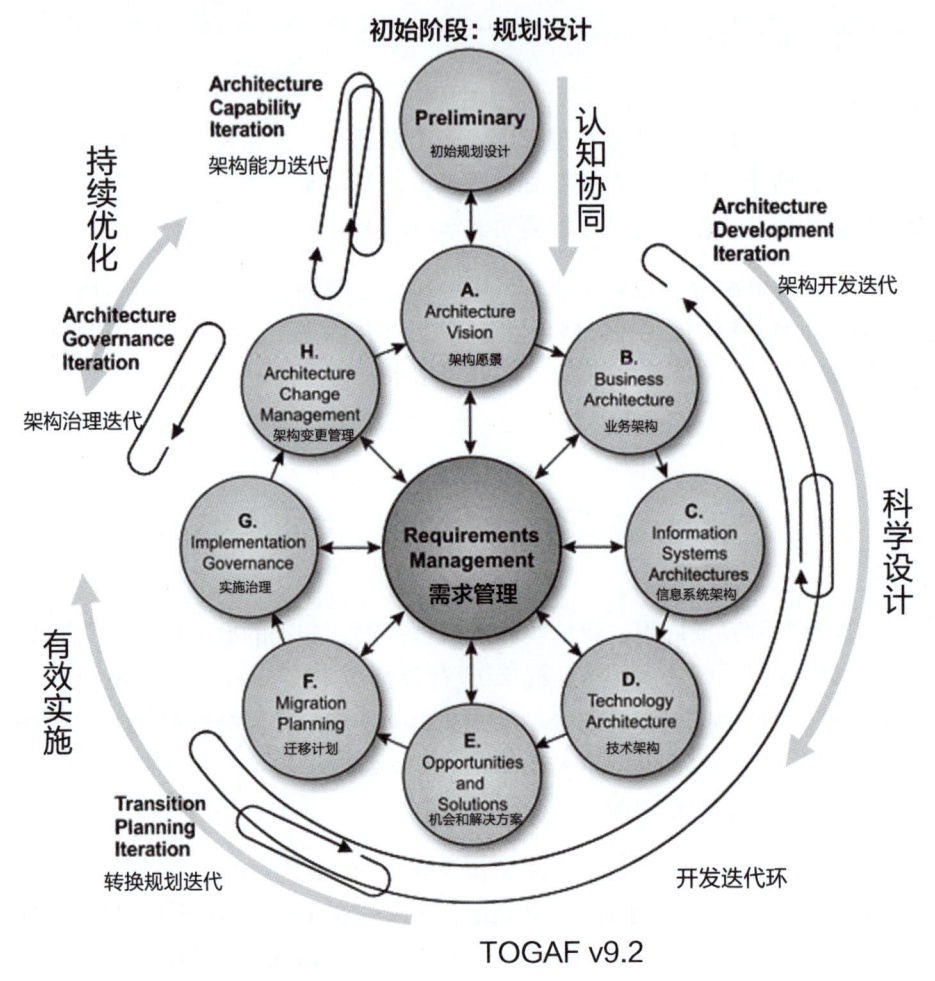

图 7.1 TOGAF 的闭环结构

TOGAF 包含十个要素：

① 需求管理；

② 初始规划设计；

③ 架构愿景；

④ 业务架构；

⑤ 信息系统架构；

⑥ 技术架构；

⑦ 机会和解决方案；

⑧ 迁移计划；

⑨ 实施治理；

⑩ 架构变更管理。

在传统的软件开发中，一般企业都一直不太喜欢"迭代"和"变更"，更喜欢在将这个产品开发出来之后，满足所有人的所有需要，考虑到所有的场景，即在将产品交付之后就"万事大吉"，不需要迭代。他们认为需要迭代的产品都是不完善的产品，或者是规划设计不到位、思考不全的"缺陷产品"。

TOGAF 是适合软件开发或者应用开发的，但是在企业数字化转型实践中，这个框架还存在一些缺陷。因此，蒙牛在 TOGAF 的基础上，采用了一个新的框架（也叫优化后的框架），即在 TOGAF 的基础上进行了简化和优化，蒙牛称其为"业务场景数字化转型落地五步法"（以下简称"五步法"），如图 7.2 所示。

TOGAF 作为专业技术人员学习与应用的框架，其复杂性不容小觑。尽管该框架的核心理念是以需求为导向，但其在理解业务痛点与需求方面还存在不足。此处所指的需求并非仅限于技术人员所理解的需求，而是更贴近业务人员的实际需求。鉴于技术人员与业务人员在需求理解上存在诸多的沟通障碍，蒙牛在其"五步法"中特别引入了厘清业务战略与聚焦业务痛点的环节，以促进技术人员更精准地满足业务人员的需求，确保真正实现以需求为核心。

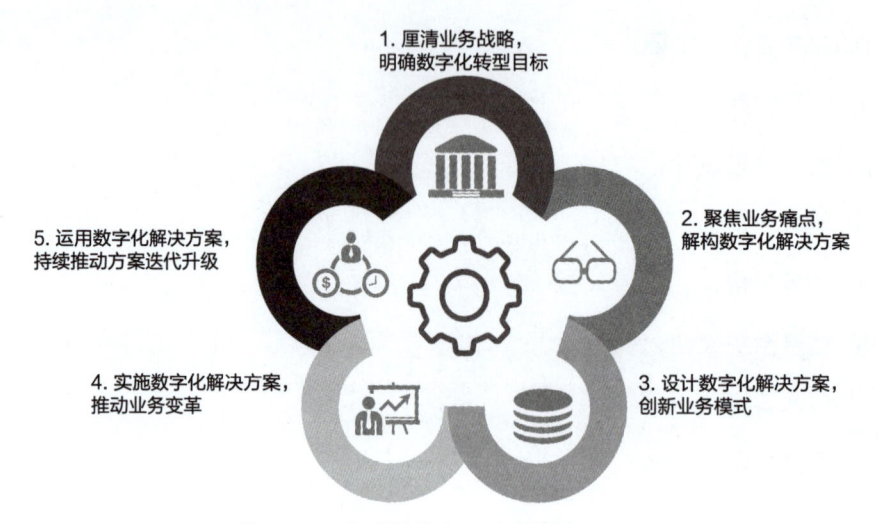

图 7.2　业务场景数字化转型落地五步法

此外，TOGAF 主要关注软件或应用的开发过程，但未充分涵盖后期管理，尤其是对运营阶段的细节要求。因此，蒙牛特地在"五步法"中补充了后期运营的相关内容，包括推动业务变革，并对开发的软件、应用实施持续迭代升级策略。这些改进是"五步法"与 TOGAF 的主要区别。TOGAF 中的"九个步骤"和"十要素"已被整合进"五步法"的第二、第三、第四步骤中，下面详细阐述"五步法"。

1. **厘清业务战略，明确数字化转型目标**

在第 1 章中已详细阐述了人力资源数字化转型的目标体系，其中涵盖了数字化转型本身的目标体系及流程数字化再造的目标体系。

目标是行动的基石，更是转型的根基，企业要确保在数字化转型过程中所采取的每一项措施，均旨在实现最终的数字化转型目标。企业数字化转型目标与业务目标紧密相连。业务目标旨在扩展业务范围，促进企业快速发展。因此，在数字化转型过程中，企业不能为了降低成本和提升效率而放缓业务发展的步伐。业务目标必须与企业的整体战略目标保持一致。

2. **聚焦业务痛点，解构数字化解决方案**

在明确的目标导向下，企业的数字化解决方案若能集中于解决业务中最关键的问题，便能创造可感知或显著的价值，即在短期内提升业务价值。在剖析数字化解决方案时，把握关键要素和实施切实可行的策略是不可或缺的。

例如，当企业的营收下滑时，造成问题的根源并非客户数量减少或订单数量减少，而是平均交易额下降。解决之道不在于拓展更多的客户或提高订单数量，而在于提高现有客户的满意度和交易额，从而提高平均交易额。同时，企业必须深入分析导致平均交易额下降的具体原因，例如是客户购买的产品数量减少了，还是产品单价下降了，抑或是客户购买的频次降低了。唯有追溯问题的根源，才能制定出有效的解决方案。

3. 设计数字化解决方案，创新业务模式

企业需要运用创新思维，以开拓新的流程、业务模式及经营策略，不应被过往经验所束缚。因此，企业应从"转变思维"和"改变方法"的角度，审视数字化解决方案。数字技术为企业提供了众多的创新机遇，几乎所有的业务流程及管理方式均可以通过数字化手段进行重塑。

4. 实施数字化解决方案，推动业务变革

数字化解决方案将引发业务变革、业务关系重组、组织架构调整、业务流程再造，以及人员权力结构和利益格局的调整。推动这一系列的变革是实现数字化解决方案的关键。在执行数字化解决方案的过程中，企业必须要对员工进行宣传和引导、培训，使他们理解变革背后的逻辑，从而能够将旧有的习惯转变为新的行为模式。

5. 运用数字化解决方案，持续推动方案迭代升级

数字化解决方案超越了传统信息化软件或应用的开发范畴。一般企业在部署信息化软件或应用之后，例如上线人力资源才报看板，才开始数字化转型的进程。即企业需要促进该看板的应用，并收集使用者的反馈，持续优化看板内的指标，以满足员工在日常管理活动中的需求。

与信息化理念相异，数字化转型的核心在于"变革即进步"。蒙牛的人力资源数据中心在启用新的看板后，马上收到了管理层人员的反馈：他们期望看板能展示更多的指标。这并非表明前期的产品设计存在缺陷，对指标的梳理不够全面，也不是先前的解决方案考虑不周，而是反映出他们在追求变革、在进步。在适应这些需求、满足这些新的反馈过程中，他们已经实现了进步。因此，数字化转型的核心理念是：变革即进步，并非对过往的否定。

通过运用"五步法"，企业能够更加有效地持续迭代和升级其技术架构，以满足变革和持续进步的需求。

7.2　人力资源数字化转型技术架构的搭建

在企业数字化转型的过程中，明确业务需求与业务场景至关重要，同时，这一环节也极易成为问题的多发区，且企业常常陷入以下两个误区。

- 误区一：业务部门没有清晰的规划，需求零星散落。
- 误区二：业务部门缺乏成熟的业务流程和业务场景。

鉴于各业务部门在数字化思维及数字化能力方面存在差异，导致需求的完整性和全面性有所不足，因此，企业有必要设立一个专门负责提出业务需求的角色。通常，这一角色由具备数字化思维和数字化能力的业务分析师（BA）担任：他们不仅能够理解业务需求，而且对信息技术有深入的了解，能够有效地将业务需求与系统设计相结合。担任此角色的人员可以来自业务部门或技术部门，关键在于该人员是否具备业务分析师这个岗位所要求的综合能力。

为了避免陷入前面提及的两个误区，蒙牛采取了"七步法"以保障其人力资源数字化转型方案的实施，具体细节如下所述。

7.2.1　业务需求的提出

如前文所述，企业的数字化转型并非单纯的系统升级或更替，而是业务模式的全面升级与转型。业务部门需要先明确业务模式的变革方向，然后重新设计或重构流程，并基于业务模式与流程的调整，进一步确立业务的具体需求。

然而，此过程对业务人员的数字化能力提出了极高的要求。在企业的业务部门中，同时具备业务思维和数字化思维的业务人员极为稀缺。业务人员提出的需求往往零散且缺乏逻辑性，他们更多地关注于系统功能，而未能从全流程、全场景的角度进行考量。若业务人员具备数字化思维与数字化能力，则会优先考虑业务的模式、流程、场景，并从业务战略出发，进行数字化转型的蓝图设计。

蒙牛结合业务策略，针对员工的入职、离职、调动、选拔、培养等场景，对内部的业务进行了全面的回顾与梳理，并对现行的流程进行了深入的分析与整理（若缺乏流程或没有流程图，则需先行绘制流程图）。其目的是全面了解流程的各个环节。基于业务规划，蒙牛对搜集到的流程进行了分析与整理，从管理、风险、技术等多个视角审视现有流程，以发现改进点和优化的机会。

蒙牛对现有流程的回顾并非旨在将线下的流程简单地转移到线上，而是从未来发展的视角，审视现有流程和系统能否支撑业务的持续发展。同时，为了提升效率，蒙牛引入了新技术进行流程再造，以形成清晰的、支持企业未来战略和业务策略的流程图，最终，在企业内部形成标准的作业流程，确立数智化的业务需求。对于这一部分，企业应制定详细描述当前业务操作流程的文档，确保各专业领域的人员能够达成共识并理解。该流程描述文档应包含业务流程的各个阶段、关键活动、参与者，以及现有流程的优势与不足。

当然，对于这项工作，若业务人员缺乏数字化思维或数字化能力，且无系统的经验，则执行起来将具有一定的难度。此时，拥有既懂业务又懂系统的 eHR（数字化人力资源）团队就显得尤为重要。若企业内部的团队均不具备此能力，则需要借助外部供应商的咨询能力及大型项目管理能力。

对仅具备业务思维的人力资源管理者而言，其在数字化转型过程中面临的最大挑战并非业务变革本身，而是必须进行前期的需求分析和业务规划蓝图的设计。在这一过程中，需求管理、资源协调及问题解决尤为复杂。通常，企业在选择相关平台时，主要关注产品的技术能力。然而，根据蒙牛的经验，平台除了需要具备轻咨询的能力，还必须拥有数字化的能力，以确保设计的方案能够在系统中得到实际应用。对于那些涉及非纯粹管理咨询且与数字化转型相关的项目，业务项目经理扮演着至关重要的角色：他需要具备业务分析的能力；若不具备，则需要有专业的业务分析团队提供支持。

7.2.2　业务需求的分析与统筹

如前文所述，业务部门提出的业务需求大多是零散且缺乏系统性的，未能全面地考虑业务的整体情况。因此，必须有一个专门的人来负责业务需求的统筹：这个人需要既对整体业务及各系统有深入的了解，又能够负责分析业务需求的合理性及其与业务的关联性。此外，他还需要评估业务需求是否存在跨部门重复或矛盾的情况，并考虑优先级的问题，同时判断该需求是否在年度预算范围内，以及现有系统是否具备相应的支持功能。

需求分析的统筹工作具体涵盖以下方面。

- 对于需求分析，业务部门要和技术部门进行充分沟通。

- 需要依据业务规划，对现行流程进行深入分析与系统整理，从管理角度、风险角度、技术角度审视现有流程，以识别其中的改进之处和优化潜力。
- 需要详尽研究流程的各个阶段，并与各利益相关者进行高效沟通，其中涵盖业务部门、开发团队、测试团队等，确保项目团队真正理解业务需求。
- 评审测试用例，并参与用户测试，以确保其满足业务需求和质量标准。
- 为用户和团队提供培训和支持，确保他们能够真正理解和正确使用新系统或流程。
- 持续搜集与总结用户在使用系统时遇到的问题，进行流程诊断并给出解决方案，提升用户的使用黏性，提高业务的运转效率。

在开展需求分析的过程中，必须要深入理解项目的背景，并对项目的必要性进行深入的探讨。同时，也需要考量项目的预期收益或成果，以及进行投入与产出分析。之后基于此分析结果，确立项目的具体内容与实施方案。

通常，在梳理清楚业务需求之后，需要制定详尽的业务流程图或业务流程的标准操作规程（Standard Operating Procedure，SOP）。业务需求分析团队将依据业务流程的标准操作规程，撰写市场需求文档（Market Requirements Document，MRD）。

以前，蒙牛在进行系统功能开发时，需求设计的规范性尚未达到理想状态，其通常以功能说明书替代市场需求文档。两者的主要差异在于，功能说明书直接涉及业务流程和系统功能页面的设计，而市场需求文档则需要对项目的商业可行性进行深入分析。在市场需求文档中，业务痛点分析和明确业务目标是不可或缺的。业务分析师应当对项目的业务目标进行详尽的阐述，例如提高客户满意度、优化操作流程、提升工作效率、降低管理成本、控制管理风险等。业务目标必须是明确、可度量的，并符合 SMART 原则（目标管理领域的经典方法论），以便为产品设计和开发提供清晰的指导，并与企业的整体战略目标保持一致。

另外，企业还需要深入分析并明确阐述技术迭代如何为业务增值。这其中可能涉及提高效率、降低成本、改善产品或服务质量、促进创新等方面。此类分析应建立在客观的事实和数据的基础之上，以证实技术迭代的必要性及其带来的益处。而预期成果应与前述业务目标及价值分析紧密相关，并且应当是可度量且可实现的。

7.2.3 整体技术架构蓝图的规划与设计

企业的整体技术架构蓝图的规划与设计一般分为三个阶段：规划整体技术架构蓝图阶段、规划数字技术方案阶段和实现路径设计阶段，具体介绍如下。

1. 阶段一：规划整体技术架构蓝图阶段

在此阶段要通过对内外部的现状调研及诊断，确定数字化转型方案，规划整体技术架构蓝图。

（1）外部：分为"看研究"和"看业界"两个方面。

"看研究"：要研究数字化人力资源的理念、未来趋势、新技术应用。

"看业界"：要研究业界数字化趋势与标杆企业案例。

（2）内部：即"看自己"的人力资源业务和数字化现状，包括信息化准备程度评估（管理在线、端到端的数据打通、数据共享、技术架构）、用户痛点与需求调研（痛点、盲点、机会点），以及与业界标杆案例的差距分析、人力资源服务模式/价值分析（基础领域、人力资源效能、业务落地）、人力资源内部组织/人才/能力分析等。

通过对内外部的现状诊断、调研、分析，以及对业务战略的解读，企业可以明确实现人力资源数字化有哪些关键能力要求，探讨哪些业务可以通过人力资源数字化带来更多的价值，从而评估投入、设计解决方案并立项。

2. 阶段二：规划数字技术方案阶段

企业在规划数字技术方案时，要结合企业的业务模式设定变革的目标，响应业务需求和解决用户的痛点，承接业务与人力资源战略，梳理并确定人力资源业务模式。

企业在规划数字技术方案时，首先要思考并回答以下问题：

- 未来企业需要什么样的业务架构？
- 未来企业需要重塑怎样的业务场景和流程场景？
- 企业原有的业务能力需要进行哪些调整？

接着，再开展具体的蓝图设计和应用平台架构设计工作。在设计过程中，要重点关注以下内容。

（1）蓝图设计。

- 业务规划和业务架构设计：设计当前和未来的流程，确保这些流程能够适应企业的长期战略。
- 新运营模式的规划和匹配：根据业务规划和架构，制定新的运营模式，并确保这些模式能够与企业的数字化规划相匹配。
- 商业价值分析：评估这些设计和规划能够带来的商业价值。
- 跨部门需求的协调：分析跨部门的需求冲突、能力复用情况，以及探索如何解决流程中的断点、重复和矛盾等问题。

（2）应用平台架构设计。

应用平台架构设计包括以下内容。

- 核心系统解耦与服务化方案：考虑如何将核心系统解耦（将系统中的不同模块分离出来），以实现更灵活的服务化架构。
- 系统选型方案：选择适合企业需求的系统解决方案。
- 数据平台架构和治理体系：设计数据平台的架构，并建立数据保障和治理体系，以确保数据的可靠性和安全性。
- 技术基础设施与平台：规划支持这些系统和数据平台的基础设施和技术平台。

在进行以上这些工作时，企业需要考虑如何利用新技术，并将其融入应用场景和架构规划中，以实现业务价值最大化并推动创新。例如，企业可以考虑使用人工智能、大数据、云计算等技术，并思考如何让这些技术为企业的流程优化、效率提升和创新驱动带来切实的好处。

3. 阶段三：实现路径设计阶段

接着要设计项目的实现路径，具体包括以下内容。

- 技术团队要评估是自己研发还是购买各平台或系统，识别项目的优先级，制定项目的进度表，以及 1~3 年的规划。
- 明确过程指标对应的项目卡片，约定过程指标及明确追踪期限。
- 确认项目卡片的细节推进计划，进行业务分析；依据业务目标、指标等，引入技术解决方案优化既有流程，并固化为标准操作规程。

7.2.4 系统设计及开发

开发人员依据蓝图设计方案进行系统评估和设计，对于每个功能的设计与功能说明书（包括流程页面字段、流程审批路径、流程落地规则、流程提醒规则、流程风险管理规则、流程数据稽核规则等），进行充分的讨论和沟通，提出优化和改进方案，在最终定稿后形成客户开发列表，以及并行、串行和分模块迭代研发任务清单。

在系统研发成功后要进行系统测试。这里需要注意以下要点。

- 在测试之前，必须制定详尽的测试用例和业务场景（应尽可能地覆盖所有潜在的业务场景），并在测试开始前对参与测试的用户进行必要的培训。
- 参与测试的用户应当是所有参与功能讨论的人员，以及对功能有深入了解的人员。
- 各业务板块中的业务人员应全面参与测试工作，参与测试的业务人员应具备全面的业务知识和丰富的实际操作经验。
- 测试人员应依照测试用例执行测试，并在发现有遗漏的场景时，根据个人经验进行补充。
- 在测试中发现的问题应按照标准模板进行记录，并及时反馈给指定的负责人。开发人员在对测试中发现的问题进行修改后，需要进行复测，并验证开发的功能是否与功能说明书保持一致。
- 在所有参与测试的人员确认测试结果满足系统上线标准后，方可进行系统上线。

下面介绍一下其中涉及的测试类型。按照测试流程具体包括如下测试类型，如图 7.3 所示。

（1）单元测试：主要为开发人员完成自己的代码的本地测试，判断自己的代码是否满足业务需求。这个阶段是自我检测代码是否遗漏的地方，以及弥补之前考虑不足的地方。单元测试是在系统开发过程中进行的最低级别的测试活动。

（2）集成测试：即将所有开发人员的代码进行整合的测试。一般这种测试多为项目组内部开发人员及关键用户共同参与。集成测试主要用于确保系统的集成功能可以全流程跑通。

（3）用户接受度测试：即相关的用户根据测试计划和结果对系统进行测试，其中需要涵盖全部的测试场景、详细的测试用例及明确的测试通过标准等。用户接受度测试主要是让系统的最终用户代表和关键用户参与测试，测试系统是否满足功能设计文档中的需求，以及测试系统的功能顺畅度、页面使用友好度等。用户通过测试判断系统是否达到预期标准。当达到用户的预期标准后，系统就可以上线应用了。

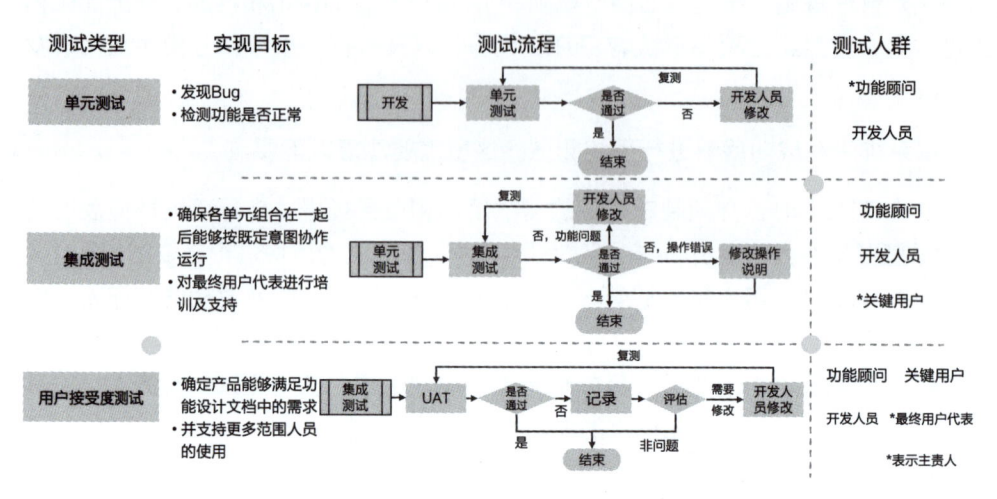

图 7.3　线上开发项目测试类型示意图

7.2.5　上线切换

上线切换指将开发的系统部署到正式的生产环境中，开始正式应用系统的所有功能。其中需要提前做好以下工作。

（1）制订数据库备份计划，确保在系统上线过程中出现异常时，能够迅速将系统恢复至最新状态。在执行数据备份操作时，需要确保业务用户能够同步进行线下数据备份，以便在系统回滚后能够补充录入数据。

（2）进行系统迁移与配置，其中涉及将开发完成的系统部署至生产环境中，并执行必要的配置调整，同时进行相关数据的校验。此外，还需要录入业务数据或配置数据，例如知识库、薪酬标准等信息。

（3）在权限梳理与配置方面，需要对系统及平台中的各个角色、用户群体及其相互关系进行细致的梳理，以形成更为规范化和标准化的权限管理体系。

（4）针对不同的用户，需要编制详尽的用户操作手册，并准备培训材料，以便对用户进行系统上线前的培训。

待所有准备工作就绪后，可以先试运行系统，随后再全面推广系统的应用。

系统迁移是至关重要的环节，建议企业在开发系统的过程中，利用定时任务来实现系统迁移。由于系统迁移通常选择在不影响业务执行的时间进行，如夜间或周末，因此，若将系统迁移设置为定时任务，则负责系统迁移任务的技术人员和人力资源管理部门的工作人员可以在正常的工作时间内配置定时迁移任务，让系统在夜间或周末自动完成迁移，从而避免不必要的加班。

7.2.6 PMO 管理和变革管理

1. PMO 管理

PMO（Project Management Office，项目管理办公室）是组织中负责项目管理的部门，负责协调、监控和管理项目，确保项目按计划进行并达到预期目标。

PMO 要对项目从业务需求分析至上线进行全程统筹管理，其上游对接业务需求、下游对接产品设计，统筹需求管理、支持需求澄清、协调需求变更。

2. 变革管理

变革管理是指组织为了适应内外部环境的变化，主动进行组织结构、流程、文化等方面的调整和变革，以实现组织的持续发展。

变革管理的主要内容包括：

（1）建立变革管理机制，总结流程、平台变化点及产生的影响。

（2）针对不同的用户群体采取差异化的沟通模式，引入产品化思维，让用户参与服务设计，并保持沟通、倾听和再次沟通。

（3）让全体员工对共享服务模式有基本一致的认识，最终积极配合企业的人力资源共享服务交付和流程的转变。

（4）对于在变革过程中影响到员工的工作内容、岗位、个人职业发展或者造成岗位职责变化、流程变化的情况，要有个性化的沟通方案，要站在对方的角度思考，以同理心进行高效沟通；在必要的时候，对于受到变革影响的人员，要进行协调，为其设计好后续的个人发展计划，对于不得不转岗的人员，要为其提供岗位能力培训等必要的服务。

7.2.7 系统运维（技术侧）和系统运营（业务侧）

系统运维是技术部门的工作，系统运营是业务部门的工作。可以这样理解两者之间的关系：系统运维就是支持系统可以正常运行，系统运营就是保证用户通过系统操作可以有效地执行业务活动。

1. 系统运维（技术侧）

系统运维负责系统的软硬件管理，确保系统的稳定运行，偏技术层面。其中的具体工作包括：系统服务器管理、网络安全管理、系统开发和 Bug 处理、系统优化、需求开发实现等。

系统运维负责在系统日常运行过程中，排查与修复复杂的问题，判断问题与需求，并提供解决方案。

系统运维问题分为以下四类。

（1）普通问题：具体包括系统安装或功能配置等事前测试和准备，或者其他不影响业务的预约服务等问题。

（2）较严重问题：具体包括系统能继续运行且性能不受影响，但出现报错，存在较大安全隐患等问题。

（3）严重问题：具体包括系统部分部件或功能失效、性能下降但不影响正常业务运作等问题。

（4）紧急问题：具体包括系统发生故障导致系统停止运行、数据丢失等问题。

可以根据问题级别约定响应时效指标，表 7.1 为系统运维约定响应时效指标参考表。

表 7.1 系统运维约定响应时效指标参考表

问题级别	服务时间（小时）	电话响应时限（分钟）	恢复方案提交时限（小时）	故障恢复时限（小时）	故障定位和解决方案提交时限（小时）	分析报告提交时限（小时）	按解决方案提交补丁程序时限（天）
普通问题	7×24	10	3	30	24	30	2
较严重问题			2	20	12	20	2
严重问题			1	12	8	12	1
紧急问题			0.5	8	4	8	0.5

2. 系统运营（业务侧）

系统运营负责系统的日常事务管理，确保系统的正常使用，偏业务层面。其中的具体工作包括：权限管理、系统配置管理、系统优化及需求对接、各类系统问题反馈、系统操作赋能培训等。简单说，系统运营就是通过操作系统执行业务。

可以这样理解系统运维和系统运营：系统权限配置、系统数据字典配置等基础配置是系统运维，因为只有配置好了系统，用户才能操作业务；而因组织架构调整产生的新增/更新部门、岗位和批量异动就是系统运营，因为其本质是在操作业务本身。

系统运维和系统运营需要相互配合才能快速解决用户的系统操作问题和业务问题。

7.3　智能客服项目示例

下面以蒙牛的人力共享服务中心平台建设中的一个子项目为例，让读者更好地理解整个子项目开发的各个环节及对应的注意事项。

7.3.1　项目背景

以前，蒙牛的内部服务包括人力资源、财务、IT 三个方面，均采用 400 内部服务热线（人工客服）的方式提供服务，无法实现跨业务域的快速响应，并且整体的服务效率存在瓶颈。

以财务服务为例，蒙牛的财务共享服务中心已成立 7 年，随着其服务范围的不断扩大，咨询量也在逐年增加。内外部客户咨询相关业务的主要渠道是拨打财务 400 内部服务热线。以 2022 年的数据为例，全年财务 400 内部服务热线的拨入数量为 81888 人次，来电接通数量为 38156 人次，服务热线接通率仅为 47%，客户关于服务热线打不通的反馈与投诉日益增多。

现有的咨询模式及服务热线处理量已无法满足客户的咨询需求，蒙牛迫切需要通过智能化的手段进行改善。如果采用智能客服平台自助回复，则可以使客户的业务咨询不受时间限制，从而及时、高效地满足客户的需求，提升内外部客户的满意度。

针对人力资源、财务、IT 中的各服务环节，蒙牛希望通过构建智能文本机器人、智能语音机器人、在线客服、工单管理、知识库这五个方面的功能，实现高效率、快响应的业务咨询服务。

7.3.2 项目痛点

蒙牛现有的业务咨询服务的痛点是，咨询模式及服务热线的处理量已无法满足客户的需求，迫切需要通过智能化手段进行改善，以提高服务热线的接通率、服务快速响应能力和改善客户体验。

为了提供智能化的业务咨询服务，蒙牛构建了知识体系、关键点问答库、知识库、词库等，并通过授权让各业务部门分别管理与自己业务相关的知识库。蒙牛借助人工智能技术，让用户通过自然语言与知识库进行交互，并建立了知识库的梳理、沉淀、输出、反哺的管理闭环，消除了部门之间的信息壁垒，降低了信息获取成本，具体介绍如下。

1. 知识体系

知识体系是由各业务部门自行构建的知识分类树，其中构建好的分类标签将被用在词库、问答库、知识库等知识管理模块及话术流程中。对知识的分类有利于对知识的调用，以及基于业务场景拓展及优化知识点。

2. 关键点问答库

问答库是一个预设的问题和答案组合库，可以在话术流程中直接调用它。对于一些相对比较常见的回答，如产品介绍、制度规则介绍等，可以将其配置在问答库中，这样更有利于对问题的扩展，以及对问答的复用。

3. 知识库（信息库）

知识库（信息库）用于支撑 SOP 类型的问答，以及用于整合、存储各类多参数的知识（如产品）。知识库（信息库）可被话术流程调用，以及被封装成机器人回答话术。

4. 词库

词库用于构建由相近词语聚合而成的词集。提高词集的丰富度有利于提高机器人识别客户的提问内容的能力。通过建立智能客服平台，可以使用户随时发起业务咨询并得到解决，提升用户的满意度。

5. 学习能力

学习能力是指机器人可以自主学习：在上传某篇制度/文档后，机器人可以识别出标准问答，由人工确认后保存至知识库中，无须进行人工 Q&A（Question and Answer，问题及回答）拆分。同时，通过人工标注校准，机器人可以自主进行学习优化，自动训练模型，从而逐步提升自己的问题识别能力。

6. 权限管理

权限管理是指可以按组织（财务、人力资源、IT）授权相关业务人员分别管理自己的知识库。

7.3.3 流程再造

对流程进行痛点分析后，可以对智能客服平台的业务咨询流程进行数字化再造。图 7.4 所示为人力资源业务咨询流程的数字化再造示例。

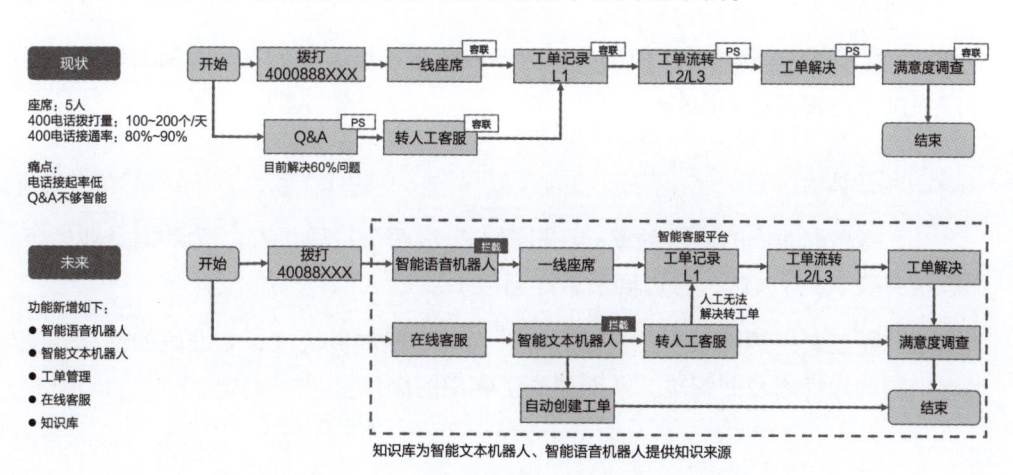

图 7.4 人力资源业务咨询流程的数字化再造示例

7.3.4 最终产出分析

蒙牛通过对人力资源/财务业务咨询流程进行数字化再造，接入机器人，提高了工作效率，改善了用户体验，实现了对客户咨询的快速响应与优化，具体介绍如下。

1. 工作效率

（1）缩短响应时间：客户的业务咨询请求的平均响应时间由原来的人工在20s内应答缩短为机器人在5s内应答。在机器人上线两个月后，人力资源服务就实现了将客户的业务咨询请求的平均响应时间缩短为1.48s。

（2）提高业务咨询解决率：在使用机器人后，客户的业务咨询解决率至少提升10%。在机器人上线两个月后，客户的业务咨询解决率达到78%。

（3）提高工作效率：在计划实施机器人时，预计可节约1个FTE（Full-Time Equivalent，全职员工），以用于新业务拓展、服务场景的搭建与完善、知识与问题标注。实际上，在机器人上线两个月后，节约了2个FTE。

（4）降低客户放弃排队率：之前，当客户打不通400（内部）服务热线时就放弃排队等待，客户放弃排队率为4%~6%。在机器人上线两个月后，客户放弃排队率已经降至3%。

（5）提供24小时服务：机器人可以不间断地提供服务，不受时间的限制，为客户提供了更加便捷的服务。

2. 用户体验

（1）提高机器人的使用频率：在机器人上线两个月后，人力资源/财务业务咨询总量突破3.5万人次，总访问量累计突破1.3万人次。

（2）提高客户的满意度：机器人能够为客户提供更快速、更准确的答案，使得客户的问题得到及时解决，从而提高了客户的满意度。

7.4　人力资源数据指标和人才报表体系应用示例

通过建设 HRSSC，蒙牛的人力资源管理和服务等相关事务数据被聚合到数据平台上。接下来，为了提高 HRSSC 的应用价值，HRSSC 在已有的数据基础上开发了更高级的服务业务的应用，从而进一步提升了 HRSSC 所创造的价值，以及 HRSSC 的职能价值。

下面介绍蒙牛的人力资源数据指标，以及人才报表体系的应用示例。

蒙牛的人力资源数据团队通过数据指标梳理，构建了数据指标分析体系，为业务提供实时、动态的人才报表体系，并基于 HRSSC 中的数据，沉淀了数据指标库，为 HRCOE 和 HRBP 提供数据服务，具体包括以下几个方面。

- 梳理并统一 HRCOE 及 HRBP 中的各类分析维度及数据指标，形成"集团统一+BU（Business Unit，业务单元）个性"的数据指标库，方便各单位选取使用；数据指标库呈"T"字形结构，即横向联通各 BU，纵向深入各业务板块；建立统一的数据指标管理体系，形成分模块、分 BU 的数据指标库；形成具有全模块分类、自上而下联动、可量化/可对比、业务定义明确、加工口径透明的统一的人力资源数据指标库字典。

- 对所有数据指标进行正确的定义和持续的运营管理，并以资产管理的方式进行维护；设置相应的权限，形成一套数据指标库并进行线上管理，实现从入库、修改到删除，对应的审批流程都是通过流程权限驱动的；集成及打通各系统中既有报表，实现报表的一致性、唯一性；构建便捷的数据指标查询及检索目录，以及建立自定义分析功能；将数据资产可视化，让员工清晰了解数据模型、事实表、维度表等数据资产。

- 对所有数据指标和报表的使用及访问进行后台线上跟踪，明确数据的流转方向；构建数据指标和报表之间的血缘关系图，以快速定位中心表和衍生表之间的关联关系，让数据的应用全流程可见和透明。

- 提升各单位的数据分析能力水平，逐渐向行业标杆看齐；从业务洞察的视角以终为始地进行报表的设计和开发。

- 通过各类线上报表及分析工具，减轻各单位的数据分析工作量；开发线上数据分析所需的"基础底表""固化分析表"及"成熟洞察图表"，提升数据分析自动化水平；同时考虑系统的集成，例如，如果现有系统中既有明细类报表，又有可视化看板，则不重复开发数据提取逻辑，保障数据源头唯一和各类分析工具展示数据的一致性，同时也考虑借助 AI 技术来降低用户的使用门槛。

蒙牛通过人才报表体系，满足了不同层级人员的需求。

- 决策层"看行业找差距"，通过人才报表可视化看板重点关注企业的经营状况和进行重大风险预警。
- 管理层"看目标找问题"，通过管理者驾驶舱重点关注业务应用监控和异常分析。
- 专业层"看问题找办法"，通过专业的自定义报表发现数据背后的问题，并进行改善和管理。

蒙牛人才报表是蒙牛的人力资源管理部门为提升组织竞争力、促进组织高质量增长而开发的专属报告。蒙牛打造人才报表的目的是帮助人力资源管理团队和各级业务管理层了解组织效能现状、管理效能现状、员工效能现状、运营效能现状、组织活力现状，从而打通人力资源管理动作与人力资源效能结果之间的逻辑链条，挖掘带动组织高质量增长的支点，让企业管理从感性做决策向理性做决策转换，用数据说话。所以，在这样的背景下，蒙牛开发了蒙牛人才报表模型，即 BEST 模型，具体介绍如下。

1. 围绕人效构建分析体系

如今，企业要高质量发展，就要重点关注"两流一效"，即收入流、现金流和人效。而优秀的企业都不约而同地将重点放到人效上。

人效就是我们常说的人力资源效能。人力资源效能最能体现组织的能力，也逐渐成为人力资源管理部门推动组织高质量增长的支点。

大多数企业追求的是短期的经营产出和长期的企业价值，同时，人力资源也是企业非常重要的资产。昔日，万科曾宣称人才为其核心资产；而今，该公司更进一步强调，人才实为万科的唯一资产。

换言之，企业所承载的一项至关重要的价值即为人才价值。为了实现这一价值，企业中必须有一套组织与人才管理系统作为支撑。从图 7.5 所示的蒙牛人才报表参考的 OD（Organizational Development，组织发展）架构中可以观察到，人效作为企业资源投入与经营产出之间的"黑箱"，直接作用于企业的经营产出，同时也对人才团队产生影响。若企业的人效低下，则企业将不得不缩减薪酬开支，进而导致人才团队素质的下降。

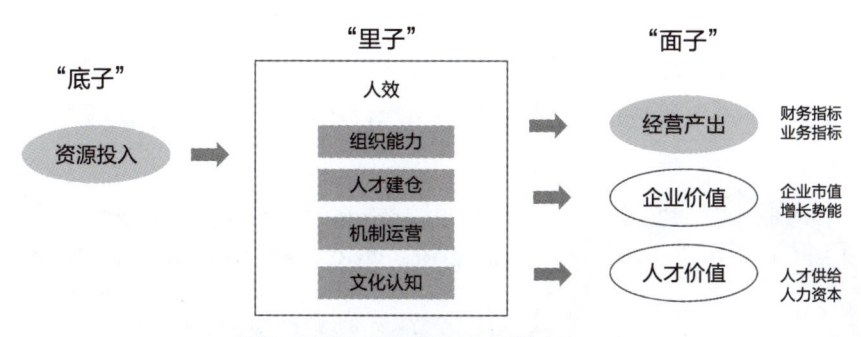

图 7.5 蒙牛人才报表参考的 OD 架构

通过对人效的深入分析，蒙牛确立了基于组织、人才、机制、文化这四大维度的人效分析模型（简称"人效模型"），这与蒙牛的人力资源管理战略保持一致。

蒙牛对传统 OD 架构进行了定制化的改造，把 OD 架构引申到人效模型上。这也是蒙牛人效模型搭建的底层逻辑。

蒙牛所追求的人效分析并不仅限于简单地罗列数据，而是更注重从数据中识别问题，并以此指导企业未来的决策制定。鉴于管理活动永无止境，人力资源管理也是一个持续改进的过程，定期进行此类分析将有助于企业不断优化人力资源管理。企业通过横向对比分析（不同业务组织之间的比较）、纵向对比分析（与历史数据的对比）及内外部对比分析（与其他企业的比较），可以深入洞察企业的人效。

2. 提升人效，助推战略和业务目标实现

蒙牛人才报表的核心作用有以下三个。

- 首先，蒙牛致力于构建数据分析模型，其投入了大量的时间对高价值指标进行细致的梳理，并将这些指标与集团战略紧密结合。在此基础上，蒙牛不断收集业务部门的反馈，与业务部门达成共识，并持续改进工作。
- 其次，蒙牛注重监测人效，这一洞察分析过程构成了人才报表的核心内容。通过深入的洞察分析和问题挖掘，管理层能够监测人效的优劣情况，业务人员能够通过指标看板全面地审视组织的健康状况。
- 最后，蒙牛强调数据驱动决策的重要性，要通过洞察分析识别问题，并形成关键举措以支持业务增长。人力资源管理部门基于人才报表，提出针对性的改善措施，并针对不同业务的特点，制订具有差异化的行动计划，以促进企业战略和业务目标的实现。

蒙牛人力资源管理部门开发的人才报表 BEST 模型，旨在构建人力资源数据分析的方法论体系，并持续对数据分析模型进行迭代与优化，详见图 7.6。

面向支撑业务和组织与人才管理问题
如何场景化、体系化、专业化地输出人力资源经营价值链？

组织竞争力 人效、钱效怎么样？组织效能、组织氛围如何？

人才驱动力 有没有人可用？后继有没有人？人才梯队如何？人才成长怎么样？

机制牵引力 评价和激励的有效性如何？服务效率如何？

文化影响力 企业文化理念是否被大多数人知道、认同和践行？

图 7.6 蒙牛的人才报表 BEST 模型

人才报表 BEST 模型是蒙牛在实现数智化决策上进行的一种新探索，其中的数据、指标、分析方法可能还不够成熟，但是蒙牛将不断对其进行迭代和升级。通过数据分析，蒙牛希望找到一些制约业务发展的因素和驱动业绩增长的杠杆。

人才报表 BEST 模型承接着蒙牛的人力资源管理战略：

- B：Born to Excel，即在文化方面要天生要强。
- E：Energetic to Strive，即在机制方面要让员工干劲十足。
- S：Speedy and Innovative，即在组织方面要敏捷创新。
- T：Thrived in Talents，即在人才方面要良将如潮。

人才报表 BEST 模型从组织竞争力、人才驱动力、机制牵引力和文化影响力 4 个维度，监控企业的人力资源现状，场景化、体系化、专业化地输出人力资源经营价值链。

从实用主义出发，蒙牛构建的人才报表 BEST 模型紧密围绕两大核心要点：一个是深度契合业务需求，另一个是紧密贴合人力资源管理战略。

任何一家企业在做组织效能与人效分析时，都是基于业务需求和人力资源管理战略的，因为人力资源管理战略本身就是根据业务需求而来的，所以这两件事情并不是并列的，而是本身就融合在一起的。所以，蒙牛的人才报表 BEST 模型超出了传统人力资源管理的范畴,更加侧重组织效能与人效,以及围绕 4 个维度解决业务经营相关问题。图 7.7 为蒙牛人才报表 BEST 模型部分指标示意图。

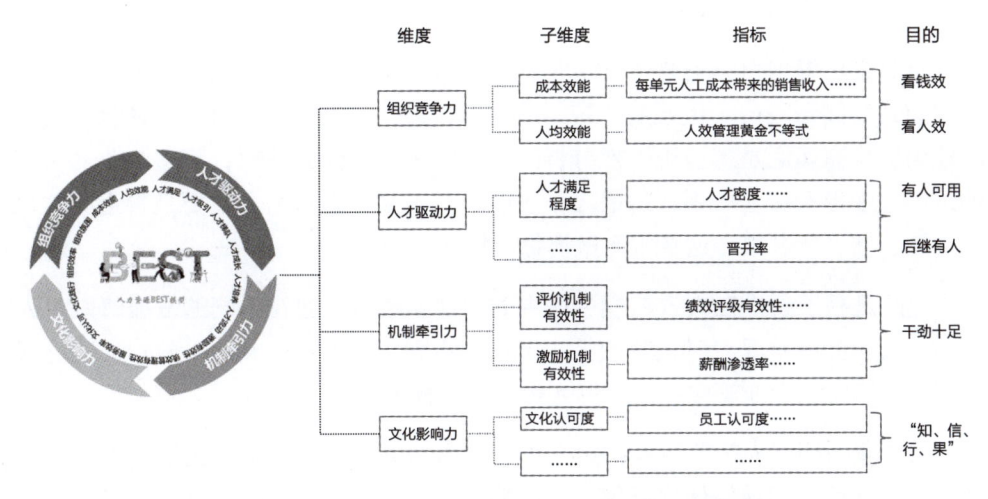

图 7.7　蒙牛人才报表 BEST 模型部分指标示意图

（1）组织竞争力：是企业的核心竞争力,主要依靠企业的组织能力。组织能力是组织的底层能力,为组织竞争力提供支撑。要评估企业的组织竞争力,则需要重点评估组织的钱效、人效,即组织的效能到底怎么样？所以,企业要始终围绕业务战略,从提升盈利水平和组织效能两个维度,评估企业整体的组织竞争力；从人工成本投资回报率、流程效率等多维度指标,分析及观察各业务部门的组织效能和管理效率情况。

（2）人才驱动力：人才是企业发展最大的动力来源,而人才管理恰恰又是企业面临的最大挑战之一。人才驱动力的核心在于对人才的前瞻性布局；要回答的是企业现在有没有人可用,未来是否有足够的人才储备,人才梯队建设得如何,人才在以后如何成长。如果组织竞争力是通过组织中人才的能力来体现的,那么组织的梯队厚度和人才密度就要通过制定战略、提升组织竞争力来提高,从而才能发挥人才的驱动力。

企业要通过多维度视角分析人才情况,比如从外部人才视角看企业对人才的吸引力和人才的保留率；从内部人才视角看人才的幸福指数、人才梯队厚度；从人才发展角度看人才的学习能力指数；从人员汰换视角看人才的轮岗率和离职率等。通过分析这些数据,可以洞察企业的人才布局、人才策略是否可以支撑企业长足发展及业务战略的有效落地。

（3）机制牵引力：企业的评价机制是否能够激发员工的积极性，关键在于激励机制的有效性。简而言之，就是看当实施激励机制时，能否立即激发员工的积极行动。

（4）文化影响力：主要评价企业的组织氛围，企业的文化理念是否被大多数人知道、认同和践行（也就是"知、信、行、果"）。这个成果有可能是组织发展的成果，也有可能是得益于人效分析的成果，不论是什么成果，都是企业文化驱动组织效能提升和业务提升的成果，所以，对于文化影响力，主要是看企业文化在"知、信、行、果"这些方面做得怎么样。

上面是基于蒙牛在人效建模过程中的一些总结。企业在不同的发展阶段对人效的定义也会有差异，对人效的关注点也会不同。不论是广义的人效定义还是狭义的人效定义，企业都要有自己的人效定义和标准。

当企业明确了人效的标准和定义之后，所有的问题就能够得到解决。可能企业在最初并不需要建立什么模型，只需要把业务关注的指标进行整理，形成指标清单和指标库，再明确每一个指标的目的、计算公式、数据源等，以及结合企业内部各业务部门的实际需求，列出人效衡量清单（这个清单还可以是动态的，它会随着业务的变化和业务的关注点的不同而变化），并结合企业的业务战略进行层层解码，然后将其落实到业务策略和评价标准上，就能够实现对企业人效的量化管理。

当进行人效管理的部门明确了每个部门的人效评价标准是什么，并一一罗列出来，之后再定义计算公式和口径，以及明确提取数据的逻辑和路径，就可以尝试着做一些分析了。分析模型可大可小，不论是整体的分析还是局部的分析，都是为了发现和改善问题。

企业对人效的要求会随着企业的发展和业务战略的调整而动态变化。但是企业的人力资源管理战略应该是匹配企业战略的，要形成自己的核心人效指标。人效本身只是一个结果，运用人力资源管理干预其产生过程才是关键。

企业的人力资源管理部门应该将提升人效作为价值创造的核心，并以此重新定位人力资源管理部门的职能。只有人力资源管理部门重点关注人效，才能真正地关注到人工成本和人力配置的有效性、合理性，同时也会关注到组织管理、用工形态、人才管理和组织氛围。

在这个变化的时代，企业愈发需要人力资源管理部门为组织创造提升效率的环境和氛围，并善用关键人才为企业的发展添油加力。企业所追求的规模是"有效规模"，所期望的增长是"精实增长"，由此可见人效分析终将大有可为。

第 8 章

人力资源数字化之领导力培养

数字化领导力是企业数字化转型的驱动力,所有的业务活动都是由人执行的,所有的数字化转型也都是由人驱动的,人所具有的数字化领导力是企业数字化转型的基石。人力资源数字化转型也是一样的,企业要进行数字化转型,可以请咨询机构、专家进行辅导,但是企业自身的能力,无论是数字化领导力、数字化创新力、数字化执行力,还是长期持续的运维能力,都是需要企业自己构建的。

8.1 人力资源数字化转型所需的人才模型

企业要想将传统人力资源转型为数字化人力资源,则需要不同领域的人才,包括信息技术(IT)、数字技术(DT)、分析技术(AT)、运营技术(OT)等人才。这些领域的人才在数字化转型中扮演着关键角色,也对应着不同的能力要求。

(1)信息技术(IT)人才:需要精通各种技术,比如信息系统建设、数据库管理等,以及实施数据安全和隐私保护等措施;同时也能够有效整合和管理不同的信息系统,也就是所谓的系统整合能力。

(2)数字技术(DT)人才:需要能够制定和实施数字化转型策略;理解用户的需求,设计便捷的数字化工具和平台,关注用户体验和界面设计;同时需要持续寻找新的技术解决方案来优化流程和用户体验。

(3)分析技术(AT)人才:需要精通数据挖掘、统计分析和预测建模等知识,能够从大量的数据中提取有价值的洞察,并支持决策的制定;能够将复杂的数据以简单、直观的方式呈现。

（4）运营技术（OT）人才：需要能够理解和优化人力资源相关的流程，确保流程高效和具备适应性；能够将技术解决方案与人力资源业务需求相结合，提升运营效率；能够在技术和流程变革中引导和支持团队，确保顺利实现技术和流程的过渡。

除需要具备各自领域的专业技能外，这些人才还需要具备以下跨领域的能力。

- 沟通和协作能力：即能在不同的技术团队和业务团队之间建立有效的沟通和协作桥梁。
- 创新和适应能力：即能在快速变化的技术环境中持续学习和适应新技术。
- 战略思维：即能理解组织的整体战略，并能将技术解决方案与业务目标相结合。
- 客户导向能力：即能关注内部客户的需求，确保技术解决方案能够满足员工和管理层的期望。
- 行业交流能力：即能参与行业会议和研讨会，以了解最新的技术趋势和最佳实践。

数字化人力资源组织模式与传统人力资源组织模式相比，对人的能力要求会有差别。在数字化人力资源组织模式下，人力资源管理者需要跳出专业的"深井"，从价值创造的角度重新明确角色分工，并建立新角色下的组织模式。

企业数字化转型就是用数字化逻辑重构企业的业务逻辑，智能化地呈现企业的业务逻辑，把企业所有的业务逻辑流程化、场景化、线上化、自动化，这既是对管理模式的变革，也是对业务流程的重塑。未来的人力资源管理部门更多的是一个运营部门，聚焦于服务组织内外部的群体，强化协同。

同时，人力资源管理需要部门，每一个业务部门都要有自己的人力资源管理要求。人力资源管理部门需要不断构建相关的共享能力、营销能力和服务能力。数字化人力资源组织的核心能力包含持续迭代的规划能力、设定数字化场景能力、跨部门服务能力。

从传统人力资源到数字化人力资源的转型，不仅需要企业在技术和专业能力上进行投入，也需要企业培养员工的个人综合能力。此外，组织文化和资源支持对于促进这一转型同样至关重要。

人力资源领域要进行数字化转型需要具备五种能力：数字化转型的领导能力、

场景流程创新的设计能力、技术应用的开发能力、业务应用的运维和运营能力、业务团队的应用能力，如图 8.1 所示。

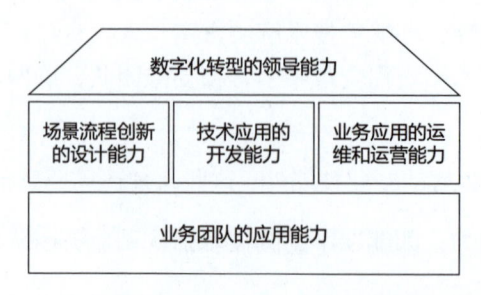

图 8.1　人力资源领域要进行数字转型所需要的五种能力

这五种能力对应着以下五类人才的培养和育成。

8.1.1　数字化引领者

数字化引领者是人力资源数字化转型的推进者，负责引导企业的人力资源数字化转型向前沿领域发展，从顶层设计到分模块统筹，均可以将业务战略与数字技术有机结合。

（1）数字化引领者需要具备以下能力。

① 具有优秀的数字化思维，能紧跟行业和技术的发展趋势，吸取先进企业的技术应用经验；对前沿技术发展有高度的敏感性，能深刻理解业务战略，并能够有效地通过技术应用推进战略落地。

② 具有一定高度的数字化经营思维，能够有效认知不同商业模式及业务模式的优劣，对组织模式和业务发展有正确的判断，并且可以将数字化应用向驱动业务发展、支持经营决策的方向推进。

③ 具有规划人力资源数字化转型蓝图的能力，对数字化应用与业务有机结合有宏观认知，可以正确判断业务发展需求并提出最优的整体解决方案，进一步驱动组织模式及业务模式的有效进化。

④ 具有推动数字化变革的能力，可以在组织中有效建立数字化转型的氛围，推动业务负责人用变革的眼光看待业务模式的调整及新技术对业务带来的颠覆式创新。

（2）数字化引领者能力画像：

数字化思维、业务敏感度、商业洞察、数字化经营思维、持续创新、变革推进。

8.1.2 数字化产品设计及推动者

数字化产品设计及推动者是数字化解决方案的设计者与实施者，他们与业务部门紧密配合，互补共进，深入挖掘及完善业务的数字化需求，并给出不同业务场景的最优数字化解决方案；针对业务需求有全局观，并可以不断驱动业务进行数字化创新，助力业务模式的迭代；可以灵活支持数字化产品设计，将工作场景与数字技术无缝衔接，构建数字化产品交付体系。

（1）数字化产品设计及推动者需要具备以下能力。

① 具有深入且客观分析业务需求的能力，能从本质上解决业务痛点，并高效匹配适当的数字化解决方案。

② 具有动态调整数字化系统的能力，能够持续对数字化系统进行监控，评估业务使用系统的情况；与业务部门紧密配合，对于高使用频次的系统多投入资源及人力，挖掘系统使用频次/人群差异及根本原因，从数字化层面解决相应问题。

③ 具有一定的数字化解决方案营销能力，能够推广和宣传数字化应用，培养员工使用数字化手段解决问题的习惯，营造数字化氛围。

④ 具有高度的协同配合能力，能够加强与各部门的协同合作，能够在数字化系统开发的过程中兼顾与其他系统的协调性，保证数字化系统之间的有机联动。

（2）数字化产品设计及推动者的能力画像：

业务洞察、客户思维、专业引领、高度协同配合。

8.1.3 数字化研发者

数字化研发者是数字化系统的开发人员，负责数字化系统的开发落地、持续的权限管理、后续的系统运维等。

（1）数字化研发者需要具备以下能力。

① 具有编写、测试和维护数字化系统的代码的能力，确保数字化系统稳定运行。

② 具有处理技术难题，在系统或技术受限制的情况下，尽可能通过其他方式给出解决方案的能力。

③ 具有有效地组织关键用户测试、及时修改测试问题的能力。

④ 具有提供系统培训、技术支持、问题解答的能力。

（2）数字化研发者的能力画像：

数字化思维、专业技术能力、数据化系统搭建能力、数字化系统规划与运维能力。

8.1.4 数字化运营者

数字化运营者从集团层面持续推进企业的数字化氛围营造、文化建设及理念灌输，通过润物细无声的方式逐步提升员工的数字化认知程度和数字技术使用频率。

（1）数字化运营者需要具备以下能力。

① 具有统筹集团数字化应用架构，合理平衡多系统平台与业务诉求的能力，能够持续在企业领导团队中传达数字化理念与运营情况。

② 具有统筹和引导企业高层管理者参与数字化建设，组建数字化建设管理委员会的能力，能够自上而下地监控数字化建设推进情况。

③ 具有持续的动态监控能力，能够形成固定的审核、决策、问题解决机制，推动跨职能板块的业务耦合。

（2）数字化运营者能力画像：

数字化思维、项目管理和运营、跨职能板块的业务耦合、向上领导管理。

8.1.5 业务团队的数字化应用者

业务团队的数字化应用者是企业内数字化工具和方法的应用、执行者。

（1）业务团队的数字化应用者需要具备以下能力。

① 对行业的数字化发展有一定的认知和理解，可以在一定程度上跨界结合相关知识并应用到实际的业务设计和项目推进中。

② 具有较全面的业务视角，对于业务模式、业务逻辑及业务发展趋势都有较明确的认知，可以很好地设计业务体系。

③ 具有较强的数字化意识和应用能力，能将数字化思维和工具融入业务场景中，以更深刻的洞察驱动业务管理和业务新发现。

④ 能够拓展并有效建立与数字化领域相关的战略合作伙伴关系。

⑤ 能够在产品经理提出解决方案时评估解决方案是否最优，是否满足业务实际需求；在解决方案并非最优的情况下，给出更合适的解决方案与建议，明确业务需求的逻辑重点与底线。

⑥ 能够在推进数字化项目的过程中，参与设计和实施数字化应用和业务流程，保障项目的协同推进，解决数字化建设与业务需求之间的信息差异和协同问题，在项目后期深化应用并推广项目成果。

（2）业务团队的数字化应用者能力画像：

数字化思维和创新思维、业务效率的持续改善与提升、应用数字化手段和工具提效、方法论沉淀。

为了更有效地推进人力资源数字化转型，企业除要培养以上这五类专业人才外，还要培养"既懂又懂"（既懂业务又懂技术）的人才。笔者把这类人才称为"桥梁型人才"。这类人才可以在业务语言和技术语言之间进行"转译"，也被称为"转译官"。

很多企业在进行数字化转型时，其业务部门的数字化转型都早于职能部门的数字化转型。比如，企业对于比较重视的供应链、销售渠道等这些领域的数字化转型很早就开始做了，而企业中各种职能部门的数字化转型启动得要晚，所以，职能部门中的人员对于数字化转型的认知也会薄弱一些。而且，组织的分工和边界越清晰，复合型人才越少，因此，在数字化转型过程中，培养既懂业务又懂技术的人才就变得很关键。

培养既懂业务又懂技术的"桥梁型人才"是现代企业在面对快速发展的技术和越来越复杂的业务需求时应采取的关键策略，因为这种人才能够有效连接技术与业务，帮助企业更好地实现数字化转型。以下是一些培养"桥梁型人才"的策略。

（1）制订交叉培训计划：让技术人员学习业务，即对技术人员进行业务培训，让其理解业务流程、客户需求和市场动态；让业务人员学习技术，即鼓励业务人员学习基本的技术知识，如数据分析、软件应用等。

（2）让业务部门的领导具有数字化意识及掌握前沿知识：通过到企业实地交流与学习，让业务部门的领导具有数字化战略意识与行业洞察，掌握数字化领导力方法论、感知数字技术的发展趋势。

（3）实际参与项目：通过指派跨部门的项目，让技术人员和业务人员共同参与项目，促进他们在实际工作中交流知识和经验交流；通过指派跨领域的复杂任务，鼓励两个领域的人才协同解决问题。

（4）以业务为基础，让员工储备复合型知识，具体包括以下内容。

① 通过举办定制化的技术培训、技能竞赛、技能认证等活动促进专业应用人才队伍的建设。

② 通过举办数字化工作坊，重点聚焦业务转型与数字营销领域，围绕"知识先导""定制课题""专业辅导""强化落地"等内容板块，输出定制化的培训方案。

（5）强化员工的技能培养及训战结合，并常态化引入企业中，具体包括以下内容。

① 训战结合：综合进行集中培训和返岗实践，并融入行动学习、项目历练、导师制培养、轮岗等手段，提升员工的学习效率。

② 新型技能培养模式：落实"揭榜挂帅"、跨界融合、"产学研"联合攻关等，促进科技成果转化。

总体来说，数字化人才是人力资源数字化转型的关键驱动力，对于保持企业的竞争力和可持续增长至关重要。如何对数字化人才进行分类定义和培养，需要企业在实践中不断摸索和持续升级，另外，企业还可以参考以下建议。

- 双轨职业路径：为技术人员和业务人员设计双轨职业路径，允许他们在技术和业务领域之间转换，掌握更多的相关技能。
- 职业发展支持：企业要为员工提供必要的资源和支持，如内部培训、在线课程等，帮助员工在业务和技术两个领域中发展。

8.2　数字化领导力提升

8.2.1　数字化领导力模型

要培育企业数字化转型所需的数字化领导力,企业需要构建相应的人才模型,而不同企业所需要的人才模型会有差异。本书作者赵兴峰(明悦数据)曾经开发了一个普适性的数字化领导力模型:"钻石模型",其从五种角度诠释了企业数字化转型所需的领导力。这五种领导力分别是:场景创新力、变革推动力、战略引领力、文化自驱力、组织协同力,如图 8.2 所示。

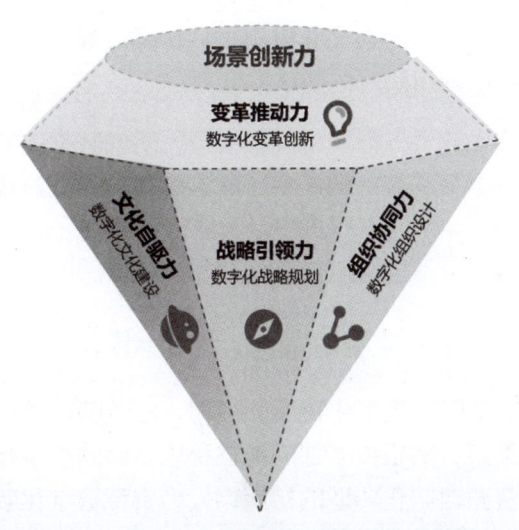

图 8.2　明悦数据的数字化领导力钻石模型

蒙牛在其数字化转型的过程中,沿用的是自己的"五行"领导力模型。五行学说是中国古代的一种伟大哲学智慧,其中阐述了天下万物皆由金、木、水、火、土五类元素组成,而这五行正好对应蒙牛发布的"五行"领导力模型中的五项能力。这五项能力分别是:前瞻决断、敏捷创新、引领团队、锐意进取、协同共赢,如图 8.3 所示。

图 8.3　蒙牛的"五行"领导力模型

这五项能力与明悦数据的数字化领导力钻石模型的五项能力类似：前瞻决断对应战略引领力；锐意进取对应文化自驱力；协同共赢对应组织协同力；敏捷创新对应场景创新力；引领团队对应变革推动力。

本书着重介绍蒙牛的"五行"领导力模型，明悦数据的数字化领导力钻石模型会在本书作者之一赵兴峰老师的新书《数字蝶变：企业流程数字化再造》中详细介绍。

8.2.2　数字化领导人才培养案例：蒙牛团队成员的成长历程分享

在企业进行职能部门的数字化转型的初期，业务部门普遍会认为数字化转型的主要责任在技术部门，期望技术部门能够提供全面的数字化转型规划蓝图。例如，在蒙牛的人力资源数字化转型的初期，人力资源数字化转型项目组的核心成员主要由业务人员和技术人员构成。然而，由于项目组的成员对人力资源数字化转型的目标理解尚不明确，加之在实际操作过程中，部分来自业务部门的核心成员对相关系统的逻辑缺乏了解，甚至未曾有过相关系统的操作经验。与此同时，项目组中来自技术部门的核心成员也未深入接触过业务，对业务逻辑同样缺乏认识。因此，业务人员对技术的不熟悉与技术人员对业务的不了解，是蒙牛在人力资源数字化转型的初期面临的主要挑战。

在人力资源的三支柱架构转型及人力共享服务中心的建设过程中，由于人力资源管理部门的项目负责人对系统建设寄予厚望，其对系统建设的期望和要求显得过于苛刻。在推进项目的过程中，由于缺乏既懂业务又懂技术的"桥梁型"人才,导致人力资源管理部门与技术部门之间的沟通不畅,双方难以理解对方的需求。这一状况使得项目的初期建设颇为曲折。然而,随着项目不断地推进与磨合,蒙牛逐渐摸索出一套适合自身的方法,并深刻领悟到数字化建设的深远意义。人力资源管理部门的领导也高度重视人力资源数字化建设和培养员工的数字化思维。为了确保员工能够真正具备这些能力,蒙牛在人才培养策略中加大了对"桥梁型"人才的培养力度。目前,提升员工数字化能力已成为蒙牛人才发展战略的重要组成部分,并且采取了以下措施。

(1)培养员工数字化意识。

蒙牛在培养员工数字化意识方面采取了多项措施,主要包含以下几个方面。

① 推广数字化产品的应用,培养全员的数字化能力和思维,利用数字化方式高效赋能业务;通过邀请外部专家分享数字化理论和学习业界实践案例,提升项目组成员的人力资源数字化思维和认知水平,使其能够挖掘数字化产品并更好地推广应用以提升效率。在数字化转型的过程中,蒙牛组织了多次专家分享和培训,其中有技术专家、咨询顾问的分享和培训,还有业内前沿实践者的分享和培训。

② 通过日会、周会、旬会、月会,项目组的核心领导深度参与讨论,并通过学习数字化相关书籍和报告,以及外部标杆企业的实践,复盘每个节点和环节,不断提出改善建议,在实践中进行纠正。

③ 让业务人员跳出部门视角,从业务端来思考人力资源数字化转型中存在的问题。在实际业务中,业务人员和技术人员"换位思考",并通过相互分享的模式进行跨专业沟通,确保理解对方的"术语",尝试用对方的语言来表达。

④ 多次举办业务人员和技术人员的会议、数字化工作坊,逐步让业务人员和技术人员达成共识,熟知对方的"词典",通过合作了解对方的语言。

(2)强化技能培养,训战结合。

蒙牛通过以下几个方面,培养业务人员的技能,强化训战结合。

① 设置人力资源产品体验官,邀请愿意学习和了解数字化转型并有创新想法的员工一起参与人力资源产品的设计,并提出反馈意见、进行产品内测,从而潜移默化地培养项目组成员的设计思维和用户交互意识。这样做不仅培养了业务人员的创新思维,也让业务人员深刻理解了数据埋点、用户行为分析等数字技术。

② 在项目建设过程中,业务人员承担着数字化产品的研发和设计职责。另外,当系统开发中涉及低代码开发时,就由业务人员参与开发,这不但拓宽了他们的

思路，还让其掌握了数字技术和设计思维能力。这个举措也使得蒙牛在人力资源数字化转型过程中拥有持续更新的人才力量。

③ 倒逼业务人员从后台走到中台。通过评比，蒙牛让优秀的业务人员深入参与前台所有场景的设计。业务人员运用其掌握的相关技术和工具，用技术语言重新构建了业务系统和运营模式。

④ 跨界能力的培养。蒙牛的人力资源数字化转型不是只把人力资源管理部门打造成具有多系统平台的部门，而是要与各个部门和个体联通，让业务运营更加顺畅。因此，人力资源管理部门还邀请市场部门分享关于市场调研、品牌管理的方法和工具的使用，邀请研发部门分享关于产品研发的方法和工具的使用，并将这些工具和方法引用到人力资源数字化转型中。

8.2.3 数字化领导人才的能力评估

数字化领导人才的能力评估是一个系统的过程，旨在确定个体在关键领域中的表现和发展潜力。以下是一些企业可以使用的评估数字化领导人才的能力的方法示例，如表 8.1 所示。

表 8.1 评估数字化领导人才的能力的方法示例

数字化领导人才的能力	评价标准和方向	评估方法
数字化思维和创新能力	评估个体的创新能力，包括思维的开放性和愿意尝试新方法的意愿	1. 持续监测和跟踪：定期跟踪个体的发展和进步，确保评估结果的时效性和相关性。
数据驱动决策能力	评估个体如何利用数据来支持决策，并理解数据分析的深度和广度	2. 技能测试：采用在线测试或模拟任务来直接评估个体的技术和数据分析能力。
跨界合作能力	评估个体在跨领域和多元化团队中的工作能力	3. 绩效历史分析：回顾个体在过去项目和任务中的表现，特别关注其在数字化领域的成就和挑战
以客户为中心思维	评估个体如何将客户放在决策中心，并关注客户体验	

通过这些评估方法，企业可以更准确地识别和培养数字化领导人才，并制定有针对性的发展计划和培训策略。需要注意的是，评估过程应当是公平、全面且持续的，旨在帮助个体认识到自身的优势和发展空间，从而让其不断提高数字化领导力。同时，企业也应该提供必要的资源和支持，以促进这些个体的成长和发展。

8.3　业务团队数据能力晋级

随着大数据技术的发展，众多企业开始将数字化转型视为其发展战略中的关键环节。同时，数字化浪潮对传统商业模式的冲击日益加剧，这使得企业对大数据相关专业的人才的需求激增，进而催生了"数据分析师"这个新兴职业。在人力资源领域，顺应数字化时代的变革同样至关重要。特别是那些通过三支柱架构成功实现转型的企业，对数据分析师的需求日益旺盛。

如今，在人力资源领域中，HRBP、HRCOE 及 HRSSC 三大支柱各自承担着不同的职能。这三个支柱所需要具备的数据能力也有所不同。

（1）HRBP 的数据能力要求：强化数据解读与分析能力。

- 数据解读与分析能力：HRBP 需要能够理解并分析各种人力资源数据，如员工绩效、员工离职、员工招聘等数据，为业务决策提供支持。
- 数据驱动决策能力：HRBP 需要能够利用数据分析结果来指导业务部门在人才管理、组织发展等方面的决策。
- 数据呈现与沟通能力：HRBP 需要能够有效地将复杂的信息以简单易懂的方式呈现给业务领导。

（2）HRCOE 的数据能力要求：强化数据分析洞察要求。

HRCOE 通常需要具备更高级的数据分析技能，包括使用高级统计工具和方法进行复杂的数据分析。

- 数据模型构建能力：HRCOE 需要能够构建和维护复杂的数据模型，用于预测分析、制定人才管理策略等。
- 研究和趋势分析能力：HRCOE 需要能够对人力资源的最新趋势进行研究，并将这些趋势应用到数据分析中。

（3）HRSSC 的数据能力要求：强化基础数据处理能力。

HRSSC 的工作重点是提高人力资源事务处理的效率和质量，因此其需要具备基础的数据录入、处理和数据报告制作能力。

- 数据整合与管理能力：HRSSC 需要能够管理大量的人力资源数据，确保数据的准确性和一致性。

- 信息系统使用能力：HRSSC 的工作往往依赖于各种人力资源管理系统，因此，其需要熟练使用这些系统来进行数据管理和生成数据报告。

综合来看，虽然这三个支柱所对应的数据能力要求有所差异，但都需要具有一定程度的数据分析能力，以便更好地支持人力资源管理和业务决策。随着数字技术的不断发展，这三个支柱所需要的数据能力可能还会进一步提升。当企业的人力资源数字化转型被推进到成熟阶段时，有一个专业的岗位会成为必需的，即人力资源数据分析师。

8.3.1　人力资源数据分析师的培养

在人才市场中，成熟且专业的人力资源数据分析人才较为稀缺，约 70%的人力资源数据分析师由企业内部培育而成。这些专业人才通常在企业数字化转型的进程中，从人力资源业务中脱颖而出。起初，他们并不具备专业的数据分析技能，但通过持续的实践锻炼、专业培训及加强学习，逐步成长为能够满足人力资源数据分析岗位需求的专业人才。

笔者的朋友，虎彩集团的 HRD（人力资源总监）王斌曾经调研过部分从事人力资源数据分析相关工作的人员，并分析他们的成长履历。他发现在这些人中，80%以上的人都是在某一个或几个人力资源模块深耕以后转型从事人力资源数据分析的，并且专业背景多元 [人力资源专业科班出身的人占比不足 50%，也有大数据分析相关专业（比如统计学、IT 类专业）的人才转型做了人力资源数据分析师，只是这个比例并不高]。他还发现这些人具有 4 个共同的能力：可持续的学习能力、系统的逻辑思维能力、较强的沟通影响能力及延迟满足的能力，如图 8.4 所示。

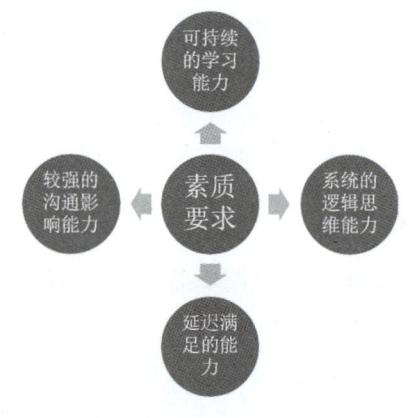

图 8.4　人力资源数据分析师的基本能力

1. 可持续的学习能力

从客观的角度分析，人力资源数据分析师所需具备的技能广泛且多样，远超过其他职位的要求。这正是人力资源数据分析师供应不足、培养困难的核心所在。在职场上，寻找"即插即用"的"U盘式"人才几乎是不可能的。在通常情况下，企业中的业务人员需要掌握业务知识及相关的工具和技能；技术人员则需要精通技术原理与工程实践。然而，人力资源数据分析师不仅要了解业务，还要具备专业技术知识，甚至还要具备沟通、营销和商业等方面的知识。因此，人力资源数据分析师几乎是全价值链的通才，这就要求他们必须具备持续学习的能力。

优秀的人力资源数据分析师往往是在实际业务中成长起来的，但仅仅通过让数据分析师参与日常的人力资源业务分析工作，并不能确保可以培养出杰出的人力资源数据分析师，关键在于人力资源数据分析师是否具备持续学习的能力。诚然，即便人力资源数据分析师仅具备基础的数据处理技能，也可以从事数据分析工作，但其面临着极高的被淘汰的风险。而且，如果人力资源数据分析师缺乏强大的学习能力，则也将难以在人力资源数据分析领域取得卓越的成就。

2. 系统的逻辑思维能力

目前，大多数企业在招聘数据分析师时，都有一条共性要求：逻辑思维能力强，但是很少有人能说清楚到底什么是"逻辑思维能力强"。

对于人力资源数据分析，所谓的"逻辑思维能力"，主要是指"逻辑推理与数据论证"的能力。即从一堆数据中推理出与业务有关的信息，进行管理假设推理，再根据循证思维用数据去论证，然后不断循环，直至能用数据作为依据，结合科学的分析方法输出客观的结论，以此来代替根据个人经验和凭空的想法做决策的直觉式思维。

3. 较强的沟通影响能力

想要成为优秀的人力资源数据分析师，只掌握相关技术和专业理论是不够的，沟通能力也是必须要具备的。人力资源数据分析师的工作包含三大部分：需求理解、数据分析与建模、问题诊断与应用。这三部分的工作内容都需要与业务部门、财务部门、运营部门等频繁沟通和合作。其中沟通的对象跨度非常大，上至总经理，下至基层作业人员，都会涉及，比如：

- 在需求理解阶段更多的是跟高层管理者沟通，让其理解自己的意图。

- 在数据分析与建模阶段，更多的是跟作业人员沟通。另外，要了解数据的业务源头、数据流向等问题，则沟通对象的横向跨度也会很大：财务人员、生产人员、技术人员、产品研发人员都有可能是沟通的对象。
- 在问题诊断与应用阶段，则又需要向业务团队推销自己的数据分析结论或产品。

这些工作的开展都需要掌握一定的沟通技巧。

4. 延迟满足的能力

人力资源数据分析师的成长过程是寂寞和曲折的。对于急性子的人，他们很可能会因为人力资源数据分析工作所带来的延迟反馈而产生巨大的挫败感。为什么这么说呢？举个例子，比如对业务人员来说，他们投放了两个不同的广告后，马上就可以得到转化率、阅读量等数据，从而很快可以对比不同方案的优劣。对从事技术类工作的人员来说，他们学习到一种新的算法，马上就可以通过代码进行尝试。

但是对人力资源数据分析师来说，他们的成长很难得到及时的反馈。这是因为人力资源数据分析师的工作更多的是结合整个企业的经营状况，为高层管理者的人力资源战略决策提供支持。而战略决策的落地是一个长期的过程，并且很难设置对照组。比如，人力资源数据分析师通过数据分析得出结论：目前企业的人力资源业务存在的瓶颈不是人员招聘供给不足，而是在职人员的效率不足，所以要加大员工效率的管控力度。之后人力资源数据分析师很难验证这个决策到底对不对？可能之后企业的整体业绩真的变好了，但是究竟是所做出的决策奏效了，还是大趋势就是如此，人力资源数据分析师无法说清。如果这个决策本身是错误的，但结果让人还比较满意，那么之后企业可能会继续重复这样的错误，在经历过几次错误的决策之后，人力资源数据分析师才会认识到"原来之前是因为大趋势推动让企业整体业绩变好的"。

这就是为什么有实战经验的人力资源数据分析师的薪资非常高。因为其之前所服务的企业已经为他们承担了足够多的试错成本，其犯错的概率更低。要成长为一名具有优秀商业理解能力的人力资源数据分析师，需要付出几年甚至十几年的努力。这就要求人力资源数据分析师有延迟满足的能力：不要想着今天学的东西，马上就能让自己成为非常厉害的人，这是不现实的。

除以上四项能力之外，人力资源数据分析师在具体的业务层面还需要具备四项辅助技能，如图 8.5 所示，它们分别是：

（1）懂业务。

（2）熟练使用工具。

（3）会设计。

（4）善于营销。

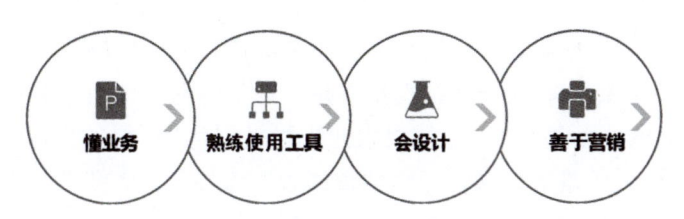

图 8.5　人力资源数据分析师需要具备的四项辅助技能

1. 懂业务

人力资源数据分析师的职业成就感很大一部分来源于被人需要，这具体体现在人力资源数据分析师能帮助业务部门负责人发现多少个管理盲点、解决多少个管理痛点。这就有点儿像医院里的影像科的医生，他们给病人（业务部门）拍片子，输出病理（管理盲点），以解决病人可能存在但自身并不知晓的盲点问题，或者病人能感知一二但不知其原因和程度的问题。所以，要实现发现管理盲点、解决管理痛点这两个核心价值，懂业务是前提。

人力资源数据分析师对于业务要有自己的理解和洞察，要能回答以下四个关键问题，如图 8.6 所示。

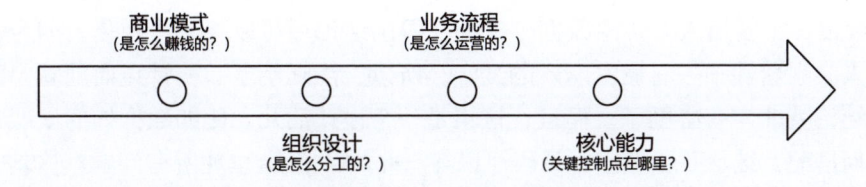

图 8.6　人力资源数据分析师理解业务的四个关键问题

人力资源数据分析师只有理解了以上四个关键问题，才有可能洞察业务问题，这也是其开展数据分析动作的前提，要不然就很容易变成为了分析而分析，分析完了也不知道能输出什么结论。

2. 熟练使用工具

工具决定效率，效率决定产出，产出决定价值。如果你做一张数据可视化图表用 5 分钟，别人只用 5 秒，那么别人的效率就是你的 60 倍。

能否熟练使用工具决定了人力资源数据分析师工作效率的高低。前文曾提到企业中的人力资源数据分析师大部分都是从传统人力资源管理部门转型来的，一般只会基础的数据处理工具，他们使用的最主要的工具就是 Excel。只要这些人能熟练掌握 Excel，就能胜任一些数据量不是很大的企业中的数据分析岗位。但是 Excel 处理数据的能力是有限的，如果想胜任数据体量大一些的企业中的数据分析岗位，则还是比较困难的，通常还需要掌握数据库技术。大多数从人力资源管理部门转型过来的数据分析师的技术水平能达到这个层次就已经很不错了，再想要深入研究，就要往 DT（数据技术）专业方向发展了，比如掌握 SPSS、Python、Hive SQL 等工具的应用。当企业的人力资源数据分析工作达到这个深度的时候，就需要一个小团队作战了，一般是采用"1+1"的配置，即一个人力资源方向的建模工程师+一个技术方向的数据处理工程师。所以，这里并不建议人力资源数据分析师掌握所有的技术和工具，毕竟人的精力都是有限的，从基础数据处理技术和数据库技术这两个专业方向中选择一个去深耕即可。

对于偏业务的数据分析师，除需要熟练使用 Excel 之外，还需要掌握一些 BI 工具，比如 Power BI、Tableau 或 Fine BI，这些 BI 工具能够提升数据分析和制作数据可视化图表的效率。

3. 会设计

会设计主要指人力资源数据分析师在得出结论后可以将其可视化。如今，很少有人会耐着性子去看密密麻麻的文字，所以，清晰明了、一针见血地输出数据分析结论就非常有必要了。而且，这也是一个设计活儿。比如数据如何呈现？颜色如何搭配？结论是否突出？是否可以在一张 A4 纸上呈现所有问题？这其中就涉及一些基础的美学和逻辑知识。好在企业在这个方面对于人力资源数据分析师的要求并不高，但人力资源数据分析师不可缺少设计思维和意识。

4. 善于营销

营销是人力资源数据分析师价值输出的最后一个关键动作。从本质上讲，数据分析的结论就是人力资源数据分析师的产品，而其客户就是业务端。人力资源数据分析师呈现结论、讲述逻辑、给出建议的过程其实就是营销的过程，只不过其产品是抽象的思想和建议。结论及建议是否被客户认可和采纳被视为判定这次营销是否成功的唯一标准，也是衡量人力资源数据分析师的价值的重要参考维度。所以，具备营销技能也会提高人力资源数据分析师的影响力。

8.3.2 业务团队数据能力的培养

在企业中，除了要设置专职的人力资源数据分析师岗位，整个业务团队的数据能力也要提升。笔者在多年的咨询实践中总结了业务团队及管理人员需要具备四个维度的数据能力，这里将其称作 4M 模型，如图 8.7 所示，具体介绍如下。

```
              ┌─────────────────────┐
              │  M1, Mind           │
              │  数据意识与数据思维  │
              └─────────────────────┘
┌──────────────────────┐   ┌──────────────────────┐
│ M2, Method           │   │ M4, Move-On          │
│ 数据分析能力          │4M │ 推动落地实施能力      │
│ 数据管理、分析及运用方法│   │ 数据影响力和领导力    │
└──────────────────────┘   └──────────────────────┘
              ┌─────────────────────────────┐
              │  M3, Mastery                │
              │  使用数据工具能力            │
              │  动手能力、数据处理工具、分析工具│
              └─────────────────────────────┘
```

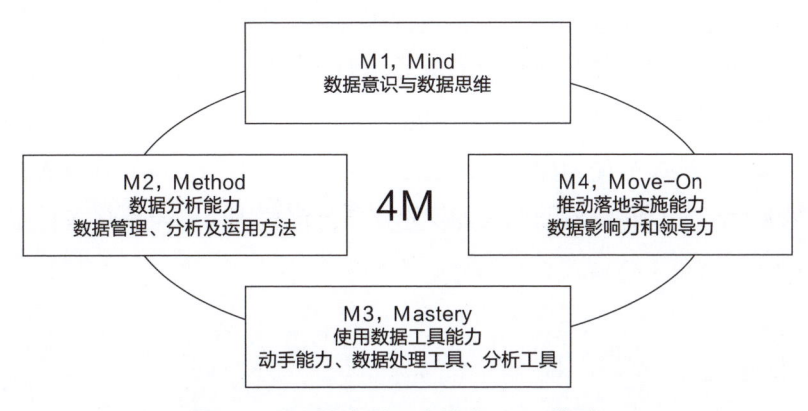

图 8.7　数据能力的四个维度（4M 模型）

1. 数据意识与数据思维（M1，Mind）

数据意识，即能够认识到数据的重要意义和价值，能够用数据表征业务活动、发现问题、找到规律、洞察逻辑，以及预测未来业务发展，给出决策建议。数据思维，即对数据进行思考的维度，指从哪些方面思考数据才能够做到前文提到的发现问题、找到规律、洞察逻辑，以及预测未来业务发展，给出决策建议。这是一种思维意识，更是一种思考的能力。

2. 数据分析能力（M2，Method）

数据分析能力是指掌握常用的数据分析方法，对于业务知道用哪些数据来分析，对于数据也知道用哪些方法来分析，以及知道从业务到数据分析，从数据到数据分析是两个不同角度，能够游刃有余地处理和分析数据，给业务提供决策建议。要具备这个能力则需要具有一定的数学、统计学的基础，还需要知道数学和统计学在管理和商业方面的应用。

3. 使用数据工具能力（M3，Mastery）

做数据分析就要熟练掌握相关的数据工具。另外，做数据分析也离不开高效的工具，管理人员在掌握 Excel、PPT 的基础之上，还要掌握 BI 工具、数据分析工具等，如 R、SPSS、Python、Matlab 等。结合业务需求，选择并熟练掌握一款适合自己的工具是管理人员必需的，也是基本功。

4. 推动落地实施能力（M4，Move-ON）

推动落地实施能力，即推动数字化转型和数据应用的能力，包括通过数据分析发现问题，给出改善建议，从而推动决策落地的能力。在这个维度上，管理人员需要具有一定的沟通能力，即通过数据可视化呈现数据分析结果，通过优秀的口才和说服能力，将数据分析得出的业务洞察落地到实际业务中，从而提升企业管理人员的影响力和领导力。

对于这四个维度的能力建设，本书作者之一赵兴峰专门编写了《管理者数据能力晋级》一书进行了具体的说明，如果读者有需要则可以参考阅读。

第 9 章

人力资源数字化转型未来展望

如今，AI 技术的发展真正进入了快车道，其在企业管理中逐步从综合应用进入专项应用，而且 AI 技术的应用范围在持续扩展及不断深化。在不远的将来，AI 技术在人力资源领域中也会有更多的应用，并为人力资源领域带来新的机会和挑战。

2023 年，随着 ChatGPT 4.0 的发布，AI 技术在知识问答领域迎来了突破性发展。过去，我们有问题就用搜索引擎寻找答案，无论是百度还是谷歌，都给我们提供了知识和信息搜索服务，而 ChatGPT 则直接将文本关键词搜索模式，变成了 AI 对话模式（也叫作"文生文"模式）。其能够给我们的问题提供更加丰富和专业的解答，甚至可以给我们提供一段编程代码。这也开启了 AI 技术应用的新纪元。

国内也开始进入"百模大战"时代，越来越多的大数据和互联网公司进入该领域，从而进一步推动了 AI 技术的应用和普及。

随着"文生文"技术的发展，我们很快又迎来了"文生图"的时代。虽然 AI 绘画技术很早就有了，但是自从 2022 年 2 月 Disco Diffusion 发布以后，AI 绘画技术得到了质的飞跃。2022 年，一幅名为《太空歌剧院》的画作在一场数字艺术类别的比赛中一举夺冠。这个震惊四座的画作由游戏设计师 Jason Allen 使用 Midjourney 完成。由此 AI 绘画技术进入了人们的视野，如图 9.1 所示。

图 9.1　由游戏设计师 Jason Allen 使用 Midjourney 完成的《太空歌剧院》

继 AI 绘画技术出现后，AI 视频生成技术也来了，也就是我们所说的"文生视频"技术。Wonder Dynamics 公司正式推出一款名为 Wonder Studio 的工具，并发布了一个演示视频。从演示视频中我们可以了解到，Wonder Studio 可以自动分析并捕捉真人表演，为 CG 角色制作动画并将灯光和 CG 角色与实拍场景匹配，而完成上述操作不需要复杂的 3D 软件和制作流程，也不需要昂贵的硬件，只需要一台照相机。在 2024 年春节假期期间，人工智能领域的独角兽公司 OpenAI 又推出一款新产品 Sora：一款通过文本生成视频的 AI 工具。从 Sora 官方网站展示的视频来看，Sora 生成的视频非常出色，且时长可达 60s，由此"文生视频"的时代开启了。

另外，AI 技术在企业经营管理中的应用，也会为人力资源领域带来新的挑战。过去，企业中所有的业务活动都是由人来执行的，现在，企业中的很多业务活动都已经交给数据、算法和机器人来执行，这就会带来新的管理问题：人与人之间的协作关系处理、人与 AI 技术或机器人之间的协作关系处理、智能决策中的"责权利"体系设计等，这些都将是人力资源领域所面对的挑战。

比如，万科集团在 2019 年就开始研发机器人员工，并在 2021 年上线了第一个机器人员工"崔筱盼"。该机器人可以帮助各个业务板块的负责人跟踪项目任务和计划，类似于总经理秘书的角色。而这个机器人员工在一年内的工作量相当于上百个员工在一年内的工作量，并与上万人进行过工作交互和协作。这其中就有几个值得我们关注的问题：

- 员工与机器人员工之间的工作关系和社会关系问题，这涉及伦理问题。
- 机器人员工替代人的工作之后带来的人员失业问题、绩效表现问题等。
- 机器人员工工作责任和工作失误责任的承担问题。
- 机器人员工全流程知悉数据带来的工作透明化问题。
- 员工与机器人员工协作后产生的心理问题、情感问题等。

具体来说就是传统人力资源领域中的"责权利"体系会面临新的挑战，一项由人来执行的业务活动，会有责任体系，即具体到某一个人、某一个组织、某一个执行者和决策者来负责这个业务活动及获得收益。当这个业务活动由 AI 来执行的时候，对于谁来负责这个业务活动或者获得收益等一系列问题，都需要人力资源管理部门给出更明确的理论指引，以及在合规性、合法性、规范性和风控管控的基础上，构建新的制度和流程。

目前，数字化转型的浪潮正在推动企业从信息化升级到数据化，再升级到数智化，人力资源数字化转型也将经历一个非常漫长的过程来完成这个转变，这也是很多企业持续增强竞争力的过程。

科学技术的发展史虽然很短，但是速度非常快。AI 技术的发展也将帮助人类进一步从复杂的体力劳动或者简单的脑力劳动中解脱出来，从而抽出更多的精力进一步推动科学技术高速发展，而人力资源领域将会越来越智能化。

企业在发展中遇到的问题会在发展的过程中找到解决方案，人力资源领域在数字化转型过程中遇到的问题也都将会在时间轴上找到合适的解决方案。我们要拥抱技术，并在这个过程中探索相关的解决方案，不要在遇到问题时停止前进的脚步，也不要因为在短期解决不了问题而否定未来的发展方向。过去的经验告诉我们，越早拥抱先进技术的人，将会享有更多的技术红利，并在时代的快速发展中不落伍、不出局。

改变不是痛苦的：主动的改变是快乐的，只有被动的改变才是痛苦的。在本书结尾之际，笔者愿与所有人力资源领域的同仁共勉。

关于MDA研究院

企业数字化人才解决方案顾问，企业可信赖的数字化转型伙伴

北京脉达数据分析技术研究院（简称：MDA研究院），是北京信宜明悦数据科技有限公司旗下的专业数字化人才培训及课题研发品牌，聚焦及深耕于企业数据的深度分析与价值挖掘，紧密贴合经营管理场景，致力于为企业提供系统化、实战化、定制化的专项人才培养解决方案，助力推动企业数字化转型稳步实施与高效落地。

历经十余年的深耕细作，MDA研究院始终秉持"实践-理论-再实践"的研发理念，持续创新迭代，推出系列版权课程及方案产品。培训内容聚焦"应知、应会、应用"关键知识，融合训战一体教学模式，确保满足企业数字化转型人才个性化需求，满足管理团队数字能力全面提升，实现知识与实践的高效转化，助力企业在数字化浪潮中乘风破浪，引领未来。

服务优势

- **顾问实力**：500强企业背景，20年商业智能、数字化经营管理深厚积累
- **效果保障**：累积企业培训班500多期，5万多个学员，持续迭代，广泛赞誉
- **体系定制**：课程和方案已体系化，并可根据企业需求定制化，训战结合
- **课程原创**：秉持"实践-理论-再实践"理念原创研发/迭代创新，自主版权
- **案例实战**：案例源自大量企业数字化转型咨询服务落地实践，实战性强

（管理数据分析研究院）

数字化人才课程体系 · 专项方案©MDA研究院

数字化转型，作为系统性战略革新工程，关键在于数字化人才。为实现成功转型，企业必须上下一心、全员协同，并确保精准执行。MDA研究院课程体系，以战略引领为纲，基础建设为支撑，多维度、多层次地精准满足企业转型各阶段的人才培养需求，保障转型过程顺畅高效。

数字化战略引领转型保障
- 数字化转型认知与实战、数字化转型战略工作坊、数据技术架构体系认知
- 数字化领导力、数字化商业模式创新、数字化变革引领与数字文化建设
- 数字化项目群管理、从数据要素到数字经济——宏观政策深度解读

数字化组织体系建设
- 财务数字化转型、数字化精准营销2B/2C、人力资源数字化转型
- 数字化精准供应链管理、数字化管理体系升级、业财指标与管理报表系统搭建
- 数字化业务流程再造、数字化业务场景创新设计、数据指标体系与指标化管理

数字化团队能力育成
- 管理者数据能力训练营、管理驾驶舱搭建训练工作坊、经营数据分析淘金-初阶
- 商业数据分析-进阶、用数据说话-数据可视化表达、用数据洞察业务
- Power BI 从新手到高手、效率倍增-AI技能加速营、数据分析思维训练

数字化专业基础建设
- 数据综合治理、数据中台建设与搭建、数据标准与规范体系化建设
- 业务建模与算法设计、数据安全、Python+ChatGPT：轻代码场景化数据分析实战营
- 基于Python数据分析与建模训练、AI技术创新应用、微搭低代码平台应用

蓝军计划
数字化转型先锋队培养方案

面向刚启动数字化转型的企业，培养具备数字化业务场景创新能力的"领头羊"团队，带头提案一批数字化标杆项目，为企业数字化转型提供样板工程，树立人才榜样

福特行动
全员数字化转型能力体系化培养方案

面向全面推进数字化转型的企业，规模化培养数字化转型领导和管理人才，在具备数据能力的基础上掌握进一步数字化项目提案能力（数字化场景创新、流程再造、数据应用等）

海豹行动
高层和中层"同学共建"数字化转型落地方案

面向数字化转型初/中期企业，高/中层在一个体系化方案班中，分层学习，高层有想法有远见，中层有方法能实干。上下协同，精准施策，快速实现转型战略任务有效落地

银子弹计划
数字化转型攻坚克难高精尖专才培养方案

为企业培养数字技术攻坚"特种兵"人才。掌握业务建模、算法设计、技术开发、大数据分析、智能技术应用等能力，能够为企业数字化转型技术难题提供解决方案

添翼计划
给全员管理者插上数据的翅膀

全面系统提升各业务板块管理团队的数据能力，包括数据管理、数据分析和数据运用能力，为企业数字化转型培养π型人才（既懂业务又懂数据分析）

版权证书

部分企业客户伙伴

中石化、中石油、中海油、延长石油、华润电力、京能集团、协鑫、京博石化、厦钨股份、阳光电源；
国家电网、南方电网、宝武钢铁集团、首钢集团、中航工业集团、中核集团、启源芯动力、招金集团；
万科企业股份、金地集团、保利物业服务股份、联发集团、杭商旅集团、中原地产集团、中地控股集团；
通用汽车（GM）、一汽（大众/奥迪/丰田/解放/物流）、广汽本田、东风汽车、吉利汽车、长安马自达汽车、北京新能源汽车股份、五菱汽车、广州地铁、顺丰科技、中国邮政、韵达物流、长安民生物流；
中粮、蒙牛、可口可乐、伊利、古井贡酒、汾酒、汤臣倍健、完美中国、梅花集团、深农集团、首农集团；
美的、海尔、富士康、魏桥、歌尔股份、中烟集团、中远集团、江南造船、日立电梯、海亮股份、全友家居、林氏家居、科达制造、苏博特新材料股份、牧羊集团、福达集团、德诚集团、罗莱家纺；
强生、国药集团、广药集团、同仁堂药业、中国生物医药、以岭药业、海得威生物、威高集团、杨森医疗、波士顿医疗、万链医疗、飞利浦医疗、波科国际医疗（中国）、赛默飞中国、成大生物、圣泉集团；
抖音、阿里巴巴、腾讯、中国联通、微软中国、联想、中国平安、中国太平洋保险、中国建设银行、英联资本、巴克莱资本、摩根大通、中国通信服务股份、广电运通、广联达股份、天虹数科、Fidelity等。

部分院校/教育伙伴

北京大学、清华大学、浙江清华长三角研究院、中国人民大学经济学院/商学院、浙江大学管理学院、武汉大学经管学院、西北工业大学管理学院、法国里昂商学院、法国ILCI商学院、上海财经大学、对外经贸大学国际商学院、中国石油大学经管学院、江西财大MBA教育学院、东北财经大学、工信部领军人才、厦门火炬大学堂、高顿教育、BOSS商学院、博商学院、新华商学院、明道企业家书院、中外管理商学院、杭商学堂、中关村数字经济产业联盟等EMBA/EDP/CXO班。MDA研究院长期提供数字化系列专题课程。

咨询：山老师
电话：15810976721
信箱：jason@data2biz.com

赋能未来
引领人力资源新变革

蒙牛HR共享服务中心核心服务产品介绍

产品价值

在快速迭代的商业环境中，蒙牛HR共享服务中心正以创新的思维与卓越的服务，为行业单位铺设通往高效人力资源管理的道路。我们不仅助力企业进行数智化转型，建设数智化人才供应链模式，搭建、运营并迭代人力资源共享服务中心，更为推动人力资源三支柱建设及数智化转型注入积极力量，确保企业在激烈的市场竞争中，实现精益化、数字化、产品化的人力资源体系价值最大化，有力地支持业务战略目标的达成。

产品介绍

游学参访
- 国家AAAA级工业旅游景区
- 数智化液态奶生产工厂
- 共享服务中心参访交流
- 专项业务实践分享
- ……

HR精品课程
- 三支柱转型及搭建方法论
- HR数智化建设转型升级
- 闪耀福利平台数智化实践
- HR流程管理体系搭建
- 人力资源专题数据分析
- 人才供应链模式打造
- 打造双轮驱动内训师体系
- 蒙牛HRBP运作实践
- 根据客户需求定制化
- ……

HR管理咨询

为企业提供人力资源全领域战略转型及数智化转型的定制化咨询服务，推动流程优化与战略落地。
- 协助HR三支柱转型建设
- 协助HRSSC的搭建
- 协助HR流程诊断及优化
- ……

职业技能等级认定

作为内蒙古自治区首家乳业行业职业技能等级认定机构，蒙牛面向全产业链提供六项职业工种的专业认证，助力专业人才成长，引领行业技能发展。

师资力量

经过多年实践，蒙牛培养了一批卓越的大咖师资

- **·公司高管·**
  全局视野，解析公司战略
  行业领袖，引领前沿趋势

- **·资深专家·**
  业界大牛，深耕专业领域
  知行合一，践行理论实践

- **·实战能手·**
  落地指挥，洞察业务一线
  服务客户，把握市场脉搏

- **·行业顾问·**
  多元视角，纵观行业生态
  系统思考，提炼最佳实践

共享服务能力

- **160家以上**
  HRSSC服务法人单位

- **4万名以上**
  HRSSC服务员工

- **20个以上**
  HRSSC服务场景

运作模式亮点

- **三大核心价值**

"高体验""高价值""高科技"，确保每一项服务精准对接客户需求。

- **多元服务渠道**

从HR门户、移动应用、400服务热线到远程线上办事大厅及现场服务，全方位覆盖，场景化体验设计，灵活响应。

- **四类主打服务**

涵盖HR战略设计、人才供应链模式打造、数智化转型、三支柱运营升级的专业咨询，满足各类需求。

- **集成升级模式**

通过自助服务、呼叫中心直接对接，以及事务处理的逐级升级，无缝解决从日常事务到复杂问题。

- **共享实践与成果**

（1）搭建人效分析BEST模型，在组织业绩增量艰难的环境下，通过量化人效分析帮助组织摆脱疲态；搭建人力数据仓库平台，为管理层决策提供有效依据。

（2）创建员工全生命周期牛Life体系，从入职到退休，15个关键点覆盖员工全职场生命周期，提升员工在职体验度，使员工满意度处于行业较高水平。其中，闪耀福利平台实现了员工福利品类多元化、员工可在线自由选择、包邮到家等优势功能。

（3）构建业务流程优化体系和COST监控平台，通过平台监控改善、提升流程效能20%以上，实现员工端流程100%线上化，HR业务流程线上化运行率处于较高水平。

（4）行业输出，共同发展，参与了行业权威报告《人效和员工体验白皮书》撰写和发布。

咨询：山老师
电话：15810976721
信箱：jason@data2biz.com